HENRIQUE MARINHO

ECONOMIA MONETÁRIA

Teorias e a Experiência Brasileira

Economia Monetária – Teorias e a Experiência Brasileira
Copyright© 2007 Editora Ciência Moderna Ltda.

Todos os direitos para a língua portuguesa reservados pela EDITORA CIÊNCIA MODERNA LTDA.

Nenhuma parte deste livro poderá ser reproduzida, transmitida e gravada, por qualquer meio eletrônico, mecânico, por fotocópia e outros, sem a prévia autorização, por escrito, da Editora.

Editor: Paulo André P. Marques
Supervisão editorial: João Luís Fortes
Revisão: Lina Cerejo
Diagramação: Verônica Paranhos
Capa: Cristina Hodge

Várias Marcas Registradas podem aparecer no decorrer deste livro. Mais do que simplesmente listar esses nomes e informar quem possui seus direitos de exploração, ou ainda imprimir os logotipos das mesmas, o editor declara estar utilizando tais nomes apenas para fins editoriais, em benefício exclusivo do dono da Marca Registrada, sem intenção de infringir as regras de sua utilização.

FICHA CATALOGRÁFICA

Marinho, Henrique
Economia Monetária – Teorias e a Experiência Brasileira
Rio de Janeiro: Editora Ciência Moderna Ltda., 2007.
Economia, Teorias Econômicas
I — Título
ISBN: 978-85-7393-628-5   CDD 330.1

Editora Ciência Moderna Ltda.
Rua Alice Figueiredo, 46
CEP: 20950-150, Riachuelo – Rio de Janeiro – Brasil
Tel: (0xx21) 2201-6662
Fax: (0xx21) 2201-6896
E-mail: lcm@lcm.com.br   10/07
www.lcm.com.br

Dedicatória

Este livro é dedicado a você, caro aluno, que, como eu, está sempre procurando descobrir novos horizontes do saber, e a DEUS, que nos ilumina e nos guia.

Apresentação

Esta obra objetiva apresentar, de forma simplificada, os princípios das teorias modernas da política monetária e proporcionar aos alunos conceitos associados à realidade do modelo brasileiro, visando uma aprendizagem mais apurada, e preencher a grande lacuna de livros introdutórios sobre a utilização de instrumentos monetários.

Neste livro incluímos o que há de mais moderno nas discussões sobre a eficiência da política monetária, principalmente nos modelos de sistema de metas para inflação adotados em grande parte dos países, inclusive no Brasil. Outra novidade é a inserção, ao final dos capítulos, de "boxes" com textos sobre a condução e operacionalização da política monetária no Brasil, produzidos pelo Banco Central do Brasil. São textos que explicam o Sistema de Pagamentos Brasileiro, a Taxa SELIC, o COPOM e outros.

Não se trata, portanto, de mais um trabalho sobre o assunto, mas de uma coletânea de teorias e idéias já conhecidas do mundo acadêmico.

Seu conteúdo é indicado, principalmente, para as disciplinas de Economia Monetária e Macroeconomia para o Curso de Economia, mas dado a sua amplitude é indicado, também, para os diversos cursos de pós-graduação em Administração Financeira, Gestão Financeira, Finanças e de Formação de Gerentes de Instituições Financeiras.

Henrique Marinho

Autor

Henrique Jorge Medeiros Marinho, nascido em Fortaleza, em 1952, é economista, formado pela Universidade Federal do Ceará, com Curso de Mestrado em Teoria Econômica, pelo CAEN/UFC e mestre em Negócios Internacionais pela Universidade de Fortaleza-UNIFOR, onde leciona desde 1977, ministrando as disciplinas Economia Monetária e Economia Internacional, para os cursos de Graduação e Pós-graduação. É autor dos livros "Política Monetária no Brasil", Editora Campus, 4ª edição; "Teorias Monetárias e Evidências Empíricas: Caso do Brasil-1964/1995", pela Editora da UNIFOR e"Política Cambial Brasileira", pela Editora Aduaneiras, 2003. Também é analista do Banco Central do Brasil, onde ingressou em 1977. Sua experiência no Banco Central o credencia para analisar a política monetária implementada no País, no período abordado, nesta valiosa contribuição aos estudiosos da economia monetária brasileira.

Sumário

Capítulo 1 – Sistema Monetário e Modelo de Expansão Monetária 1

1. Considerações Preliminares 1
2. Importância do Equilíbrio Monetário 2
   2.1. Pressões que Desequilibram a Economia 5
3. Origem da Moeda 6
4. Funções da Moeda 10
5. Alguns Conceitos Monetários 12
6. Meios de Pagamento 14
   6.1. Criação de Meios de Pagamento 21
   6.2. Destruição dos Meios de Pagamento 22
7. A Programação Monetária no Brasil 22
   7.1. A Base Monetária 26
   7.2. Modelo de Expansão Monetária 35
   BOX: Visão Geral do Sistema de Pagamentos Brasileiro 43
8. Questões para Discussão 46

Capítulo 2 – Política Monetária e Instrumentos de Controle da Moeda 47

1. Considerações Preliminares 47
2. Instrumentos de Política Monetária 50

2.1. Recolhimentos Compulsórios.. 50

2.2. Redesconto 55

2.3. Mercado Aberto 58

BOX: Sistema Especial de Liquidação e Custódia-Selic..................... 73

3. Questões para Discussão 76

Capítulo 3 – Demanda por Moeda e Taxa de Juros 77

1. Considerações Preliminares... 77

2. Teoria de Keynes 78

2.1. Equilíbrio do Mercado Monetário 82

3. Teoria Quantitativa da Moeda.. 84

3.1. Versão de Friedman para Teoria Quantitativa da Moeda 87

4. O Mecanismo Cumulativo de Wicksell... 89

4.1. Hipóteses do Modelo.. 90

4.2. Análise 91

5. A Exogeneidade e Endogeneidade da Moeda............................. 93

6. A Importância da Taxa de Juros 97

7. O mecanismo de transmissão da política monetária no Brasil
e a definição da taxa SELIC 98

BOX: COPOM – Comitê de Política Monetária do Banco Central do Brasil.. 103

8. Questões para Discussão 106

Capítulo 4 – Política Monetária e Fiscal: Modelo Mundell-Fleming............ 107

1. Considerações Preliminares... 107

2. Política Fiscal.. 108

2.1 Conceitos de Apuração dos Indicadores Fiscais 109

3. O Modelo de Mundell-Fleming: Equilíbrio no Mercado de Bens e Serviços 114

3.1 A Curva IS... 116

Sumário

4. Equilíbrio no Mercado Monetário 118
   4.1 A Curva LM 118
5. Políticas Restritivas e Expansionistas 121
   5.1 Políticas Fiscal e Monetária Restritivas 121
   5.2 Políticas Fiscal Expansionista e Monetária Restritiva 122
   5.3 Políticas Fiscal Restritiva e Monetária Expansionista 123
   5.4 Políticas Fiscal e Monetária Expansionistas 124
6. Casos de Eficiência da Política Monetária e Fiscal 125
7. A Taxa de Juros Real Neutra 129
BOX: Metodologia de Apuração dos Indicadores Fiscais 132
8. Questões para Discussão 135

Capítulo 5 – Política Cambial e Teorias de Ajustes
do Balanço de Pagamentos 137
1. Considerações Preliminares 137
2. A Estrutura do Balanço de Pagamentos 138
3. Sistemas de Taxas de Câmbio 149
4. Taxa de Câmbio no Padrão Ouro e o Acordo de Bretton Woods ... 153
5. Efeitos da Desvalorização Cambial 155
6. Políticas de Ajuste do Balanço de Pagamentos 160
   6.1 A Teoria da Paridade do Poder de Compra 160
   6.2 A Abordagem da Absorção e Ajuste Monetário
   do Balanço de Pagamentos 162
   6.3 A Condição da Paridade dos Juros 169
7. O Modelo *IS-LM* com Balanço de Pagamentos 173
8. Política Cambial Brasileira 180
   8.1 Política Cambial Brasileira Recente 184

BOX: O Cálculo da Taxa de Câmbio no Brasil 191

9. Questões para Discussão 193

Capítulo 6 – Inflação 195

    1. Considerações Preliminares 195

    2. Abordagens sobre Inflação 196

    3. Tipos de Inflação 198

    4. Inflação do Brasil 202

    5. Cálculo da Inflação no Brasil 206

    6. O Sistema de Metas para Inflação no Brasil 210

    BOX: Modelagem do Mecanismo de Transmissão da Política Monetária 215

    7. Questões para Discussão 217

Capítulo 7 – Sistema Financeiro Nacional 219

    1. Considerações Preliminares 219

    2. O Sistema Financeiro Nacional 220

        2.1. Sistema Monetário 222

        2.2. Sistema Não–Monetário 222

    3. Histórico 223

    4. As Instituições do Sistema Financeiro Brasileiro 225

        4.1. Conselho Monetário Nacional 225

        4.2. Banco Central do Brasil 226

        4.3. Banco do Brasil S.A 228

        4.4. Bancos Comerciais 228

        4.5. Bancos Múltiplos 230

        4.6. Caixa Econômica Federal 230

        4.7. As Cooperativas de Crédito 230

Sumário

4.8. Banco Nacional de Desenvolvimento Econômico e Social 231

4.9. Bancos de Desenvolvimento 233

4.10. Bancos de Investimento 234

4.11. Banco de Câmbio 235

4.12. Sociedade de Crédito Imobiliário 235

4.13. Associação de Poupança e Empréstimos 236

4.14. Sociedade de Crédito, Financiamento e Investimento (Financeiras) ... 236

4.15. As Sociedades de Crédito ao Microempreendedor 237

4.16. Sociedade de Arrendamento Mercantil (Leasing) 237

4.17. Agência de Fomento 238

5. Demais Instituições 240

5.1. Comissão de Valores Mobiliários 240

5.2. Bolsa de Valores 240

5.3. Sociedade Distribuidora de Títulos e Valores Mobiliários 242

5.4. Sociedade Corretora de Títulos e Valores Mobiliários 242

5.5. Sociedade Corretora de Câmbio 243

BOX: Características dos Bancos Centrais Autônomos 244

6. Questões para Discussão 247

Referências Bibliográficas 249

Capítulo 1

Sistema Monetário e Modelo de Expansão Monetária

1. Considerações Preliminares

Este capítulo objetiva estudar a evolução da moeda até a constituição do sistema monetário atual. A moeda desempenha, nas sociedades, um papel de fundamental importância para o desenvolvimento das transações econômicas. Tão importante é este papel que existe uma vasta literatura sobre seu comportamento e utilização. Serão analisados aspectos referentes às várias definições de meios de pagamento existentes que consideram graus diferentes de liquidez dos ativos que o compõem.

A programação Monetária do Brasil tem se desenvolvido muito a partir da Lei nº 4.595, de 31.12.64, que criou o Banco Central do Brasil, instituição encarregada de elaborar a programação monetária, que se constitui na estimativa de expansão dos meios de pagamentos adequada a níveis compatíveis com a política de controle inflacionário e de crescimento do PIB.

O aperfeiçoamento do papel da autoridade monetária ocorreu a partir de 1986, quando se processou a separação definitiva das funções do Banco Central do Brasil e do Banco do Brasil, que até então era considerada uma Autoridade Monetária, além do Banco Central. Desde então, os instrumentos de política monetária foram se aprimorando e novos conceitos de agregados monetários foram sendo definidos, em função da evolução dos mercados financeiros e da internacionalização financeira verificada a partir dos anos noventa.

Por último, serão desenvolvidos modelos de expansão monetária teóricos e adaptados à realidade brasileira.

2. Importância do Equilíbrio Monetário

As sociedades modernas estão tão acostumadas com dinheiro que é difícil imaginar a vida econômica das nações sem sua existência. Como poderíamos comprar, vender, receber pagamentos, economizar para o futuro?

Se não existisse o dinheiro, as pessoas teriam muito mais dificuldades em vender ou obter bens para seu uso ou para aumentar sua riqueza. Um agricultor para comprar roupas precisaria encontrar um alfaiate disposto a aceitar sua produção de feijão a fim de trocar pela roupa que produziu e assim por diante.

O dinheiro é fundamental para possibilitar as transações econômicas, porque ele é aceito como intermediário de troca entre os diversos agentes da sociedade, mas também sua existência poderá trazer conseqüências desagradáveis se sua quantidade for emitida em excesso ou em quantidade insuficiente, já que, no excesso, não haverá produtos suficientes para gastá-los e se falta irão sobrar produtos na loja.

Para evitar o excesso ou a insuficiência de dinheiro que a economia tem capacidade de absorver, sem gerar pressões de qualquer lado, é que todo país possui um banco central, que, como Autoridade Monetária, procurará implementar uma política de controle do dinheiro em circulação.

O controle da moeda é uma das principais tarefas sob a responsabilidade de um banco central, constituindo-se em um importante fator de ajustamento de desequilíbrios econômicos. A quantidade de moeda em circulação na economia guarda relação direta com a quantidade de bens e serviços com seus respectivos preços, conforme veremos adiante.

A ação dos bancos centrais de qualquer país é fundamental para não permitir desequilíbrios financeiros, e, para evitar qualquer ocorrência, existem diversos instrumentos de política monetária adequados a todo tipo de problema surgido. Além disso, os países precisam possuir um sistema financeiro capaz de transferir recursos e de financiar as atividades econômicas para que os governos possam implantar uma política de desenvolvimento, porque ele permite a canalização das poupanças para os setores que necessitam de recursos.

Observa-se, nos últimos anos, a grande preocupação dos países desenvolvidos e emergentes em adotar a política monetária como a grande salvação para os problemas atuais das nações capitalistas que são a INFLAÇÃO e a RECESSÃO, como se esses dois principais problemas só fossem resolvidos adotando-se os mecanismos propagados pela teoria monetária.

Capítulo 1 - Sistema Monetário e Modelo de Expansão Monetária

Assim, temos alguns questionamentos: Será que a política monetária é assim tão importante para resolver problemas de desemprego, fome, inflação, recessão, etc?

Para resolver esses questionamentos, vamos primeiro desenvolver uma explicação simples de como funciona um sistema econômico e porque a preocupação com a política financeira é tão importante assim, para depois desenvolvermos aspectos relacionados com os instrumentos de política monetária.

O processo pode ser explicado para mostrar todo o fluxo de produção gerado a partir do aproveitamento dos fatores produtivos por intermédio da capacidade empresarial ou do Estado, produzindo bens e serviços que serão ofertados no mercado. A este fluxo, denominamos **Fluxo Real**, que será representado pelos produtos e serviços. Os bens ou produtos poderão ser: primários, isto é, produtos agropecuários e de extração mineral não industrializados e os que sofrem transformação industrial, denominados de secundários. Quanto aos serviços, classificam-se como tais o comércio, os bancos, as escolas, os serviços de transporte, luz, telefone, etc.

Para produzir bens e serviços, é necessário que haja uma interação entre os fatores de produção (trabalho, capital, recursos naturais) e os agentes produtivos que são as empresas ou o próprio Estado. Esses agentes produtivos precisam ser remunerados para que seja possível a continuação do processo.

A este fluxo de remuneração aos proprietários de produção denominamos **Fluxo Monetário**, que será composto por:

a) ao trabalhador será pago um **salário** em contrapartida aos serviços prestados;

b) aos proprietários do capital remunerar-se-á com a destinação de uma parcela dos lucros para reinversão no processo produtivo;

c) ao recurso natural destinar-se-á parcela denominada de **renda** da terra, pela utilização dos recursos existentes na oferta de matérias-primas, minerais, produtos agrícolas, etc;

d) aos proprietários dos recursos financeiros remunerar-se-á o financiamento que estes fazem ao sistema produtivo por intermédio do **juro** do capital emprestado.

Analisando-se pelo fluxo real, observa-se que os setores primário, secundário e terciário ofertarão seus produtos e serviços no mercado, enquanto que por meio do fluxo monetário, será gerada a demanda por bens e serviços neste mercado.

Melhor exemplificando: os produtos de que necessitamos para nossas necessidades são ofertados no mercado pelas lojas, supermercados, feiras, farmácias, escolas, etc, mas só poderemos dispor desses bens para comprá-los se nós formos participante desse processo. Como trabalhadores, com o salário, poderemos comprar bens e serviços de que necessitamos; como empresários, com a venda dos produtos, poderemos continuar o processo produtivo, comprando novamente matérias-primas, contratando os trabalhadores e assim por diante. Os agentes econômicos podem, ainda, dispor de crédito bancário para expandir seu consumo, seu capital de giro ou sua capacidade produtiva.

Complementando a ação dos agentes participantes do mercado, encontramos o Governo, que, pelo seu papel de promover o bem-estar da população, irá cobrar dos proprietários de riqueza e renda uma parcela denominada imposto para fazer as despesas que precisa realizar em suas obras públicas, em benefício da sociedade, construindo infra-estrutura, escolas, etc.

Para realizar esses gastos, o Governo demanda no mercado os bens e serviços necessários, de acordo com a receita proveniente da arrecadação de impostos.

Como a maioria dos países mantém relações econômicas com outros países, esse equilíbrio é sensibilizado pelas exportações, pelas importações e pelo fluxo de serviços e financeiro praticado entre as nações. A entrada ou saída de divisas advindas pelo comércio internacional e pelo fluxo financeiro podem, também, gerar desequilíbrios na economia interna.

Para a economia estar em equilíbrio, é necessário que o fluxo real iguale-se ao fluxo monetário, o que significa dizer que o fluxo de produção de todas as mercadorias e serviços seja proporcional ao monetário, isto é, aquele que as pessoas estariam capacitadas a adquirir depois de receberem sua remuneração.

A ação do banco central é fundamental para implementar uma política de controle do dinheiro em circulação. A responsabilidade é agir no sentido de adotar todas as providências para fazer com que a moeda e o crédito se expandam de acordo com a capacidade de expansão da economia, o que significa, para a teoria econômica, que a demanda agregada seja igual à oferta agregada.

Com o objetivo de promover essa estabilização do sistema econômico e financeiro, surgiram, a partir do século XVIII, os bancos centrais, que apresentam, de uma forma geral, algumas funções consideradas clássicas, que são:

> **Funções clássicas dos bancos centrais**
>
> a) Monopólio da emissão;
>
> b) Banco dos bancos;
>
> c) Banqueiro do governo;
>
> d) Supervisor do sistema financeiro;
>
> e) Executor da política monetária;
>
> f) Executor da política cambial;
>
> g) Depositário das reservas internacionais.

2.1. Pressões que Desequilibram a Economia

Se houver algum problema setorial que pressione o mercado de bens e serviços, o mercado monetário provocará um desequilíbrio na economia que poderá ocasionar uma falta ou excesso de produção e/ou uma falta ou excesso de dinheiro na economia. Tais pressões podem ser explicadas com os seguintes exemplos:

a) se o Governo gasta mais do que arrecada de imposto, precisará financiar o déficit, emitindo mais dinheiro ou se endividando pela emissão de títulos da dívida. Esse gasto excessivo é classificado como uma demanda adicional e se o sistema produtivo não tiver capacidade de aumentar a produção para atender a essa procura na mesma proporção, acarretará um desequilíbrio entre demanda e oferta, forçando uma pressão nos preços;

b) se os trabalhadores conseguem reajustes salariais superiores a produtividade da economia, estarão com esse aparente beneficio criando uma demanda adicional que se não for atendida pela elevação de produção (neste caso não será porque estamos admitindo que o aumento salarial foi maior do que a produtividade), também ocasionará uma pressão altista dos preços porque os empresários procurarão repassar a elevação dos salários para os preços de seus produtos;

c) se, por um problema qualquer, há uma alteração para mais ou para menos no nível de produção da economia (uma geada, por exemplo) ocasionará, também, um desequilíbrio no fluxo real, provocando alterações nos preços de mercado;

d) existe um produto muito especial oferecido pela atividade bancária, que é um serviço. É o crédito bancário, por meio do qual são ofertados recursos para financiar a atividade econômica empresarial e o consumo das pessoas. Um excesso de oferta de crédito corresponde a uma demanda adicional no mercado de bens e serviços, provocando, também, desequilíbrio.

A nossa lista de exemplos poderia se alongar ainda mais, porém o que nos interessa saber é o que o Governo poderá fazer para evitar esses desequilíbrios ou para fazer com que a economia retorne ao equilíbrio. A abordagem deste livro será mostrar a importância desse equilíbrio da economia e a instrumentação da política monetária como meio eficiente de estabelecer a estabilidade dos preços, que, em última instância, representa uma parte desse desequilíbrio. Antes, porém, desenvolveremos uma explicação histórica sobre a moeda e sobre o modelo brasileiro de controle da economia, pela política monetária.

3. Origem da Moeda

A moeda tornou-se um instrumento indispensável em qualquer sociedade, dadas as suas características de servir como mecanismo de troca de excedentes de produção ou mesmo para fazer circular toda a economia e possibilitar o funcionamento do sistema econômico. A moeda permite determinar quais bens e serviços que deverão ser produzidos e em que quantidade, como resposta à demanda por esses bens e serviços desejados pela sociedade.

A moeda possibilita, ainda, a realização de empréstimos e adiantamentos às empresas, para que elas dinamizem sua produção, e ao trabalhador, para que ele possa realizar despesas desejadas. Modernamente, há necessidade de um sistema financeiro eficiente para possibilitar maior dinamismo à economia, que passa a contar com a moeda como um veículo presente em toda atividade.

Sua importância é tamanha que há atualmente um sofisticado e complexo conjunto de teorias que buscam aperfeiçoar o sistema monetário, tornando-o eficiente e controlado, para que o setor monetário não provoque desequilíbrios no setor de produção de bens e serviços, como descritos anteriormente. Para isso, são acionados os instrumentos de política monetária, que agindo paralelamente a instrumentos fiscais e cambiais, estabilizam a economia, livrando-a da inflação, do desemprego e recessão.

Analisaremos, neste capítulo, os aspectos mais importantes do papel do sistema monetário, mostrando a ação do governo no seu controle, assim como o aspecto institucional do funcionamento do Sistema Financeiro Nacional. Antes, no

Capítulo 1 - Sistema Monetário e Modelo de Expansão Monetária

entanto, faremos uma rápida retrospectiva da origem da moeda, caracterizando cada fase até o presente.

A origem da moeda está relacionada com a divisão do trabalho, porque retirou de qualquer individuo de uma sociedade a possibilidade de auto-suficiência econômica, e quanto mais um país se desenvolve, mais se especializam os indivíduos, e maior passa a ser a interdependência entre eles.

As trocas evoluíram em função da complexidade da interdependência dos indivíduos e, historicamente, apresentam duas etapas:

a) Trocas diretas ou escambo: Eram efetuadas pela troca direta de mercadorias por mercadorias, ocasião em que as pessoas trocavam o que produziam em excesso. Como as sociedades primitivas não possuíam quase nenhum grau de especialização do trabalho, eram obrigadas a se desfazer de seus excedentes através da permuta direta com outras coletividades. Com o passar do tempo os agentes começaram a encontrar dificuldades para efetuar trocas por mercadorias que lhes interessavam. Quando os agentes econômicos trocam seus respectivos excedentes, diz-se que os mesmos estão realizando uma troca direta ou escambo. Esse é o sistema mais simples de troca de excedentes, apesar de apresentar inconveniências no que se relaciona a coincidências de gosto, porque para a troca se realizar é necessário que um dos agentes tenha o que o outro esteja necessitando e vice-versa. Outro inconveniente das trocas diretas era a sua dificuldade de divisibilidade do produto a ser trocado.

A diferença na coincidência de gosto fez com que fosse criado um intermediário de troca, ou seja, alguma mercadoria que possuísse um valor comum para todos, e que servisse de elemento comum no mercado. Quando cresce o número de bens e serviços transacionados na economia, fica cada vez mais difícil que dois agentes econômicos que desejam trocar seus excedentes, tenham, um, exatamente o que o outro deseja para efetuarem a troca.

A especialização do processo de produção, provocada pela divisão social do trabalho, transformou o comportamento da sociedade, uma vez que a economia se dinamizou ao crescerem e se diversificarem os bens e serviços existentes. A troca torna-se fundamental para o desenvolvimento das sociedades, que deixam de realizar o escambo para enfrentar trocas indiretas de pagamento.

b) Trocas indiretas: Com a evolução das sociedades, as pessoas perceberam que alguns bens tinham grande aceitação porque todos necessitavam deles, instaurando-se um processo de troca indireta. Inicialmente passaram a ser procuradas mais por se saber que seriam aceitas em troca dos demais bens e serviços do que por sua utilidade intrínseca, ou seja, não valiam apenas pelo seu valor de uso, mas pelo seu valor de troca, representadas por uma mercadoria que servisse como intermediário de trocas. Denominamos essa fase de moeda mercadoria. À proporção que determinados produtos desempenhavam funções de intermediário de trocas, os demais produtos tinham seus valores de trocas medidos em relação a esse produto. Uns exemplos de **moeda mercadoria** são o sal, o trigo, o gado, entre outros. Na história antiga, alguns metais preciosos já funcionavam como moeda devido ao seu alto valor e interesse comum atribuídos pela comunidade.

A necessidade de bens possuidores de características comuns possi-bilitou a utilização de metais no processo de trocas. Surge, dessa forma, a **moeda metálica**, que passou a ser representada pelos metais que possuíam algumas características, tais como ampla aceitação, facilidade de transporte, durabilidade e divisibilidade.

Para evitar alguns problemas, como o valor das peças e sua pesagem e comprovação de que não eram falsas, introduziram, numa fase posterior, a cunhagem do metal com a efígie de grandes imperadores para dar garantias de sua veracidade aos seus possuidores.

A cunhagem viabilizou a garantia de circulação da moeda, porque o peso do metal estava representado por essas efígies. Inicialmente os metais mais usados foram o cobre, o bronze e o ferro. Só com o tempo é que foram substituídos pelos metais nobres (ouro e prata), que atendiam perfeitamente às três características importantes que deve possuir a moeda: intermediária de trocas, unidades de valor e reserva de valor.

Segundo historiadores, foi no quarto milênio antes de Cristo, quando se formaram as primeiras cidades na Mesopotâmia, que o homem passou a pensar em termos de objetos que ajudavam a traduzir valores. Antes disso, não havia concentração humana que justificasse essa idéia abstrata. Foi no Oriente Médio, lugar culturalmente mais rico da Antiguidade, que o dinheiro se difundiu, passando a existir como dinheiro de metal cerca de 2.500 anos antes de Cristo. A primeira grande revolução monetária ocorreu no século VII antes de Cristo, no reino da Líbia, onde hoje fica a Turquia. Ali foi inventada a moeda moderna, com todas as características das atuais. Entre os anos de 640 a 630, antes de Cristo, o homem chegou, finalmente, à cunhagem de moedas.

Fonte: Banco Central do Brasil, texto: Banco Central- Fique Por dentro.Brasília.2004.

Capítulo 1 - Sistema Monetário e Modelo de Expansão Monetária

Como a produção anual de ouro e prata era relativamente pequena em relação ao estoque existente, esses metais constituíam como condição essencial para a estabilidade do valor dos mesmos, fator indispensável à função monetária. Outras qualidades para a aceitação são divisibilidade, maleabilidade, imunidade prática contra corrosão, além de outras características de um metal nobre.

A inconveniência de transporte de grandes volumes de metais preciosos e a insegurança provocada por possíveis roubos facilitaram a criação de certificados ou recibos de depósitos de metal, passando essas notas a servirem como moeda freqüentemente denominada **moeda-papel**. Após o Renascimento, surgiram as "Casas de Custódia" que recebiam o metal e forneciam os certificados de depósitos que passaram a circular como moeda representativa denominada de moeda-papel com lastro total do peso do ouro e conversibilidade.

Inicialmente as pessoas iam às casas de custódia retirar todo ou parte do ouro ali depositado, quando dele necessitasse para suas transações, mas com o tempo perceberam que os detentores desses certificados de depósitos bancários ou de moeda-papel, totalmente lastreada em metal, não faziam conversão ao mesmo tempo e, além disso, enquanto alguns faziam a troca da moeda-papel pelo metal, outros faziam depósitos em ouro recebendo o certificado. Foi, dessa forma, possível a emissão desses certificados sem lastro em metal, que são denominados **moeda fiduciária ou papel-moeda**.

Da moeda metálica, ou mais precisamente da moeda lastreada em ouro, em que cada país emitia determinada quantidade de moeda, desde que fosse garantida por igual quantidade de ouro, derivou o regime monetário conhecido por **padrão-ouro**. Esse regime estabelece a relação equivalência entre as várias moedas conforme seu peso em ouro.

Como etapa posterior, surge o papel-moeda, um certificado intransferível que não tem seu valor convertido em metal, mas é de aceitação pelo público e garantido pelos órgãos oficiais no valor da face. O **papel-moeda**, também denominado moeda fiduciária, é emitido pelo Estado que monopoliza sua produção. O papel-moeda tornou-se mais uma modalidade de moeda, cujo poder liberatório de sua aceitação geral e da disposição legal lhe dá curso forçado. Surgem, dessa forma, os primeiros bancos com monopólio da emissão da moeda, que é a principal característica dos bancos centrais.

Esses certificados passaram a funcionar então como típicas notas ou cédulas, como as que são utilizadas atualmente. A grande diferença é que eram emitidas pelos ourives e não por um banco central. Com esse processo existiam diversos bancos emissores de moeda

As casas bancárias facilitaram ainda mais a movimentação do dinheiro, porque as pessoas não precisavam andar com grandes volumes de moeda, bastava depositarem em contas correntes nos bancos, que estes entregavam aos clientes um recibo de depósito sacável a qualquer momento. Com a evolução do sistema bancário, surgiu a **moeda escritural**, que é representada pelos depósitos bancários à vista, possuindo liquidez equivalente à moeda legal. É também denominada **moeda bancária**. Apesar de ter uma representação escritural e contábil, essa característica não lhe tira a importância na composição da moeda existente hoje nas economias desenvolvidas.

É representada pelos depósitos nos bancos que passam a movimentar esses recursos por cheques. O cheque, assim, tem o mesmo poder liberatório do papel-moeda, apenas não tem curso forçado, porque o mesmo representa uma ordem de pagamento à vista, como contrapartida do depósito à vista existente na conta bancária.

O desenvolvimento da informática tem mudado a forma com que os usuários têm manipulado a moeda. Paulatinamente, o cartão magnético e as operações realizadas diretamente dos computadores domésticos ou terminais eletrônicos têm substituído o cheque na maioria das operações entre usuários e bancos. Podemos denominar a essa nova prática de **moeda eletrônica** ou **moeda virtual**. A maioria dos bancos centrais desenvolveu sistemas de pagamento que possibilitam a transferência de recursos entre instituições e entre cidades ou países, em velocidade extremamente rápida, algumas, inclusive "on line". (Ver BOX no final)

No manuseio da moeda manual, a tecnologia tem introduzido o ***smart card***, a moeda que vem gravada em cartões de plástico que ao ser lida pela máquina recebedora, movimenta a moeda (eletronicamente) do usuário para a loja.

4. Funções da Moeda

O que define a moeda é sua liquidez, isto é, a capacidade que ela possui de ser um ativo prontamente disponível e aceito para as mais diversas transações. A evolução da moeda, desde a sua origem até a atualidade, veio adicionando algumas características que a tornaram aceita em toda a sociedade, conforme discutimos. Inicialmente era necessário algo que facilitasse as transações, isto é, algo que se tornasse instrumento de troca. Depois surgiu outra exigência, que era valorizar esse instrumento em comum acordo com os agentes envolvidos, ou seja, deveria possuir um valor padrão aceito por todos. Finalmente, era essencial que a moeda possuísse reserva de valor, isto é, que não perdesse seu valor com o passar do tempo.

Capítulo 1 – Sistema Monetário e Modelo de Expansão Monetária

É de fundamental importância, portanto, que ela possua três características essenciais que a definem:

a) **Intermediária de trocas** Com a impossibilidade de auto-suficiência econômica de um indivíduo qualquer na sociedade, tornou-se necessária a criação de um instrumento de troca, que é a moeda. A existência da moeda é fundamental nas economias em que o grau de divisão do trabalho é praticamente em maior escala. Já que a eficiência na circulação das mercadorias produzidas será proporcional à utilização da moeda como um intermediário de trocas, ela reduz o tempo empregado na comercialização dos produtos, uma vez que é de aceitação comum aos agentes envolvidos na troca.

b) **Unidade de valor** A moeda expressa o valor dos bens e serviços diversos em termos de uma unidade comum que é o padrão monetário. A vantagem da moeda em possuir essa característica é de tornar possível uma economia de mercado mais racional pelo surgimento de um sistema de preços. Quanto mais aceita como intermediária de trocas, maior a possibilidade de se alcançar o objetivo final das transações econômicas, isto é, mais universal se torna sua aceitação perante a sociedade.

c) **Reserva de valor** Permite ao usuário a opção de usar a moeda ou guardá-la para o uso posterior, de acordo com suas necessidades. O tempo entre recebimento e utilização da moeda normalmente ocorre com alguma defasagem. O salário que o trabalhador recebe em um determinado dia do mês e gasta paulatinamente no correr do tempo é uma ilustração desse fato. A reserva de valor limita-se aos gastos com transações e precauções, porque com o fenômeno da inflação o entesouramento perdeu sua finalidade, tendo em vista a perda do poder de compra de quem prefere entesourar certa quantidade de moeda, em vez de substituí-la por títulos, capazes de produzir juros. Essa característica dá à moeda a possibilidade de conversibilidade imediata em outros ativos financeiros ou reais. O processo inflacionário destrói essa característica à medida que seu valor real é corroído pela elevação dos preços.

Alguns haveres não possuem liquidez total, tais como os certificados de depósitos bancários, que não são títulos de aceitação imediata por todos, mas possui liquidez parcial, e por isso são considerados **"quase-moeda"**. Essa definição é usada porque esses instrumentos representam um ativo financeiro, apenas sua conversibilidade não é automática em moeda manual ou bancária.

5. Alguns Conceitos Monetários

O Banco Central do Brasil adota algumas variações até chegar ao conceito de moeda manual, porque nem todo papel-moeda emitido entra para compor estoque de moeda em poder do público. Alguma parcela dessa moeda permanece no caixa da Autoridade Monetária e outra no caixa dos Bancos Comerciais.

É a seguinte esquematização adotada para definir moeda manual, também denominada papel-moeda em poder do público:

a) **Papel-Moeda Emitido (PME)** Corresponde ao total de moeda legal existente, autorizada pelo Banco Central ou pelo governo. O Banco Central do Brasil tem competência de órgão emissor. A Lei nº 4.595, de 31.12.64, em seu Art. 4, estabeleceu que o Conselho Monetário Nacional poderia autorizar o Banco Central da República do Brasil a emitir, anualmente, até o limite de 10% (dez por cento) dos meios de pagamentos existentes a 31 de dezembro do ano anterior, para atender às exigências das atividades produtivas e da circulação da riqueza do País, devendo, porém, solicitar autorização do Poder Legislativo, mediante Mensagem do Presidente da República, para as emissões que, justificadamente, se tornassem necessárias além daquele limite.

Com a Constituição Federal 1998, a autorização para a emissão é prerrogativa do Congresso Nacional que aprova, anualmente, a Programação Monetária que estabelece a necessidade de emissão no período. Em seu artigo 164, da Constituição Federal, assegura que a competência da União para emitir moeda será exercida exclusivamente pelo Banco Central. No entanto, é vedado ao mesmo conceder, direta ou indiretamente, empréstimos ao Tesouro Nacional e a qualquer órgão ou entidade que não seja instituição financeira, o que significa afirmar que o Banco Central não pode emitir moeda para suprir o Tesouro de recursos.

A Lei nº 9069/95, da Reforma Monetária do Real dispõe que o Presidente do Banco Central do Brasil submeterá ao Conselho Monetário Nacional e enviará, por intermédio do Ministro da Fazenda, à Comissão de Assuntos Econômicos do Senado Federal, no final de cada trimestre, programação monetária para o trimestre seguinte, da qual constarão, no mínimo, estimativas das faixas de variação dos principais agregados monetários compatíveis com o objetivo de assegurar a estabilidade da moeda e análise da evolução da economia nacional prevista para o próximo trimestre, e justificativa da programação monetária. Estabelece, ainda, que o Presidente do Banco Central enviará,

Capítulo 1 - Sistema Monetário e Modelo de Expansão Monetária

por intermédio do Ministro da Fazenda, ao Presidente da República e aos Presidentes das duas casas do Congresso Nacional relatório trimestral sobre a execução da programação monetária e demonstrativo mensal das emissões de REAL, as razões delas determinantes e a posição das reservas internacionais a elas vinculadas.

b) **Papel-Moeda em Circulação (PMC)** é o Papel-Moeda Emitido menos o Caixa do Banco Central. Nem todo papel emitido é automaticamente injetado na economia; uma parcela fica retida temporariamente no Caixa da Autoridade Monetária até sua posterior liberação. Então, a definição de papel-moeda em circulação deve excluir do valor emitido os recursos que ainda estão em Caixa da Autoridade Monetária, isto é, do Banco Central.

c) **Papel-Moeda em Poder do Público (PMP)** é o Papel-Moeda em Circulação menos o Caixa em moeda corrente dos Bancos Comerciais. A quantidade de moeda que entra em circulação será dividida entre os bancos e o público não-bancário (consideradas as pessoas físicas e jurídicas). A parcela dos bancos que está rubricada como caixa em moeda corrente dos bancos comerciais e a do público é denominada Papel-Moeda em Poder do Público. Esses recursos poderão ser representados por uma moeda metálica ou papel-moeda e estão fora dos bancos comerciais. São considerados como moeda manual.

Temos, desta forma, a seguinte relação:

Papel-Moeda Emitido

Menos: Caixa do Banco Central

Papel-Moeda em Circulação

Menos: Caixa dos Bancos Comerciais

Papel-Moeda em Poder do Público

Quanto à moeda escritural, esta é representada pelos depósitos à vista do público nos bancos comerciais que é uma instituição financeira privada ou pública, que tem como objetivo principal proporcionar o suprimento oportuno e adequado dos recursos necessários para financiar, a curto e médio prazos, o comércio, a indústria, as empresas prestadoras de serviços, as pessoas físicas e terceiros em geral.

Ao somatório da moeda manual com a moeda escritural (aquela que o público mantém depositada nos bancos comerciais) denomina-se de meios de pagamento, que representa a oferta da moeda.

6. Meios de Pagamento

É o total dos haveres em poder do setor não-bancário e que podem ser utilizados a qualquer momento, ou seja, são haveres de perfeita liquidez. É representado pelo "papel-moeda em poder do público" (PMP), também chamado de moeda manual ou moeda corrente, e pelos depósitos à vista do público, nos bancos comerciais.

$$\text{Meios de pagamento} = \text{Papel-Moeda (PMP)} + \text{Depósitos à vista } (D_{BC}^{P})$$

O conjunto dos bancos comerciais é constituído por todas as instituições financeiras, inclusive Banco do Brasil e Caixas Econômicas, autorizadas a receber depósitos à vista, tanto de origem privada como comercial, sem remuneração de juros, e aplicar esses recursos em empréstimos de curto prazo.

Os depósitos à vista das Caixas Econômicas entram no cômputo dos meios de pagamento, apesar de estas instituições não serem consideradas bancos comerciais, mas sim tendo a função de carrear depósito de poupança livre e ser o principal agente do Sistema Financeiro de Habitação.

A evolução dos meios de pagamento no Brasil é mostrada na tabela 1.

Capítulo 1 - Sistema Monetário e Modelo de Expansão Monetária   15

Tabela 1

Meios de Pagamento no Brasil

(saldos em R$ milhões)

Final de Período	Papel-Moeda em Poder do Público	Depósitos à Vista	Meios de Pagamento
2000	28.641	45.712	74.362
2001	32.628	51.079	83.707
2002	42.351	65.495	107.856
2003	43.064	66.584	109.648
2004	52.019	75.927	127.946
2005	58.272	86.606	144.778
2006 (*)	55.397	97.004	152.401

Fonte: Banco Central do Brasil.
(*) dados de nov/2006

No Brasil, o conceito M_1 existe em contraposição aos outros três conceitos de meios de pagamento mais abrangentes. O desenvolvimento atual do Sistema Financeiro apresenta-se de maneira mais sofisticada, mesmo nos países mais atrasados, que além de captarem depósitos à vista – ativos considerados de perfeita liquidez – trabalham com ativos financeiros de longo prazo, que perdem alguma liquidez no mercado, devido à impossibilidade de resgate imediato (quase-moeda). A existência desses ativos dificulta a conceituação dos meios de pagamento. Para contornar o problema, foram definidos alguns outros conceitos de meios de pagamento, levando em consideração os diferentes aspectos institucionais de cada país, de acordo com o Sistema Financeiro e com a liquidez dos ativos existentes.

A partir de 2001 o Banco Central do Brasil redefiniu os conceitos dos meios de pagamento ampliado, mas os anteriores estão abaixo relacionados, e seus conceitos de meios de pagamento eram classificados em função da liquidez do ativo financeiro, conforme explicação a seguir:

a) Conceitos de Meios de pagamento ampliados no Brasil anteriores a 2001

O primeiro conceito de meios de pagamento ampliado é o M_2, que estava representado pelo M_1, acrescido dos depósitos especiais remunerados, que existiram até 1995. Eram recursos provenientes do bloqueio das poupanças ocorrido em 1991, no denominado Plano Collor.

Computava-se, também, os recursos depositados nos fundos de renda fixa, que possuíam e ainda possuem alta liquidez e em títulos públicos de alta liquidez, ou seja, aqueles negociáveis no mercado secundário, nas operações compromissadas e, portanto, considerados de alta liquidez, que explicaremos mais detalhadamente no capítulo a seguir. Então, o conceito de M_2 era assim definido:

$M_2 = M_1$ + depósitos especiais remunerados + quotas de fundos de renda fixa de curto prazo + títulos públicos de alta liquidez

---

Para o conceito de M_3 considerava-se o somatório do M_2 e dos depósitos em caderneta de poupança, que são ativos destinados ao financiamento imobiliário e agrícola, com resgate, para o aplicador a cada trinta dias (é possível o saque em período menor, mas o aplicador perde a remuneração). Apresentam, portanto, ativos de menor liquidez.

Desta forma, o M_3 era representado por:

$M_3 = M_2$ + depósitos de poupança

Por último, registravam-se outros ativos de menor liquidez, representados por Depósitos a Prazo, Letras de Câmbio, Letras Hipotecárias, etc, que são ativos de prazo superior a trinta dias, com liquidez menor que a poupança. São constituídos de títulos privados.

Temos, portanto, o conceito de M_4 que era representado por:

$M_4 = M_3$ + títulos emitidos por instituições financeiras

Capítulo 1 – Sistema Monetário e Modelo de Expansão Monetária   17

b) **Os novos conceitos de meios de pagamento ampliados** introduzidos a partir de 2001 e divulgados pelo Banco Central, que reproduzimos a seguir[1], representam mudança de critério de ordenamento de seus componentes, que deixaram de seguir o grau de liquidez, passando a definir os agregados por seus sistemas emissores.

Nesse sentido, o M_1 é gerado pelas instituições emissoras de haveres estritamente monetários, ou seja, está representado por:

> M_1 = **Papel Moeda em Poder do Público + Depósitos á**

O Conceito de M_2 corresponde ao M_1 e às demais emissões de alta liquidez realizadas primariamente no mercado interno por instituições depositárias - as que realizam multiplicação de crédito. Com a criação da "conta investimento", o Banco Central passou a incluir esses valores no conceito de M_2, a partir de outubro de 2004. Temos, então, que:

> M_2 = M_1 + **depósitos para investimento + depósitos de poupança + títulos Privados (emitidos por instituições depositárias)**

Por sua vez, o M_3 é composto pelo M_2 e captações internas por intermédio dos fundos de renda fixa e das carteiras de títulos registrados no Sistema Especial de Liquidação e Custódia (Selic), ou seja:

> M_3 = M_2 + **quotas de fundos de renda fixa + operações compromissadas com títulos federais (registradas no Selic)**

Por último, o M_4 engloba o M_3 e os títulos públicos federais, estaduais e municipais, de alta liquidez. Assim definido:

> M_4 = M_3 + **títulos públicos federais + títulos estaduais e municipais**

---

[1] Notas Técnicas do Banco Central do Brasil-Notas Metodológicas - Reformulação dos Meios de Pagamento. Nº 3 Agosto de 2001

Para os novos conceitos de meios de pagamento, assume-se que, entre os haveres integrantes do agregado monetário, as diferenças de velocidade potencial de conversão em disponibilidade imediata associadas a perdas de valor nesses procedimentos não sejam significativas no atual estágio de desenvolvimento do sistema financeiro. Caso contrário, o ordenamento teria que contemplar tais diferenças, uma vez que, por hipótese, quanto maior aquela velocidade, maior exposição do componente à demanda por liquidez.

Desse modo, o critério adotado permite discriminar a exposição do sistema financeiro à demanda por liquidez ao incluir no M_3 somente exigibilidades das instituições depositárias e fundos de renda fixa junto ao público. Nesse sentido, os títulos públicos, apesar de não possuírem liquidez potencial mais reduzida que os títulos privados e depósitos de poupança, foram alocados no conceito mais abrangente a fim de destacar, no M_3, a exposição do sistema financeiro, exclusive o Banco Central, tratado apenas como provedor de meio circulante.

Cabe observar que, embora não usual na maioria dos países, a inclusão da dívida mobiliária pública em agregados monetários baseia-se nas especificidades da economia brasileira, com o setor público mantendo participação expressiva no dispêndio total por longo período, cujo financiamento dependia significativamente da captação de poupanças privadas por meio da emissão de títulos.

Tais circunstâncias exigiram elevada liquidez desses instrumentos, propiciando sua adoção generalizada como quase-moeda até os dias atuais. Observe-se que, dentre os títulos federais, apenas os registrados no Selic são considerados nos meios de pagamento. Apesar da alta liquidez dos instrumentos de captação do Tesouro Nacional, entendeu-se que o reconhecimento de tais emissões como quase-moeda nos conceitos de meios de pagamento deva ser o mais restrito possível, dado que esse Órgão não integra o Sistema Financeiro Nacional (SFN). O Banco Central, por sua vez, tem suas operações com títulos já concentradas no Selic.

Os fundos de renda fixa foram incluídos no M_3, embora possuam personalidade jurídica própria e não multipliquem crédito, dado que, em geral, funcionam em colaboração com instituições depositárias, exercendo atividades típicas de tais instituições, como transformar a liquidez de uma carteira de ativos e captar recursos, emitindo quotas como alternativa de aplicação financeira aos clientes. O desempenho e a exposição dos fundos de renda fixa afetam a instituição administradora, uma vez que a maior parte dos clientes não faz a distinção estabelecida formalmente.

Capítulo 1 - Sistema Monetário e Modelo de Expansão Monetária

As operações compromissadas do restante da economia junto ao sistema emissor – correspondentes ao financiamento líquido de títulos tomado por tal sistema – funcionam como moeda para transações, sendo incluídas no conceito M_3.

Resumindo, as principais mudanças nos conceitos dos meios de pagamento ampliados são apresentadas abaixo:

Conceitos anteriores a 2001

M_1 = papel moeda em poder do público + depósitos à vista

M_2 = M_1 + depósitos especiais remunerados + quotas de fundos de renda fixa de curto prazo + títulos públicos de alta liquidez

M_3 = M_2 + depósitos de poupança

M_4 = M_3 + títulos emitidos por instituições financeiras

Conceitos atuais

Meios de Pagamento Restritos:

M_1 = papel moeda em poder do público + depósitos à vista

Meios de Pagamento Ampliados:

M_2 = M1 + depósitos para investimento + depósitos de poupança + títulos Privados (emitidos por instituições depositárias)

M_3 = M_2 + quotas de fundos de renda fixa + operações compromissadas com títulos federais (registradas no Selic)

Poupança financeira:

M_4 = M_3 + títulos públicos federais + títulos estaduais e municipais (de alta liquidez)

A evolução dos meios de pagamentos ampliados, no Brasil, pode ser mostrada na tabela a seguir:

Tabela 1.2
Composição dos Meios de Pagamento Ampliados no Brasil

(R$ milhões)

Fim do Período	M_1	Depósito para investimentos	Depósitos de poupança	Títulos privados[1]	M_2	Quotas de fundos de renda fixa[2]	Operações compromissadas com títulos federais[3]	M_3	Títulos federais (Selic)	Títulos estaduais e municipais	M_4
2000	74.352	-	111.936	97.496	283.785	253.832	18.960	556.577	93.624	1.892	652.093
2001	83.707	-	120.030	117.875	321.612	285.329	18.115	625.057	128.569	2.555	756.181
2002	107.846	-	140.896	148.761	397.503	279.560	11.205	688.269	117.332	1.922	807.523
2003	109.648	-	144.118	159.128	412.895	408.096	17.394	838.386	119.373	712	958.471
2004	127.946	374	159.589	205.195	493.497	474.817	20.308	988.622	120.069	828	1109.519
2005	144.778	1.168	169.323	267.195	582.464	559.140	24.889	1166.502	144.914	983	1312.399
2006 (*)	144.459	3.754	176.509	296.309	621.142	663.445	30.825	1315.441	170.635	22	1486.068

Fonte: Banco Central do Brasil

(*) Dados de out/2006

1/ Inclui depósitos a prazo, letras de câmbio, letras hipotecárias e letras de imobiliárias.

2/ Exclui lastros em títulos emitidos primariamente por instituição financeira.

3/ As aplicações do setor não financeiro em operações compromissadas estão incluídas no M3 a partir de agosto de 1999, quando se eliminou o prazo mínimo de 30 dias, exigido em tais operações desde outubro de 1991.

Capítulo 1 - Sistema Monetário e Modelo de Expansão Monetária

A economia norte-americana, por meio do Federal Reserve System (FED), elabora seu modelo de Programação Monetária através da divulgação de três estatísticas para os meios de pagamento, conforme os conceitos a seguir:

M1 = PMP + Dep. à vista nos bancos comerciais (exclusivos depósitos à vista do governo dos EUA).

M2 = M1 + Dep. a prazo nos bancos comerciais (exceto os certificados negociáveis de deposito a prazo emitidos em denominações maiores ou iguais a US$ 100.000).

M3 = M2 + Dep. em instituições financeiras não-bancárias (depósitos em instituições de poupança mútua e associações de poupança e empréstimos).

A validade na conceituação dos meios de pagamento de forma diferenciada encontra-se na possibilidade de se analisar o direcionamento dos ativos financeiros quanto à sua liquidez. Sempre que o M_2 ou M_3 se expandirem com maior rapidez do que o M_1, podemos inferir que o mercado de títulos está se dinamizando mais do que o mercado de bens e serviços.

No entanto, esses conceitos são muito importantes para se conhecer o comportamento dos haveres monetários e não-monetários para a economia.

Antes de nos aprofundarmos mais no entendimento do mercado monetário, explicaremos, com alguns exemplos, o mecanismo de expansão e contração dos meios de pagamento, descrito por Simonsen (1974).

Há criação de moeda quando houver um aumento de um dos meios de pagamento. Poderá ser realizada pelo Banco Central, que tem o poder legal de emitir papel-moeda, e pelos bancos comerciais autorizados a receber à vista.

6.1 Criações de Meios de Pagamento

Quando a operação entre o público e o setor bancário dá origem a um aumento do saldo do papel-moeda em poder do Público mais depósitos à vista nos bancos, o sistema bancário adquire haveres não-monetários[2] do público, pagando-os em moeda manual ou escritural.

---

[2] São aplicações somente movimentáveis depois de um prazo fixo: Depósito a prazo fixo, Letras de Câmbio etc

Exemplo:

a) Uma empresa leva a um banco uma duplicata para desconto, recebendo a inscrição de um depósito à vista ou moeda manual;

b) Um banco compra cambial de um exportador a paga com moeda manual ou escritural;

c) Um banco compra títulos da dívida pública – Letras do Tesouro Nacional (LTN) ou Notas do Tesouro Nacional (NTN) – possuídos pelo público, pagando em moeda ou em moeda escritural.

d) Quando ocorre um resgate de aplicações em depósitos a prazo: Certificado de Depósito Bancário (CDB), caderneta de poupança etc.

6.2 Destruição dos Meios de Pagamento

Quando os bancos vendem ao público quaisquer haveres não-monetários em troca do recebimento de moeda.

Exemplo:

a) O público resgata um empréstimo contraído no sistema bancário;

b) O público deposita dinheiro a prazo nos bancos;

c) Os bancos vendem ao público, mediante pagamento em moeda, quaisquer títulos;

d) Os bancos vendem cambiais aos importadores.

7. A Programação Monetária no Brasil

Quanto mais desenvolvido é um país, mais eficiente se torna o uso dos instrumentos de controle monetário, uma vez que o sistema financeiro se desenvolve permitindo aperfeiçoamento constante da utilização do mecanismo que proporciona à Autoridade Monetária o real controle da oferta de moeda na economia.

Além da taxa de redesconto, dos encaixes bancários compulsórios e das operações de mercado aberto (estes instrumentos serão mais bem explicados no próximo capítulo), a Autoridade Monetária utiliza instrumentos complementares que variam de acordo com o aspecto institucional e o desenvolvimento do sistema financeiro de cada país. Esses mecanismos vão desde o controle da taxa de juros até a quantificação de créditos seletivos. O Brasil adotou a política de mercado para o setor financeiro, liberando a taxa de juros, mas com algumas categorias de crédito seletivas, como é o caso de parte dos destinados à agricultura, pecuária e microcrédito, que recebem recursos obrigatórios da captação dos depósitos à vista.

Uma revisão dessa política foi adotada em 1983, quando o governo precisou encarar com maior rigor o controle de expansão monetária para produzir uma queda no nível dos preços. Para tanto, foram elevadas as taxas de juros ao crédito agrícola para diminuir sensivelmente o crédito subsidiado, que era financiado pelos bancos oficiais, com recursos do banco central.

De acordo com a conjuntura econômica, a Autoridade Monetária modifica o comportamento da política monetária adotada. Por muito tempo, o governo tabelou os juros bancários como forma de conter o ritmo inflacionário e estipulou prazos máximos permitidos para financiamentos, para desaquecer a demanda por crédito.

Diversas foram as fases e mecanismos de controle monetário adotados pelo governo, mas só com a Lei nº 4.595 de 31.12.64, que criou o Banco Central e disciplinou o mercado financeiro, é que esse controle passou a ser realizado com mais coordenação.

O comando da execução da política monetária e creditícia do país passou a ser feito pelo Banco Central do Brasil, que adotou a sistemática de programações anuais, inicialmente conhecida como "orçamento monetário" e, posteriormente, utilizando-se da técnica da "Programação Monetária", que consiste em determinar as metas quantitativas de expansão dos meios de pagamento e, em algumas oportunidades do crédito do sistema bancário aos setores públicos e privados, bem como analisar o impacto dessas metas sobre o volume dos meios de pagamento desejado para obtenção de níveis programados do crescimento do Produto Interno Bruto e controle da inflação.

A Programação Monetária é um mecanismo eficiente de Programação Monetária de curto prazo. Esse instrumento permite à Autoridade Monetária identificar causas dos possíveis desvios na execução das metas obtidas em relação às metas programadas, permitindo o uso de políticas alternativas para restabelecer esses desequilíbrios.

Podemos, então, afirmar que a Programação Monetária consiste na projeção de expansão monetária adequada para a economia manter-se ajustada. Para isso, são analisados os balancetes consolidados da Autoridade Monetária e dos bancos comerciais, para se ter uma idéia de qual deverá ser a expansão dos meios de pagamento necessária ao equilíbrio econômico do país.

O uso da Programação Monetária atende aos seguintes objetivos básicos, que possibilitam, em última instância, o controle dos meios de pagamento:

a) Possibilita a quantitatividade de crédito ao setor público e privado adequada às metas desejadas pela política governamental;

b) A Autoridade Monetária tem condições de identificar desvios em relação às metas estabelecidas;

c) Explicita o volume de recursos a serem captados, definidos nas suas metas;

Toda análise de oferta monetária é feita no sentido de explicar o processo de criação e destruição dos meios de pagamento (moeda em poder do público mais depósitos à vista nos bancos comerciais).

A oferta de moeda pode ser afetada por ação da Autoridade Monetária, que tem o poder de emissão, pelos bancos comerciais que, pela capacidade de emprestarem dinheiro ao público estão, também, ofertando recursos à economia, conforme veremos adiante.

Quanto aos bancos comerciais, o processo é o de repassar para a economia por meio de empréstimos, os recursos captados sob a forma de depósitos à vista.

Até 1986, o Banco Central do Brasil já programava anualmente a expansão monetária desejada, objetivando manter um controle dos preços e do crescimento econômico. Nem sempre os resultados obtidos eram aqueles projetados, porque a pressão do mercado demandando recursos adicionais forçava a Autoridade Monetária a atender parcialmente essa demanda extra, para não ocorrer uma crise de liquidez que elevasse os juros a níveis incontroláveis. Na verdade, não havia restrição à emissão de moeda, por parte do Banco Central, bastando o Conselho Monetário alterar o orçamento monetário.

Em junho de 1987, o governo decretou o fim do orçamento monetário como instrumento individual e isolado do controle da moeda e do crédito. A partir de então, o orçamento monetário compõe a proposta orçamentária global da União que é encaminhada ao Congresso Nacional anualmente. É incluído como anexo e com a nova denominação de Orçamento das Operações Oficiais de Crédito. Ficou limitada, portanto, a ação do Banco Central de emitir, que depende de um maior rigor e exclusivamente do Congresso Nacional desde 1988.

Capítulo 1 - Sistema Monetário e Modelo de Expansão Monetária

A programação monetária é apresentada anualmente pelo Banco Central, a partir de uma análise das principais variáveis macroeconômicas para se definir o volume de meios de pagamento adequado para se alcançar as metas de inflação estabelecidas anualmente pelo Conselho Monetário Nacional, em consonância com o "Sistema de Metas para Inflação", que abordaremos mais adiante.

O quadro a seguir mostra a programação e os resultados obtidos para os meios de pagamento:

Tabela 1.3
Programação Monetária no Brasil

R$(Milhões)

Período	Meios de Pagamento M_1 Programado	Meios de Pagamento M_1 Ocorrido	Meios de Pagamento Ampliados – M_4 Programado	Meios de Pagamento Ampliados – M_4 Ocorrido
2000	62,3 – 73,1	61,0	595,7 – 699,3	631,6
2001	79,2 – 93,0	68,6	665,6 – 781,4	755,6
2002	84,6 – 99,3	92,0	802,6 – 942,2	872,4
2003	85,4 – 115,5	90,1	796,7 – 1077,9	924,6
2004	109,4 – 147,0	127,1	954,2 – 1291,0	1109,5
2005	124,4 – 168,4	142,5	1103,0 – 1492,3	1312,5
2006(*)	138,7_- 187,6	144,5	1284,2 - 1737,4	1486,0

Fonte: Banco Central do Brasil
(*) Programação do 4º trimestre/2006

Explicaremos a seguir, com mais detalhes, a criação de meios de pagamento, estudando a capacidade de emissão de moeda primária (Base Monetária), por intermédio da Autoridade Monetária, a qual constitui a análise dos componentes do balancete consolidado da Autoridade Monetária, que compõem todas as obrigações e aplicações destas e, por último, o modelo de criação de meios de pagamento pelos bancos comerciais, em consonância com a projeção da Programação Monetária.

7.1. A Base Monetária

O conceito de Base Monetária está ligado ao total das exigibilidades monetárias líquidas da Autoridade Monetária possuídas pelo público (público não-bancário e bancos comerciais). É o total dos recursos monetários utilizados para financiar o saldo das aplicações (em termos contábeis é o passivo monetário do balanço consolidado da autoridade monetária).

A Base Monetária é constituída pelo total das exigibilidades monetárias líquidas da Autoridade Monetária, possuídas pelos bancos comerciais e pelo público, sendo conceituada como:

Base Monetária = Papel Moeda Emitido + Reservas Bancárias

A tabela a seguir demonstra a composição da Base Monetária no Brasil

Tabela 1.4

Base Monetária no Brasil

(R$ milhões)

Final de Período	Papel-Moeda Emitido	Reservas Bancárias	Base Monetária
2000	32 633	15 053	47 686
2001	37 669	15 587	53 256
2002	49 931	23 371	73 302
2003	51 364	21 855	73 219
2004	61 936	26 797	88 733
2005	70 034	31 214	101 243
2006 (*)	71 119	28 743	99 862

Fonte: Banco Central do Brasil.
(*) Dados de out/2006

Capítulo 1 - Sistema Monetário e Modelo de Expansão Monetária

O controle que o Banco Central exerce sobre a Base Monetária é de fundamental importância na determinação dos meios de pagamento. Esse controle só se concretiza à medida que se consegue manter as operações ativas da Autoridade Monetária dentro dos limites desejados. Está representado no Quadro 1.1, com a demonstração sintética do balancete do Banco Central.

Quadro 1.1

BANCO CENTRAL

Ativo	Passivo
Operações com o setor externo	**Base Monetária**
Operações com o Tesouro Nacional	Papel-Moeda Emitido
Títulos Públicos Federais	Reservas Bancárias
Redesconto	**Recurso não-monetário**
Outros	Depósito do Tesouro Nacional
	Obrigações externas
	Outros

Haverá expansão da Base Monetária sempre que as operações ativas do Banco Central superarem as operações do passivo não-monetário, ou resumindo:

Alguns fatores que afetam a Base Monetária

a) Operações com setor externo Há um fator importante na expansão da Base Monetária, que é o aumento ou redução das reservas internacionais acumuladas por constantes superávits no Balanço de Pagamento. O saldo registrado no balancete da Autoridade Monetária se altera como conseqüência da variação dos estoques de moeda estrangeira, assim como pelas variações na taxa de câmbio. Sempre que há expansão do nível de reserva do país, há um fator de expansão da Base Monetária. Da mesma forma, quando as saídas de divisas superam as entradas, reduzindo as reservas internacionais, observa-se uma contração da Base Monetária.

b) Operações com o Tesouro Nacional Os saldos de caixa do Tesouro são depositados no Banco Central e sempre que o Tesouro necessite sacar seus recursos haverá uma expansão da Base Monetária. Desde 1988, o Banco Central está proibido de financiar déficits do Tesouro, que, quando necessário, buscará recursos no mercado por intermédio de lançamento de títulos da dívida pública.

c) Operações com Títulos Públicos Federais O Banco Central possui uma carteira de títulos públicos federais, representada por títulos de emissão do Tesouro e da sua própria emissão (a Lei da Responsabilidade Fiscal, em seu Art. 34 proibiu a emissão de títulos por parte do Banco Central). O objeto principal da ação do Banco Central é o de controlar a liquidez da economia, e sempre que o Banco Central vende títulos de sua carteira, no mercado secundário, contrai a Base Monetária e, quando compra, provoca uma expansão.

d) Assistência Financeira de Liquidez (Redesconto) O volume do crédito do Banco Central às instituições financeiras – principalmente na determinação dos recursos a serem destinados à assistência financeira de liquidez (redesconto), a serem concedidos aos bancos comerciais – é outro fator de expansão da Base Monetária.

A evolução dos fatores condicionantes da Base Monetária na economia brasileira é representada na tabela 1.5.

Tabela 1.5
Fatores condicionantes da expansão da Base Monetária no Brasil

Fluxos acumulados no final do período

R$(Milhões)

Fim do Período	Tesouro Nacional[1]	Operações com títulos públicos federais	Operações do setor externo	Operações de redesconto do Banco Central[2]	Depósitos de instituições financeiras[3] e fundos de investimentos	Operações com derivativos-ajustes	Outras contas[4] Variação da base total	Variação da base total
2000	- 90	9.095	- 1.942	-	-127	-	20	6.955
2001	8.398	1.537	- 2.232	-	- 614	-	- 66	7.022
2002	197	15.954	- 4.982	- 1	- 276	1.707	144	12.743
2003	11.712	3.231	13	- 4	- 1.666	- 2.508	23	10.802
2004	- 2.789	12.184	7.186	- 1	- 1.578	-1.582	215	13.635
2005	- 1.520	9.945	9.621	- 0	- 1.928	- 172	145	15.732
2006 (*)	-6.834	8.196	5.677	0	- 1.365	- 276	74	5.473

Fonte: Banco Central do Brasil   (+) expansão   (-) contração

(*) Dados de nov/2006

1/ Não inclui operações com títulos

2/ Inclui até novembro/2000 operações de assistência financeira de liquidez e Proes.

3/ Inclui compulsórios sobre fianças, depósitos vinculados ao SBPE, depósitos relativos a insuficiência de aplicações em crédito rural, recolhimento de Proagro, depósitos de instituições financeiras – Resolução 2.461, adiantamentos sobre contratos de câmbio, exigibilidade adicional sobre recursos à vista, depósitos a prazo e depósitos de poupança, depósito prévio para compensação e recolhimento de depósitos à vista não aplicados em microfinanças.

4/ Inclui créditos a receber do Departamento de Liquidações Extrajudiciais, aplicações da Reserva Monetária, despesas do Mecir e material de expediente, folha de pagamento, depósitos para constituição e aumento de capital, penalidade e custos sobre deficiência em reserva bancária e outras.

Conclusão:

Expansão de B > 0 ⇒ Expansão das operações ativas > Expansão das operações passivas não- monetárias

Contração de B < 0 ⇒ Expansão das Operações passivas < Expansão das operações não-monetárias

Expansão de M > 0 ⇒ Expansão dos Ativos do Sistema Monetário > Expansão das operações passivas não-monetárias do Sistema Monetário

Contração de M < 0 ⇒ Expansão do Ativo do Sistema Monetário < Expansão das operações passivas não-monetárias do Sistema Monetário

Após o plano de estabilização implementado em julho de 1994, o Banco Central, na tentativa de controlar melhor o volume de dinheiro no mercado, resolveu adotar um conceito adicional da Base Monetária que refletisse mais adequadamente o acompanhamento dos impactos da política cambial e de dívida pública mobiliária, que produzem grandes impactos no conceito restrito. Mesmo estando proibido de emitir títulos, ainda existe um saldo computado de títulos que ainda estão em mercado,

Desta forma o Banco Central define a Base Ampliada como:

BA = Base + Dep. Compulsório em espécie + Títulos públicos federais

---

Os fatores condicionantes da base ampliada estão associados aos seguintes fatores:

a) Déficit do governo, que será refletido pelo volume de títulos de emissão do Tesouro.

b) Juros nominais sobre os saldos remunerados, refletindo a expansão da base à medida que os juros nominais se elevam, porque o Banco Central precisa remunerar parte dos depósitos compulsórios em espécie (e por seus títulos do Tesouro, compulsórios sobre Certificados de Depósitos Bancários, Poupança, etc).

c) Efeito da política cambial, quando o Banco Central injeta ou resgata títulos para compensar entrada ou saída de divisas.

Capítulo 1 - Sistema Monetário e Modelo de Expansão Monetária

d) Aumento dos empréstimos do Banco Central ao sistema financeiro, que significa uma injeção de recursos no mercado.

e) Preferência dos agentes econômicos, que reproduz a preferência na composição da Carteira pelos participantes do mercado. A política implementada pelo Banco Central leva os agentes a se redefinirem por ativos mais atraentes.

A base ampliada traduz com maior fidelidade a conjunção da política monetária, cambial e fiscal. Supondo-se que o governo produza um superávit primário nas contas do Tesouro, e que a política cambial seja neutra, a Base Monetária ficará constante, desde que o superávit seja suficiente para pagar os juros nominais sobre a dívida mobiliária fora do Banco Central e sobre os depósitos compulsórios no Banco Central, e que não haja elevação da assistência financeira de liquidez.

A Base Monetária ampliada tem se comportado conforme a Tabela 1.6.

Tabela 1.6

Base Monetária Ampliada – Saldos em Final de Período

(R$ milhões)

Fim de Período	Base Monetária	Depósitos Compulsórios em espécie	Títulos do BACEN	Títulos do Tesouro Nacional	Total
2000	47.686	14.902	83.914	392.191	538.693
2001	53.256	17.820	122.044	453.552	646.672
2002	73.302	54.778	66.326	593.629	788.034
2003	73.219	58.866	30.659	726.150	886.894
2004	88.733	66.042	13.463	810.995	979.233
2005	101.247	73.320	6.736	972.748	1154.051
2006(*)	99.862	78.656	2.773	1125.596	1307.087

Fonte: Banco Central do Brasil.
(*) Dados de out/2006

Na estrutura da programação monetária, o Banco Central estabelece, também, metas de expansão da base monetária, em seu conceito restrito e ampliado, conforme tabela 1.7 a seguir:

Tabela 1.7

Programação anual da Base Monetária no Brasil

R$(milhões)

Final de Período	Base Restrita		Base Ampliada	
	Programado	Ocorrido	Programado	Ocorrido
2000	48,5 – 56,9	40,0	464,3 – 545,1	534,8
2001	52,3 – 61,4	45,6	550,9 – 646,7	643,8
2002	57,3 – 67,3	62,3	694,2 – 814,9	754,5
2003	60,1 – 81,3	61,0	750,7 – 1015,8	871,3
2004	73,6 – 99,6	87,3	880,0 – 1190,6	979,2
2005	86,5 – 117,1	98,3	970,0 – 1312,3	1154,1
2006(*)	95,8 – 129,7	99,8	1215,0 – 1427,4	1307,0

Fonte: Banco Central do Brasil
(*) Programação 4º trimestre/2006

Como ponto importante do acompanhamento da Programação Monetária encontra-se, também, o comportamento da evolução das contas dos bancos comerciais. E para isso é feito um acompanhamento sistemático dos balancetes dos bancos comerciais e Autoridade Monetária, que, consolidados, resultam no balancete de todo o Sistema Monetário.

O Balancete Consolidado dos Bancos Comerciais (Quadro 1.2) mostra as principais contas que compõem as fontes de recursos monetários, que são transformadas em empréstimos ou mantidas como encaixe, no próprio banco ou na Autoridade Monetária, para se constituir em reserva voluntária e compulsória.

Quadro 1.2

Balancete Consolidado dos Bancos Comerciais

Ativo	Passivo

1. Encaixe
  1.1 Em moeda corrente
  1.2 Reservas bancárias
2. Emprestimos ao Governo
  e Setor Privado
3. Títulos Públicos e Privados
4. Demais Contas (Saldo Líquido)
	1. Recursos Monetários
	  1.1 Depósito à vista
	2. Recursos Não-Monetários
	  2.1 Débitos junto ao Banco Central
	  2.2 Depósito a Prazo
	  2.3 Obrigações junto a outras
	    Instituições Oficiais
	  2.4 Responsabilidade por Arrecadação
	    (Impostos e Previdência Social)
	  2.5 Contas Cambiais (Saldo Líquido)
	  2.6 Recursos Próprios

    Quanto aos recursos não-monetários, são haveres não-disponíveis imediatamente pelos bancos comerciais porque se constituem de obrigações de médio e longo prazos ou de responsabilidade junto ao Tesouro ou instituições oficiais.

    Consolidando os balancetes anteriores, teremos a composição do Sistema Monetário, e a determinação dos meios de pagamento, isto é, da oferta de moeda (Quadro 1.3).

Quadro 1.3
Balancete Consolidado do Sistema Monetário

Ativo	Passivo

1. Aplicações dos Bancos Comerciais
   1.1 Empréstimos ao Governo e ao Setor Privado
   1.2 Títulos Públicos e Privados
2. Aplicações das Autoridades Monetárias
   2.1 Reservas Internacionais
   2.2 Títulos Públicos Federais
   2.3 Emprétimos ao Setor Privado e ao Governo
   2.4 Aplicações Especiais
	1. Meios de Pagamento
	   1.1 Papel-Moeda em Poder Público
	   1.2 Depósito à vista nos Bancos Comerciais
	2. Recursos Não-Monetários do Bancos Comerciais
	   2.1 Depósito a Prazo
	   2.2 Saldo Líquido das Demais Contas
	3. Recursos Não-Monetários das A.M.
	   3.1 Depósitos do Tesouro
	   3.2 Recursos Especiais
	   3.3 Saldo Líquido das Demais Contas

A oferta de moeda (meios de pagamento) sofre expansão sempre que aumentarem as operações ativas das Autoridades Monetárias ou diminuírem os recursos não-monetários por ela recebidos, que significam um aumento na Base Monetária.

Outro fator de influência é a diminuição na relação encaixe total voluntário ou compulsório sobre depósitos à vista dos bancos comerciais. Essa diminuição provoca maiores disponibilidades para os bancos de possuírem mais recursos para emprestar, causando expansão dos meios de pagamento.

Podem-se citar, desta forma, operações que provocam expansão dos meios de pagamento:

a) Expansão dos empréstimos a governo ou setor privado;

b) Expansão das operações de Redescontos aos Bancos Comerciais;

c) Compra de Títulos da Dívida Pública em Poder do Público (Open Market) pelo Banco Central;

d) Aumento das reservas cambiais.

7.2 Modelo de Expansão Monetária

A explicação anterior poderá se tornar mais clara se definirmos um modelo que mostre como se dá a expansão dos meios de pagamento, provocada por uma alteração dos empréstimos bancários ou por expansão das operações ativas do Banco Central, ou seja, da Base Monetária.

O processo de criação de meios de pagamento é possível porque os agentes não resgatam seus depósitos à vista ao mesmo tempo. A medida em que alguns agentes, como os consumidores, por exemplo, vão sacando suas reservas para fazer face às suas necessidades, outros agentes retornam ao banco depositando os recursos recebidos com suas vendas, no caso das empresas. Dessa forma, os depósitos à vista mantêm-se praticamente estáveis e, conhecendo esse comportamento, os bancos emprestam parte desses depósitos aos próprios depositantes, que continuarão preferindo deixar os empréstimos depositados em sua conta de depósito à vista do que mantê-los na forma de papel moeda, gerando novos depósitos.

É claro que haverá momentos em que os agentes sacarão mais do que depositarão, mas para evitar problemas de liquidez, isto é, alguém querer sacar seu depósito e o banco afirmar que não tem o recurso porque emprestou, é que os bancos mantêm parte dos depósitos em seu caixa como segurança. Veremos, na verdade, que a instituição que controla essa capacidade de criação dos meios de pagamento é o banco central do país, regulando o quanto esse banco deve manter de reserva e quanto ele pode emprestar.

Para melhor entender, desenvolveremos a seguir um modelo de expansão monetária em um país hipotético, para depois podermos incluir outros aspectos peculiares da economia brasileira.

O processo de criação dos meios de pagamento, em um país como Banco Central puro.

A definição de meios de pagamento será dada por:

$M = PMP + D^P_{BC}$

onde D^P_{BC} = depósitos do público nos bancos comerciais

PMP = papel-moeda em poder do público

e a Base Monetária é dada por:

B = PMP + r

onde r = total de reservas bancárias (compulsórias e voluntárias).

De acordo com a composição dos meios de pagamento, uma parcela deste será mantido sob a forma de PMP e outra parte como depósitos à vista nos bancos comerciais, o que significa dizer que qualquer alteração em um dos componentes influirá nos meios de pagamento. Este, por sua vez, será influenciado pela capacidade do governo em emitir, pelo comportamento do público em manter sua parcela como moeda manual ou escritural, e, finalmente, pelo comportamento dos bancos em manter uma taxa de reservas voluntária ou compulsória que é determinada pelo Banco Central.

Então, o modelo de expansão dependerá do comportamento dos agentes econômicos envolvidos no sistema monetário, senão vejamos:

O comportamento do público é no sentido de manter uma proporção "C" do total de ativos monetários na forma de papel-moeda:

$$PMP = CM \Rightarrow C = \frac{PMP}{M}$$

onde C é a proporção mantida sob a forma de papel-moeda.

A proporção PMP/M varia inversamente com o desenvolvimento das instituições bancárias. O público tenderá a manter uma proporção maior de seus encaixes monetários depositados nos bancos mantendo um mínimo possível de papel-moeda.

A outra parcela dos meios de pagamento será representada por moeda escritural.

$$d = \frac{D^P_{BC}}{M} \Rightarrow D^P_{BC} = dM$$

onde d é a proporção mantida como depósito à vista.

Capítulo 1 - Sistema Monetário e Modelo de Expansão Monetária 37

Analogamente pode-se concluir que esta proporção é diretamente relacionada com o desenvolvimento das instituições bancárias, porque o público tenderá a manter a maior parcela de seus recursos na forma de moeda escritural.

Concluímos, então, que:

Se $M = PMP + D^P_{BC}$, teremos $\dfrac{M}{M} = \dfrac{PMP}{M} = \dfrac{D^P_{BC}}{M}$

dividindo por M.

Então $1 = C + d$.

Uma parcela desses depósitos à vista será mantida como reservas "R" e a outra se transforma em disponibilidade para empréstimo.

A esta parcela denominaremos "r", que será representada por:

$r = RdM$, onde R = taxa percentual de reserva.

Os bancos poderão emprestar a outra parcela dos recursos captados como depósitos à vista. Esse processo possibilita aos bancos comerciais um poder de multiplicação de meios de pagamento.

A expansão da base eleva inicialmente o saldo de papel-moeda em poder público (PMP), deixando-o com uma proporção entre PMP e M superior à desejada.

Dessa forma, o nosso modelo de determinação do multiplicador dos meios de pagamento em um modelo simples é:

$B = r + PMP$

Substituindo pelas relações de comportamento temos:

$B = RdM + cM$

$B = RdM + (1 - d) M$, pois $c + d = 1$ e $c = 1 - d$

$B = RdM + M - dM$

$B = M(1 - d + Rd)$

$$\boxed{M = \dfrac{1}{1 - d(1 - R)}.B}$$

Chamaremos a expressão $\dfrac{1}{1-d(1-R)}$ de "m", onde m é o multiplicador dos meios de pagamento.

O volume de moeda "M" será um múltiplo de "m" da Base Monetária, isto é:

$$\boxed{M = m \cdot B}$$

Podemos exemplificar considerando uma economia em que o público mantenha 20% dos meios de pagamento em forma de PMP e o sistema bancário mantenha 40% dos seus depósitos à vista sob forma de reservas, teremos:

$$m = \dfrac{1}{1-0,8(1-0,4)} = \dfrac{1}{1-0,48} = \dfrac{1}{0,52} = 1,92$$

m = 1,92 significa dizer que para cada unidade monetária injetada na economia, teremos como resultado uma expansão monetária de 1,92.

Caso o sistema bancário modifique suas reservas para 30%, obteremos:

$$m = \dfrac{1}{1-0,8(1-0,3)} = \dfrac{1}{1-0,56} = \dfrac{1}{0,44} = 2,28$$

A diminuição nas reservas possibilitou aos bancos comerciais aumentarem suas disponibilidades para emprestar ao público, elevando a capacidade de expansão monetária.

Modelo brasileiro de criação de meios de pagamento é dado por:

M = PMP + D^P_{BC}, onde PMP = papel-moeda em poder público

D^P_{BC} = depósito à vista do público nos bancos comerciais

A Base Monetária será dada por:

B = PMC + r_b, onde PMC = papel-moeda em circulação

r_b = reservas bancárias junto ao Banco Central

Temos também que:

B = PMP + r_t onde $r_t = r_b + r_e$

r_t = reservas totais

Capítulo 1 – Sistema Monetário e Modelo de Expansão Monetária

r_e = reservas em espécie

rb = reservas bancárias no Banco Central

Da mesma forma que no modelo anterior, poderemos observar que o público terá um comportamento quanto a manter saldos monetários na forma de papel-moeda ou optar por depósitos nos bancos comerciais. Analogicamente, os bancos terão o seu comportamento quanto à política adotada pelo governo. Do total de depósitos à vista captados, eles manterão uma parcela de seus recursos monetários em Caixa, outra parcela na conta Reserva Bancária junto ao Banco Central e emprestará ao público o restante.

Podemos, então, definir o comportamento dos agentes econômicos para mostrarmos o modelo de expansão monetária para o Brasil.

a) Relação de comportamento do público Uma parcela dos meios de pagamento será mantida na forma de papel-moeda, para ele proceder ao pagamento de pequenas quantias:

$$C = \frac{PMP}{M} \Rightarrow PMP = cM$$

onde c = proporção mantida na forma de papel-moeda.

A outra parcela dos meios de pagamento será mantida na forma de moeda escritural, depositada nos bancos comerciais, ou seja:

$$d = \frac{D^P_{BC}}{M} \Rightarrow D^P_{BC} = dM$$

onde d = proporção dos depósitos à vista do público dos bancos comerciais.

Como o público, neste caso, só tem duas opções, podemos dizer que, se

$$M = PMP + D^P_{BC}$$

então, dividindo-se toda a expressão por M, teremos:

$$\frac{M}{M} = \frac{PMP}{M} = \frac{D^P_{BC}}{M}$$

o que nos dá 1 = c + d

b) Relação de comportamento dos bancos comerciais Dos recursos captados pelos bancos comerciais ele repassarão para a economia uma parcela a título de empréstimos. Mas antes de fazê-lo, o banco adotará algumas precauções legais e técnicas de proteção de sua liquidez, mantendo uma reserva em espécie (r_e), e uma no Banco Central, sob a denominação de Reserva Bancária (r_b).

Vejamos as relações:

$R_t = r_e + r_b$

Como todas são parcelas do depósito à vista, temos então:

$r_1 = \dfrac{r_e}{D^P_{BC}}, \Rightarrow r_e = r_1 D^P_{BC}$

$r_2 = \dfrac{rb}{D^P_{BC}}, \Rightarrow r_b = r_2 D^{PBC}$

Substituindo pelo resultado encontrado nas proporções do comportamento do público, temos:

$r_e = r_1\, dM$

$r_b = r_2\, dM$

Substituindo essas relações na Base Monetária, temos:

$B = PMP + r_1$

ou

$B = PMP + r_e + r_b$

$B = cM + r_1 dM + r_2 dM$

$B = (c + r_1 d + r_2 d)\, M$

Tirando o valor de M, na expressão, temos:

$M = \dfrac{B}{c + r_1 d + r_2 d}$

ou

Capítulo 1 - Sistema Monetário e Modelo de Expansão Monetária 41

$$M = \frac{1}{C + d(r_1 + r_2)} \cdot B$$

Tirando-se o valor de M, teremos a expressão que associa a Base Monetária ao comportamento do público e dos bancos comerciais, dando-nos a fórmula da expressão dos meios de pagamentos no Brasil, ou, mais precisamente, do multiplicador.

$$M = m.B$$

onde

$$m = \frac{1}{c + d(r_1 + r_2)}$$

Vejamos na Tabela 1.8 como se comportam essas variáveis monetárias na economia brasileira.

Tabela 1.8
Coeficientes de Comportamento Monetário / Multiplicador

Final de Período	Comportamento do Público $C = \frac{PMP}{M_1}$	$d = \frac{D^P_{BC}}{M_1}$	Comportamento dos Bancos $r_1 = \frac{re}{D^P_{BC}}$	$r_2 = \frac{r_b}{D^P_{BC}}$	$m = \frac{1}{C + d(r_1 + r_2)} = \frac{M_1}{B}$
2000	0,38	0,62	0,09	0,35	1,52
2001	0,39	0,61	0,11	0,35	1,49
2002	0,40	0,60	0,12	0,36	1,46
2003	0,40	0,60	0,13	0,33	1,48
2004	0,40	0,60	0,13	0,34	1,46
2005	0,40	0,60	0,14	0,34	1,45
2006 (*)	0,40	0,60	0,16	0,34	1,43

Fonte: Banco Central do Brasil.
(*) Dados de out/2006

Entendendo o mercado de reserva bancária no Brasil

Com relação às reservas bancárias, transcrevemos a seguir texto publicado pelo Banco Central[3]

Para entender o mercado de reservas bancárias, é preciso saber o que é e como funciona esse mercado. Assim como as pessoas e firmas possuem depósitos à vista nos bancos com carteira comercial, com os quais podem efetuar pagamentos, esses bancos possuem depósitos no Banco Central. Esses recursos, chamados de reservas bancárias, são depositados em uma espécie de conta corrente dos bancos junto ao Banco Central, denominada conta Reservas Bancárias. É por meio delas que os bancos realizam transações entre si, em nome próprio ou de terceiros, e com o Banco Central. A característica principal das reservas bancárias é que elas constituem recursos imediatamente disponíveis.

Qualquer transação que ocorre no sistema bancário passa, necessariamente, pela conta Reservas Bancárias. A compensação de cheques e a compra e venda de moeda estrangeira, por exemplo. Vale observar que as reservas depositadas no banco Central não rendem juros. Dessa maneira, por que motivo os bancos mantêm recursos junto ao Banco Central? A demanda de reservas tem dois componentes: primeiro, os bancos são obrigados a manter no Banco Central um percentual sobre os depósitos à vista, o chamado depósito compulsório; segundo, eles precisam de reservas para realizar transações rotineiras. Por outro lado, a oferta de reservas provém exclusivamente do Banco Central, seja através de operações de mercado aberto, seja através do redesconto. Conforme veremos no capítulo seguinte. Apenas o Banco Central pode afetar a liquidez do sistema como um todo, dado que operações entre bancos apenas representam troca de titularidade de reservas bancárias e não criação ou destruição das mesmas.

A maior parte das operações de transferências de reservas entre bancos e entre esses e o Banco Central é realizada por intermédio do Sistema de Pagamentos Brasileiro que processa todas as transferências que transitam pelas reservas bancárias das instituições financeiras (veja Box adiante)

---

[3] Banco Central do Brasil - Relatório de Inflação. Brasília. Junho de 1999

Visão Geral do Sistema de Pagamentos Brasileiro

O Sistema de Pagamentos Brasileiro - SPB apresenta alto grau de automação, com crescente utilização de meios eletrônicos para transferência de fundos e liquidação de obrigações, em substituição aos instrumentos baseados em papel. No mercado financeiro, os títulos e valores mobiliários são negociados, quase integralmente, na forma escritural. Esses recursos possibilitam o processamento automático de operações desde a fase de contratação até a de liquidação final (straight through processing), que é utilizado em quase todos os segmentos do mercado financeiro.

A maior eficiência e, em especial, a redução dos prazos de transferência de recursos sempre se colocaram como pontos centrais no processo de evolução do SPB até meados da década de 90, presente o ambiente de inflação crônica até então existente no país. Em recente reforma conduzida pelo Banco Central do Brasil, o foco foi redirecionado para a questão do gerenciamento de riscos, exigindo-se, por disposição legal e regulamentar (Lei 10.214 e Circular 3.057), que as principais câmaras e prestadores de serviços de compensação e de liquidação atuem como contraparte central e, ressalvado o risco de emissor, assegurem a liquidação de todas as operações cursadas.

Para isso, as entidades que adotam a liquidação diferida líquida (LDL) devem adotar adequados mecanismos de proteção, tais como, dependendo do tipo de sistema e da natureza das operações cursadas, depósitos de garantias, fundos de liquidação, seguros de liquidação e regras de compartilhamento de perdas.

O princípio da entrega contra pagamento é observado em todos os sistemas de compensação e de liquidação de operações com títulos e valores mobiliários. No caso de operação envolvendo moeda estrangeira, o princípio correspondente à situação, do pagamento contra pagamento, também é observado se a liquidação ocorrer por intermédio do sistema de compensação e liquidação da BM&F.

A entrada em operação do Sistema de Transferência de Reservas - STR, em 22.04.2002, é outro marco no processo de reforma do SPB. Esse sistema, operado pelo Banco Central do Brasil e que liquida as transferências de fundos em tempo real, operação por operação, é, por assim dizer, o centro de liquidação das operações interbancárias no Brasil, em decorrência da conjugação dos seguintes fatos: primeiro, por disposição legal (Lei 4.595), todas as instituições bancárias (instituições que captam depósitos à vista) têm de manter suas disponibilidades de recursos no Banco Central do Brasil; segundo, por determinação regulamentar (Circular 3.057), os resultados líquidos apurados nos sistemas de liquidação considerados sistemicamente importantes devem ter sua liquidação final em contas Reservas Bancárias mantidas no Banco Central do Brasil; e, finalmente, também por disposição regulamentar (Circular 3101), todas as transferências de fundos entre contas mantidas no Banco Central do Brasil têm de ser feitas por intermédio do STR.

Transferências interbancárias de fundos são também liquidadas por intermédio da Câmara Interbancária de Pagamentos - CIP, da Centralizadora da Compensação de Cheques e Outros Papéis - Compe e da Câmara TecBan. O Sitraf, um dos sistemas operados pela CIP, utiliza modelo híbrido de liquidação, que combina características da liquidação líquida defasada e da liquidação bruta em tempo real. O Siloc, outro sistema operado pela CIP, a Compe e a Câmara TecBan utilizam liquidação diferida com compensação multilateral de obrigações. No caso do Siloc e da Compe, a liquidação é em D+1 e no da Câmara TecBan, D ou D+1, dependendo do horário em que originada a transferência de fundos.

No segmento de títulos e valores mobiliários, o SPB apresenta certa segmentação. O Sistema Especial de Liquidação e de Custódia - Selic, operado pelo Banco Central do Brasil, liquida operações com títulos públicos federais, segundo o modelo 1 de entrega contra pagamento, conforme denominação utilizada em relatórios do Bank for International Settlements - BIS (a liquidação final da ponta financeira e da ponta do título ocorre ao longo do dia, de forma simultânea, operação por operação).

As operações com ações, normalmente realizadas na Bolsa de Valores de São Paulo - Bovespa, são liquidadas por intermédio da Companhia Brasileira de Liquidação e Custódia - CBLC, entidade que também atua como depositária central desse valor mobiliário, respondendo a Central de Custódia e Liquidação Financeira de Títulos - Cetip pela liquidação, principalmente, de títulos privados (títulos de dívida corporativa). Os sistemas de liquidação operados por essas entidades fazem compensação multilateral de obrigações, sendo que a Cetip faz também liquidação bruta em tempo real, no caso de operações do mercado secundário, e compensação bilateral, nas operações de swap. Quando diferida, a liquidação é geralmente feita em D+1, exceto no caso de ações, que é D+3.

Capítulo 1 - Sistema Monetário e Modelo de Expansão Monetária   45

A BM&F opera três sistemas de liquidação, um para operações com títulos públicos (BM&F Ativos), outro para derivativos (BM&F Derivativos) e outro para operações de câmbio interbancário (BM&F Câmbio). Os três sistemas utilizam compensação multilateral de obrigações, sendo a liquidação em D+1 no caso de operações com ativos e derivativos, e, no caso de operações de câmbio, normalmente D+2.

Todos os sistemas de liquidação mencionados são considerados sistemicamente importantes pelo Banco Central do Brasil, à exceção do Siloc, da Câmara TecBan e da Compe. No relacionamento dos participantes com os sistemas de liquidação e dos sistemas de liquidação com o Banco Central do Brasil, é utilizado um sistema de mensageria único suportado pela Rede do Sistema Financeiro Nacional - RSFN.

Para o suave funcionamento do sistema de pagamentos no ambiente de liquidação em tempo real recentemente implementado, três aspectos são especialmente importantes. Primeiro, o Banco Central do Brasil concede crédito intradia aos participantes do STR titulares de conta Reservas Bancárias, na forma de operações compromissadas sem custos financeiros (o preço da operação de volta é igual ao preço da operação de ida). Segundo, a verificação de cumprimento dos recolhimentos compulsórios é feita com base em saldos de final do dia, valendo dizer que esses recursos podem ser livremente utilizados ao longo do dia para fins de liquidação de obrigações (a utilização de recursos mantidos em contas Reservas Bancárias, cujo saldo é considerado para fins de verificação do recolhimento compulsório e encaixe obrigatório relacionados com recursos à vista, independe de qualquer providência especial. Para utilização de outros recursos, registrados em outras contas de recolhimento compulsório/ encaixe obrigatório, o participante precisa encaminhar ao STR ordem específica determinando a transferência dos recursos, da conta em que se encontravam registrados, para sua conta Reservas Bancárias). Por último, o Banco Central do Brasil, se e quando julgar necessário, pode acionar rotina para otimizar o processo de liquidação das ordens de transferência de fundos mantidas em filas de espera no âmbito do STR.

Fonte: Banco Central do Brasil
Extraído de https://www.bcb.gov.br/?SPBVISAO, em 14.07.2005

8. Questões para Discussão

1. Comente a composição dos meios de pagamento mostrando porque existem quatro conceitos diferentes de M.

2. Mostre a diferença entre papel-moeda e moeda-papel.

3. Cite três exemplos de criação de meios de pagamento e três de destruição.

4. Explique em que consiste a Programação Monetária elaborada pela Autoridade Monetária.

5. Analise as principais causas de expansão ou contração da Base Monetária.

6. Sabe-se que a expansão monetária pode ser feita pela Autoridade Monetária ou pelos bancos comerciais ou por ambos. Mostre como esses agentes podem atuar criando meios de pagamentos.

7. Como a Autoridade Monetária pode controlar os meios de pagamentos, provocando modificações no valor do multiplicador bancário?

8. Uma das causas de expansão da Base Monetária é o crescimento das reservas internacionais. Como o Banco Central pode agir para compensar essa entrada de recursos na economia se ele deseja controlar a expansão da Base Monetária?

9. Como a Autoridade Monetária pode induzir o público a mudar seu comportamento para alterar o multiplicador dos meios de pagamento?

10. Explique o funcionamento do Sistema de Pagamentos Brasileiro.

Capítulo 2

Política Monetária e Instrumentos de Controle da Moeda

1. Considerações Preliminares

A Política Monetária é, sem dúvida, um importante instrumento por intermédio do qual as autoridades governamentais procuram atuar com a finalidade de promover a estabilidade econômica do país.

Quanto mais desenvolvido é o Sistema Financeiro, mais eficiente se torna a utilização de instrumentos tradicionais de controle monetário (Recolhimentos Compulsórios, Assistência Financeira de Liquidez e Operações de Mercado Aberto), principalmente de mercado aberto, que se torna mais dinâmico à medida que maiores quantidades de títulos são transacionadas no mercado, possibilitando ao Banco Central maior controle da base monetária.

Nos países subdesenvolvidos, onde esses instrumentos são de difíceis aplicações, dado o pequeno grau de participação do Sistema Monetário na gerência da economia, o governo utiliza outros mecanismos complementares institucionais, que vão desde o controle direto do crédito, na distribuição seletiva de poupança, até o estabelecimento de taxas de juros administradas para cada tipo de operação. Há, também, a concessão de créditos subsidiados a determinadas atividades econômicas.

No caso brasileiro, além do mecanismo de utilização de instrumentos clássicos de Política Monetária, as autoridades têm utilizado, ao longo do tempo, outros instrumentos institucionais, tais como seletividades de crédito e controle de taxas de juros e até limitação da capacidade de expansão de empréstimos.

Até 1964, quando ainda não existia controle monetário rigoroso no Brasil, apenas o Banco do Brasil S.A. exercia o papel de Autoridade Monetária, arrecadando encaixes compulsórios e concedendo redescontos aos bancos. Apesar disso, a Base Monetária fugia ao seu controle, já que as decisões de programação orçamentária estavam sob responsabilidade do governo federal, enquanto a política cambial era controlada pelo Ministério da Fazenda, tornando ineficiente qualquer tentativa de estabelecimento de metas de controle orçamentário, uma vez que não havia interdependência de objetivos. A partir de 1964, com a criação do Banco Central do Brasil, a política monetária passou a ser exercida de forma mais coordenada.

Para melhor comandar a execução da Política Monetária e creditícia, o Banco Central do Brasil elaborava anualmente o "Orçamento Monetário", onde a Autoridade Monetária estabelecia metas de expansão ou contração dos meios de pagamento (papel-moeda em poder do público mais depósitos à vista nos bancos comerciais e Banco do Brasil S.A.), determinando níveis desejados de crédito e de oferta da moeda. Passou, também a ter um maior controle da eficiência dos recolhimentos compulsórios, do conhecimento do nível desejado da assistência financeira, controlando o nível de crédito para por meio do multiplicador bancário, controlar a oferta da moeda.

A partir de junho de 1987, conforme comentado, o governo decretou a extinção do orçamento monetário como peça isolada da política econômica. Já para o ano de 1988, figura como um capítulo do orçamento global da União, onde são previamente determinados os limites orçamentários de expansão da moeda e do crédito.

Com o conhecimento de alguns parâmetros que definem o comportamento do público e dos bancos comerciais, correlacionado com algumas relações contábeis, torna-se possível determinar as correrelações entre as contas da Autoridade Monetária e dos bancos comercias, bem como entre o total das contas ativas e a composição do passivo monetário (Base Monetária) por intermédio de multiplicadores parciais que compõem o multiplicador total dos meios de pagamento, conforme vimos no capítulo anterior. O controle sobre as operações de empréstimos dos bancos comercias é exercido pelo dinamismo dos instrumentos clássicos de Política Monetária.

O modelo até então adotado admitia a moeda exógena, ou seja, controlada pela Autoridade Monetária. Já em 1986 o Banco Central começa a admitir a endogeneidade da moeda, uma vez que o governo não conseguia mais cumprir metas quantitativas de oferta de moeda do crédito. O fator predominante passou a ser definido pelo desejo dos agentes em manter saldos monetários mais líquidos, representados pelo depósito à vista e por depósitos remunerados no curtíssimo prazo, levando o Banco Central a definir o juro como a variável predominante a ser perseguida no equilíbrio monetário.

Capítulo 2 - Política Monetária e Instrumentos de Controle da Moeda

A taxa de juros constitui-se no mais importante instrumento de política monetária à disposição do Banco Central. Por sua manipulação, a autoridade monetária afeta o nível de atividade econômica e de preços. Em virtude dos efeitos significativos que a taxa de juros provoca sobre toda a economia, a opinião pública, em geral, acompanha de perto as decisões do Banco Central sobre o seu nível e trajetória. A simples expectativa de mudança já é suficiente para causar efeitos econômicos.

A taxa de juros do mercado de reservas bancárias tem duas características básicas que a tornaextremamente importante: a) é a taxa de juros que o Banco Central controla diretamente; e b) é a partir dela que as demais taxas de juros são formadas. É por isso que ela é chamada de taxa primária ou taxa básica de juros. Assim que o Banco Central a determina, as demais taxas são afetadas indiretamente, por arbitragem.

Com a implementação do Plano Real, em julho de 1994, o Banco Central retorna a tratar a moeda controlável pelo estabelecimento de metas quantitativas para a Base Monetária, como determinante do equilíbrio da liquidez do sistema, passando a administrá-la com maior preocupação. A partir do estabelecimento de metas de expansão da Base Monetária, o Banco Central administra a expansão dos meios de pagamento por intermédio da utilização dos instrumentos clássicos de Política Monetária, assim como por intermédio do controle de outras variáveis que comentaremos neste capítulo.

No entanto, a parir de 1999, o Banco Central do Brasil passou a adotar o **sistema de metas para a inflação** na condução de sua política monetária, cujo principal objetivo é assegurar a estabilidade e o poder de compra da moeda nacional. O Banco Central tem, portanto, que utilizar de todos os instrumentos possíveis de política monetária tais como as alterações nas taxas de juros e compulsórios para assegurar a obtenção de metas para inflação como forma de garantir um crescimento econômico sustentado. No último dia do mês de junho de cada ano o Conselho Monetário Nacional (CMN), órgão responsável por definir as metas de inflação sugeridas pelo Ministério da Fazenda, define a taxa de inflação que o Banco Central deverá perseguir para os próximos dois anos.

O principal instrumento para a manutenção das taxas de inflação dentro das metas estabelecidas passou a ser a taxa de juros básica do Banco Central, ou mais precisamente a Taxa SELIC, que é a taxa apurada no Sistema Especial de Liquidação e Custódia (SELIC), obtida mediante o cálculo da taxa média ponderada e ajustada das operações de financiamento por um dia, lastreadas em títulos públicos federais e cursadas no referido sistema ou em câmaras de compensação e liquidação de ativos, na forma de operações compromissadas. Como parte do modelo foi constituído o Comitê de Política Monetária do Banco Central (COPOM), que tem como missão definir essa taxa básica, em consonância com a meta inflacionária definida para o período (veja BOX no final).

Desta forma, podemos dizer que a atual política monetária do Banco Central do Brasil está totalmente voltada para o cumprimento da meta inflacionária, por meio de um modelo macroeconômico envolvendo as variáveis que são afetadas pela política da taxa de juros, a SELIC, modelo esse que estudaremos com maior detalhe oportunamente.

Analisaremos agora, os instrumentos de Política Monetária, ou seja, recolhimento compulsório, redescontos (assistência financeira) e o mercado aberto na economia brasileira.

2. Instrumentos de Política Monetária

2.1 Recolhimentos Compulsórios

Os recolhimentos compulsórios representam um instrumento ativo, porque atuam diretamente sobre o nível de reservas dos bancos comerciais sendo, portanto, bastante eficientes, já que qualquer alteração nesta variável influi diretamente no multiplicador bancário.

É um instrumento dinâmico no estabelecimento de metas de Política Monetária, já que sua taxa de recolhimento reflete diretamente no nível de expansão ou contração dos meios de pagamento, via multiplicador bancário, conforme vimos no modelo desenvolvido no capítulo anterior.

Os objetivos da execução da política de depósitos compulsórios estão constituídos de controle global de reservas bancarias em consonância com as operações de mercado aberto e a orientação do credito bancário, e determinadas operações consideradas prioritárias para o desenvolvimento econômico no país.

O depósito compulsório, no Brasil, foi instituído com a criação da Caixa de Mobilização Bancária do Banco do Brasil (1932). Os bancos comerciais deveriam depositar no Banco do Brasil todo encaixe em moeda corrente que excedesse 20% do volume global dos depósitos. Determinou-se ainda que os bancos fossem obrigados a manter um encaixe equivalente a 15% dos seus depósitos à vista (até noventa dias) e 10% sobre os demais depósitos.

Sempre que necessário, a Autoridade Monetária modifica essas taxas, apenas não o fazendo em prazos curtos para não tirar dos bancos comerciais previsão de níveis de reservas, dando-lhes melhores expectativas quanto à liquidez do sistema. Apesar disso, a conseqüência sobre a elevação dos depósitos compulsórios traz efeito imediato na contração das disponibilidades existentes, porque seu recolhimento é efetivado com pouca defasagem de tempo.

Até o ano de 1980, as taxas de recolhimento variavam de acordo com a região, sendo de 35% para as mais desenvolvidas e 18% para as menos desenvolvidas (territórios federais, estados do Norte e Nordeste, alem de alguns municípios mineiros situados no polígono das secas, e dos estados do Espírito Santo, Goiás e Mato Grosso do Sul e do Norte).

Nova alteração ocorreu com a Resolução nº 833, de 09.06.83, elevando o recolhimento dos bancos médios de 40% para 45% e dos grandes de 45% para 50%, permanecendo os demais percentuais inalterados, tanto para os bancos pequenos como para os sediados na região privilegiada.

A partir de janeiro de 1980, toda movimentação de recursos monetários entre os bancos comerciais e o Banco Central passou a ser feita na conta "Reservas Bancárias", que se caracterizou como o primeiro passo para a centralização das reservas, permitindo o melhor conhecimento da liquidez do sistema, o que vem a facilitar a implementação da Política Monetária. Anteriormente as reservas eram muito instáveis devido, principalmente, às reservas junto ao Banco do Brasil S.A., que sofriam grandes oscilações. Essa conta reflete a correta disponibilidade de reserva dos bancos comerciais, mostrando seu potencial de empréstimos e liquidez.

O mecanismo de recolhimento compulsório não permite alteração de curto prazo nas taxas estipuladas, devido à expectativa no comportamento dos bancos, sendo um instrumento utilizado apenas para os depósitos à vista, depósito a prazo e de poupança, como ocorre atualmente.

Para a Política Monetária expansionista, apresenta-se com maior flexibilidade, pois a operação será de injetar automaticamente recursos na economia.

Efeito do Compulsório sobre os Meios de Pagamento

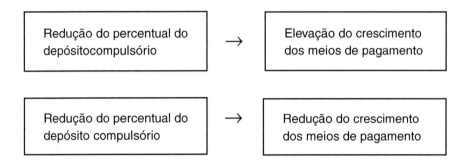

O compulsório também apresenta o efeito de alterar as condições de rentabilidade operacional dos bancos, à medida que reduz ou aumenta os recursos disponíveis para empréstimos.

No passado recente, este instrumento apresentava-se mais como um mecanismo auxiliar de seletividade do crédito do que como regulador de liquidez. O governo permitia que os bancos deduzissem alguma parcela dos depósitos à vista sujeitos a recolhimento compulsório em programas de apoio à pequena e média empresa, assim como para a subscrição de novas ações ou debêntures, ou mesmo para o crédito educativo e para a agricultura, como explicado anteriormente, caracterizando um direcionamento dos recursos para atividades prioritárias.

Desde seu inicio, os depósitos compulsórios foram implementados no sentido de distribuição e seletividade do crédito, pois até 1993 os bancos eram classificados em três tamanhos, dependendo do volume de empréstimos e de acordo com sua localização. Se eles se encontrassem instalados no Norte, Nordeste, Centro-Oeste e no Espírito Santo, seu recolhimento dava-se de forma diferenciada; os bancos pequenos sediados nessas regiões tinham um percentual menor de recolhimento até esse período. O Banco Central permitia deduções de parcela do compulsório para aplicação de apoio à pequena e média empresa e outros programas. No entanto, ainda hoje o governo tem permitido que os bancos deduzam parcela dos depósitos à vista sujeitos a recolhimento compulsório, desde que tenham os recursos destinados para a agricultura (25%).

A partir de 1994, o depósito compulsório deixa de ter alíquota diferenciada por Região e por tamanho de banco. A partir da implementação do Plano Real, os depósitos compulsórios passaram a ser amplamente utilizados, uma vez que os depósitos à vista voltaram a ser representativos.

Capítulo 2 - Política Monetária e Instrumentos de Controle da Moeda

Com a implantação do Novo Sistema de Pagamentos Brasileiro, em 2002, os recolhimentos compulsórios passaram a ter como base de cálculos os saldos diários da conta de depósito à vista.

O compulsório vem sendo aplicado em outros ativos e está sendo definido, com percentuais diferenciados por esses ativos conforme mostra o quadro a seguir.

Quadro 2.1

Estrutura do Compulsório no Brasil

Tipo	Base de Cálculo	Alíquota	Forma de Recolhimento
Recursos à vista	Média diária, deduzida em R$44 milhões: Depósitos à vista; Depósitos de Aviso Prévio; Recursos em Trânsito de Terceiros; Cobrança e Arrecadação de Tributos e Assemelhados; Cheques Administrativos; Contratos de Assunção de obrigações Vinculados a Operações no país; Obrigações por Prestação de Serviço de Pagamento; Recursos de Garantias Realizadas.	45%	Espécie. Saldo diário na conta Reservas Bancárias não pode ser menor do que 80% da exigibilidade. Saldo médio na conta Reservas Bancárias não pode ser menor do que 100% da exigibilidade.
Depósito prévio para participação na Compe	Valor dos cheques sacados contra a instituição e dos DOCs emitidos, com valor unitário igual ou superior a R$ 5 mil * 100% do percentual de migração da Compe, em referência ao movimento antes da entrada em operação do novo SPB	100% do % a migrar da compe*	Espécie. Os recursos são transferidos da conta Reservas Bancárias para a conta de depósito
Recursos a Prazo	Média diária das rubricas, deduzida de R$30 milhões: Depósitos a prazo; Recursos de Aceites Cambiais; Cédulas Pignoratícias de Debêntures; Títulos de Emissão Própria; Contratos de Assunção de Obrigações – Vinculadas a Operações c/ exterior.	15%	Títulos Federais Selic. A verificação é feita com base nos títulos vinculados ao final do dia. Dispensa para exig. Inferior a R$ 10.000,00
Depósitos Judiciais	Saldo de balancete da rubrica: Depósitos Judiciais com emuneração A exigibilidade corresponde a soma das parcelas, limitadas a 60% do saldo de balancete a que se referir a posição: I – Valor recolhido em 15/06/1994, atualizado pela TR do dia 15, acrescida de 0,5% am; II – 100% do acréscimo sobre o saldo de balancete existente em 30/06/1994.	Margem, limitado a 60% do saldo	Títulos Federais Selic. A verificação é feita com base nos títulos vinculados ao final do dia. Dispensa para exig. Inferior a R$ 10.000,00
Poupança - Encaixe	Média diária das rubricas: Depósitos de Poupança APE – Recursos de Associados Poupadores Até 60% da exigibilidade da Poupança Rural podem ser cumpridos com aplicações de que trata o inciso II do art. 1º da Res. 2971/2002.	20%	Espécie, remunerado pela Taxa Selic. Os recursos são transferidos da conta Reservas Bancárias para a conta de recolhimento.
Exigibilidade adicional sobre recursos à vista e depósitos de poupança	Soma, deduzidas em R$ 100 milhões, das seguintes parcelas após aplicação das alíquotas Média do SVR dos recursos à vista Média do SVR dos recursos de poupança Média do SVR dos recursos a prazo	8% 10% 8%	Espécie, remunerado pela Selic. Os recursos são transferidos da conta reserva bancária para a conta de recolhimento

Fonte: Banco Central do Brasil.

O volume de recolhimento dos diversos compulsórios está demonstrado na tabela 2.1, cabendo observar que, em princípio, para o modelo de criação dos meios de pagamento, o impacto é do compulsório dos depósitos à vista, mas à medida que o Banco Central altera o compulsório sobre os depósitos a prazo, o impacto maior é na taxa de juros de empréstimos, porque e redução dos recursos disponíveis afeta o custo de dinheiro.

Tabela 2.1
Recolhimento / encaixes obrigatórios de instituições financeiras   R$ Milhões

Período	Recursos à vista	Exigibilidade adicional[1]	Depósitos a prazo	Poupança	Depósitos judiciais	ACC e outros[2]	Total
2000	19.323	–	–	16.498	6.775	152	42.749
2001	20.627	–	12.825	19.000	10.557	234	63.243
2002	30.216	26.503	23.484	29.954	12.715	182	123.054
2003	29.865	27.002	23.440	30.182	14.922	125	125.536
2004	36.088	35.502	20.925	35.481	125	218	125.339
2005	42.041	38.849	29.539	38.815	0	0	130.523
2006(*)	42.081	42.582	31.397	42.046	0	0	158.106

Dados: Banco Central do Brasil

(*) dados de out/2006

1/ Base de incidência: recursos à vista, depósitos a prazo e depósitos de poupança.

2/ Inclui adiantamentos em moeda nacional recebidos – operações de câmbio de importação de liquidação futura.

Capítulo 2 - Política Monetária e Instrumentos de Controle da Moeda

O segundo instrumento clássico de Política Monetária usado pela Autoridade Monetária brasileira, é o redesconto, também denominado de assistência financeira de liquidez.

2.2 Redesconto

O Redesconto é um empréstimo que os bancos comerciais recebem do Banco Central para cobrir eventuais problemas de liquidez, decorrentes de maior demanda por empréstimos por parte do público. Sua utilização como instrumento de Política Monetária encontra-se na taxa cobrada pelo Banco Central e na disponibilidade de recursos existentes com essa finalidade. Sua ação sobre a expansão dos meios de pagamento se caracteriza por meio da variação das reservas bancárias.

Além de influir na capacidade de expansão dos empréstimos dos bancos comerciais, o redesconto age diretamente no nível de taxa de juros do mercado monetário e até mesmo nas taxas cobradas pelos bancos comerciais.

A utilização do redesconto como instrumento de Política Monetária é atingida a partir dos seguintes resultados:

a) Depende da taxa de juros: quando o Banco Central quer diminuir a procura por assistência financeira, eleva o custo do dinheiro;

b) São empréstimos de curto prazo, mas acessíveis somente para as instituições titulares de conta de reservas bancárias.

Efeito do Redesconto sobre os Meios de Pagamentos

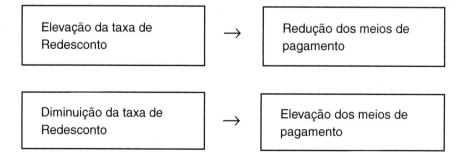

A assistência financeira influi diretamente na expansão dos meios de pagamento pelo processo do multiplicador porque aumenta a Base Monetária ao elevar as reservas dos bancos.

O empréstimo de liquidez funciona como instrumento de Política Monetária na determinação da taxa de juros, na limitação quantitativa do volume de recursos, na fixação dos prazos das operações e no controle de freqüência de utilização do empréstimo.

A utilização do empréstimo de liquidez como instrumento de Política Monetária é atingida a partir dos seguintes resultados:

a) Na determinação da taxa de juros do empréstimo que é basicamente o custo da tomada de recursos pelos bancos comerciais ao Banco Central do Brasil.

A elevação da taxa de juros cobrada pelo Banco Central para os empréstimos de liquidez tem efeito desestimulante, sendo um forte instrumento de controle monetário.

Atualmente, as taxas de juros cobradas para as operações de liquidez são definidas em função do prazo, sendo a taxa básica a SELIC. Dependendo do prazo os custos são acrescidos à essa taxa em 6% ao ano, para operações de um dia útil; de 4% ao ano, para as operações de até quinze dias e de 2% ao ano, para as operações de até noventa dias corridos.

b) Na limitação quantitativa dos empréstimos que o Banco Central faz aos bancos comerciais, pois há limites máximos de acesso à assistência financeira de liquidez que dependem do volume de depósitos à vista médio captado por esses bancos, no período de agosto/novembro do ano anterior.

c) Na fixação de prazos das operações normalmente são operações por apenas alguns dias, servindo para cobrir problemas eventuais de caixa. No máximo são operações de 90 dias.

d) No controle de freqüência de utilização do empréstimo, por ser um auxilio eventual, há um controle mais rigoroso para que os bancos evitem esse tipo de auxílio com mais freqüência.

Mesmo assim, não são todos os bancos que recorrem à assistência financeira ao mesmo tempo. Desta forma, ela funciona mais como um regulador de liquidez do sistema bancário do que como instrumento de controle da oferta de moeda.

Capítulo 2 - Política Monetária e Instrumentos de Controle da Moeda 57

O redesconto do Banco Central é concedido por exclusivo critério da Autoridade Monetária e por solicitação da instituição financeira interessada e compreende as seguintes modalidades, de acordo com as Circulares nº 3105/2002 e nº 3120/2002, do Banco Central do Brasil:

a) Intradia: Destinados a atender necessidade de liquidez de instituição financeira ao longo do dia. Como regra do Sistema de Pagamentos Brasileiros, as transferências eletrônicas entre instituições financeiras, por acatamento de operações de seus clientes, afeta sua reserva bancária e como a instituição não pode ficar negativa em sua conta reserva bancária, o Banco Central, automaticamente faz um redesconto "intradia", sem custos, que deve ser coberto durante o expediente bancário. Caso o banco não consiga, deverá recorrer a outra linha, com custos financeiros.

b) De até um dia útil: Destinadas a satisfazer necessidade de liquidez decorrentes de descasamento de curtíssimo prazo no fluxo de caixa da instituição financeira, sendo realizadas automaticamente por intermédio de mensagens específicas do Sistema de Pagamentos Brasileiro. O custo de recorrer a essa linha é de 6% ao ano, acrescidos da taxa SELIC.

c) De até quinze dias úteis: Destinadas a satisfazer necessidades de liquidez provocadas pelo descasamento de curto prazo no fluxo de caixa de instituição financeira e que não caracterizem desequilíbrio estrutural. Podem ser contratadas desde que o prazo não ultrapasse quarenta e cinco dias úteis. Essa modalidade de redesconto depende de anuência prévia do Banco Central do Brasil e da apresentação, pela instituição financeira interessada, de projeção detalhada de seu fluxo de caixa diário, demonstrando as necessidades de fundos previstos para o período da operação. O custo da operação é de 4% ao ano, acrescido da taxa SELIC.

d) De até noventa dias corridos: Destinadas a viabilizar o ajuste patrimonial de instituição financeira com desequilíbrio estrutural, podendo ser recontratadas desde que o prazo total não ultrapasse cento e oitenta dias corridos. Dependem de aprovação pela Diretoria Colegiada do Banco Central do Brasil, devendo a instituição financeira apresentar pleito fundamentado, acompanhado de demonstrativos das necessidades de caixa projetadas para o período da operação e programa de reestruturação visando a sua capitalização ou a venda de seu controle acionário, firmado pelo acionista controlador, a ser implementado no período da operação. Essa operação tem um custo anual de 2%, mais a taxa SELIC.

Como se observa, a assistência financeira de liquidez ficou restrita a um instrumento meramente de "socorro" às instituições financeiras, não sendo utilizada como um instrumento de controle dos meios de pagamento. Tal controle se concentrou, basicamente, no mercado aberto.

No entanto, com a implementação do Plano Real, o Banco Central tentou restabelecer o Redesconto como instrumento de Política Monetária, incentivando a sua utilização com a criação de linha especial de assistência financeira, mas dadas as exigências e a interpretação do mercado de que quando uma instituição demanda um redesconto é porque não está conseguindo administrar sua liquidez, esse instrumento é pouco demandado pelas instituições financeiras.

O terceiro instrumento de política monetária e o mais utilizado no Brasil é o mercado aberto ou *"open market"*, que veremos a seguir.

2.3 Mercado Aberto

O mercado aberto consiste na compra e venda de títulos públicos por parte do Banco Central, com vistas a adequar as condições de liquidez da economia em consonância com a implementação da Programação Monetária.

Além de regulador da liquidez do sistema bancário, a Programação Monetária possibilita à Autoridade Monetária a pronta identificação das possíveis causas dos desvios na execução das metas programadas, identificando o volume de recursos a serem captados pelo Banco Central, junto ao público via mercado aberto.

Pela flexibilidade e rapidez com que as operações de *"open-market"* podem ser postas em prática, na maioria dos países desenvolvidos, constituem-se no principal instrumento de Política Monetária, permitindo provocar impactos nos meios de pagamento. Com a utilização dessas operações, é possível alterar a liquidez de todo o Sistema Econômico, mudando a composição dos ativos financeiros que o setor privado retém.

O *"open-market"* também exerce influencia sobre a estrutura da taxa de juros no mercado monetário: ao comprar ou vender títulos públicos, o Banco Central afeta não somente o nível de reservas dos bancos comerciais, mas o volume de Títulos do Tesouro em poder do público, já que o mercado aberto é um instrumento muito mais poderoso, principalmente nos países que já possuem um mercado financeiro desenvolvido onde os títulos públicos passam a ter grande aceitação e conseqüentemente será um mercado mais volumoso e mais sensível às políticas do governo, principalmente no setor financeiro.

Capítulo 2 – Política Monetária e Instrumentos de Controle da Moeda

O desenvolvimento do mercado de ativos financeiros não-monetários influi positivamente na criação de facilidades para geração de poupança voluntária, além de possibilitar financiamentos de curto prazo, permitindo à autoridade monetária retirar ou injetar recursos na economia para regular a liquidez através das operações de mercado aberto.

Efeito do Mercado Aberto sobre os Meios de Pagamentos

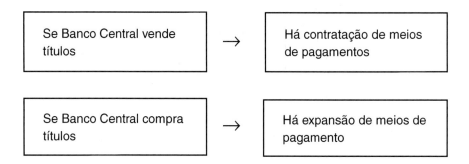

Pode, desta forma, provocar alterações diárias no nível de reservas, além de influenciar as condições de liquidez de todo o sistema econômico, uma vez que suas operações não se limitam apenas ao sistema bancário, podendo as demais instituições financeiras participarem ou não do mercado.

O fluxograma a seguir pode auxiliar na melhor visualização dos resultados da implementação dos principais instrumentos da Política Monetária.

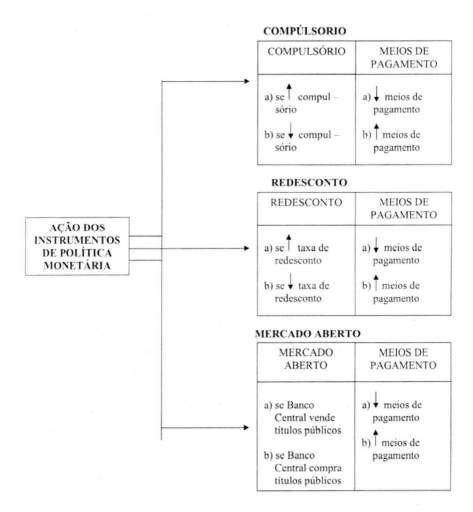

O principal objetivo do funcionamento do mercado é a adequação do volume de meios de pagamento necessários ao equilíbrio da economia, via compra e venda de títulos de curto prazo, transformado a taxa de juros do mercado em um indicador das demais taxas vigentes no mercado financeiro. Além do mais, o *Open* possibilita à Autoridade Monetária um importante instrumento que lhe permite um efetivo controle do mercado monetário.

Todo sistema econômico é beneficiado com desenvolvimento do mercado aberto, de acordo com sua situação:

Capítulo 2 - Política Monetária e Instrumentos de Controle da Moeda 61

a) Pelo lado das instituições financeiras, o mercado aberto possibilita aos bancos comerciais ajustamento de sua liquidez, bem como remunerar a disponibilidade de recursos ociosos.

b) Em relação às empresas, permite que elas apliquem seus recursos ociosos de curtíssimo prazo de pessoas jurídicas, possibilitando minimizar os custos através de melhor utilização de tais recursos.

c) Já pelo lado da Autoridade Monetária, o governo dispõe de um instrumento de controle desses recursos existentes na economia, resgatando-os ou lançando-os de acordo com as disponibilidades e/ou necessidades de adequação à capacidade de expansão ou contração da oferta de moeda.

O mercado aberto está sempre presente em qualquer centro financeiro onde se verificam oferta e demanda de recursos, principalmente a curto e curtíssimo prazo, a determinadas taxas de rentabilidade.

Descreveremos, a seguir, o mecanismo das operações de mercado na economia brasileira como poderoso instrumento de Política Monetária. Na programação monetária, as operações de mercado aberto aparecem contraindo ou expandindo a Base Monetária.

2.3.1 Mercado Aberto no Brasil

A necessidade de implementação das operações de mercado aberto no Brasil já vinha sendo sentida há vários anos, tanto que a Lei nº 4.595, de 31.12.64, em seu Art. 10, item XI, atribuiu ao Banco Central a tarefa de efetuar, como instrumento de Política Monetária, operações de compra e venda de Títulos Federais.

A justificativa para sua implementação deveu-se à inflexibilidade de controle monetário dos mecanismos de compulsório e assistência financeira de liquidez, até então existentes, já que o compulsório atua como instrumento de ajuste da caixa bancária, enquanto que a assistência financeira funciona como mecanismo de liquidez do sistema bancário. Agindo individualmente nas instituições que recorrem ao redesconto.

O Mercado aberto e a assistência financeira atuam de forma direta sobre a Base Monetária, enquanto o compulsório influencia o multiplicador dos meios de pagamento. O mercado aberto, para a Autoridade Monetária, é um instrumento que lhe permite provocar impactos de magnitudes variadas nos meios de pagamento, compensando expansões não programadas na Base Monetária, atuando no centro financeiro, sobretudo pela possibilidade de ação antecipada que o funcionamento do mecanismo permite.

Para o sistema bancário, melhora a estrutura de seus encaixes pela ampliação das reservas de segunda linha, enquanto para as grandes empresas o desenvolvimento do mercado monetário implica melhoria de receita, uma vez que lhes possibilitou alternativas de aplicação de saldos de caixa eventualmente ociosos por curto prazo.

Além do mais, o *Open*, com suas operações, promove condições necessárias de liquidez ao mercado, capazes de induzir aceitação do título público de maneira ampla, consistente e indispensável ao equilíbrio dos demais títulos que aportam ao centro financeiro nacional. E, como tal, são operações que ocorrem, tipicamente, pelas transações efetuadas pelo Banco Central, no mercado, com títulos federais de sua própria carteira.

Na fase experimental do *Open* no Brasil, buscou-se criar condições para lançamento de títulos do Tesouro, conquistando a confiança do público com lançamento de títulos com correção monetária e o resgate dos antigos títulos sem cláusula de correção monetária como empréstimo compulsório e o adicional restituível Imposto de Renda.

Apesar de os títulos da dívida pública datarem de 1883, o processo inflacionário observado principalmente após a Segunda Guerra Mundial diminuiu a liquidez dos títulos.

Só a partir da Lei nº 4.357 de 16.07.64, que criou as Obrigações do Tesouro Nacional – Tipo Reajustável (ORTN) com correção monetária, é que os títulos passaram a defender o tomador da corrosão provocada pela elevação dos preços. Inicialmente as ORTN foram lançadas compulsoriamente, mas foram gradualmente adquirindo confiança do público, à medida que sua rentabilidade compensava, uma vez que o reduzido mercado ainda não oferecia aplicações alternativas. Sua importância encontrava-se em ter esse papel criado perspectivas para surgimento de outros títulos de renda fixa.

Desta forma, as ORTN se transformaram num instrumento de apoio à política fiscal e monetária do governo que pôde financiar o Tesouro sem criar recursos inflacionários. Inicialmente a rentabilidade das ORTN era superior à apresentada por outros títulos, mas a partir de 1967 sua rentabilidade diminuiu um pouco, apesar de ainda ser positiva. De 1968 em diante as rentabilidades das ORTN se tornaram inferiores aos demais títulos de renda fixa, porém ainda possuíam grande aceitação por apresentarem alta liquidez.

Com a evolução do Sistema Financeiro Nacional, tornou-se viável a implementação das operações de mercado aberto, inicialmente a partir de 1968, com a utilização das Obrigações Reajustáveis do Tesouro Nacional (ORTN) e posteriormente, em 1970, com a utilização das Letras do Tesouro Nacional (LTN), como forma de atingir a liquidez dos agentes econômicos, além dos bancos comerciais.

O decreto-lei nº 2.284/86, que criou o Plano Cruzado, extinguiu as ORTN e, após congelar seu último valor em Cz$ 106,40, passou a denominá-las Obrigações do Tesouro Nacional (OTN), que também foi extinta pela Lei nº 7730, de 30.1.1989.

Com a introdução das Letras do Tesouro Nacional, criadas com o Decreto-lei nº 1.079, de 20.01.70, foi possível iniciar o desenvolvimento das operações de mercado aberto por ser este um título de curto prazo. A introdução das LTN provocou transformações substanciais no mercado, passando o sistema bancário a estruturar melhor suas reservas de segunda linha. As Letras do Tesouro Nacional (LTN) foram criadas com o intuito de dotar o mercado de um título de características simples e capaz de permitir, às operações de mercado aberto, a real flexibilidade e rapidez que não poderiam ser atingidas com as ORTN, títulos ésses próprios para a captação de poupança a médio prazo e longos prazos, e com características bastantes complexas, tais como o não conhecimento antecipado do valor do resgate.

As ORTN, entretanto, podiam e eram ser utilizadas complementarmente às LTN na condução política de mercado aberto ou mesmo na política fiscal. Com o lançamento das LTN, objetivou-se a formação, pela rede bancária, de reservas de segunda linha (reservas secundárias), constituída pelos referidos títulos, uma vez que tais ativos, pela sua liquidez, rentabilidade e segurança eram altamente negociados no mercado, constituindo-se na melhor forma de aplicação das disponibilidades bancárias, permitindo, conseqüentemente, às Autoridades Monetárias, exercerem um controle mais direto sobre as reservas bancárias.

Em reunião em 15.05.86, o Conselho Monetário Nacional autorizou o Banco Central a emitir títulos de sua responsabilidade, sob a denominação de Letra do Banco Central (LBC), para fins de Política Monetária. A LBC foi criada com prazo máximo de um ano, sendo nominativa, transferível e seu rendimento definido, inicialmente, pela taxa média ajustada dos financiamentos apurados no Sistema Especial de Liquidação e Custódia (SELIC), para títulos federais.

A razão básica para criação da LBC consistiu no fato de que as características dos títulos do Tesouro Nacional não vinham permitindo, ultimamente, a sua perfeita utilização nas operações de mercado aberto, implicando custos desnecessariamente elevados para a União. Tornou-se, desta forma, imprescindível a emissão de títulos mais adequados às necessidades conjunturais, com características que atendessem tanto aos interesses da Política Monetária como dos tomadores no mercado financeiro.

Por ser um título, por excelência, de execução de Política Monetária, a LBC era instrumento para atender uma situação de eventual excesso ou escassez de dinheiro, que podia provocar oscilações bruscas e indesejáveis das taxas de juros. A LBC era também um instrumento financeiro que lastreia as aplicações de disponibilidades temporárias de caixa. A Lei Complementar nº 101/2000, conhecida como Lei de Responsabilidade Fiscal proibiu o Banco Central de emitir títulos, mesmo que para fazer apenas política monetária. Atualmente, os títulos de responsabilidade do Banco Central são constituídos apenas pelas Notas de Banco Central- Série E (NBC-E), que são indexadas ao câmbio

Muitas mudanças foram introduzidas recentemente e alguns títulos surgiram em função das necessidades do Tesouro captar recursos e administrar sua dívida mobiliária. O quadro 2.3 a seguir mostra as características dos principais Títulos Públicos Federais existentes atualmente, lembrando que os de emissão do Banco Central existem como saldo remanescente, uma vez que o mesmo não pode mais emitir títulos.

Quadro 2.3
Características dos Títulos Públicos Federais

Ativo	Emissor	Objetivo	Rentabilidade	Registro
Letra do Tesouro Nacional (LTN)	STN	Cobertura de déficit orçamentário	Prefixada	Selic
Letra Financeira do Tesouro (LFT)	STN	Cobertura de déficit orçamentário	Pós-fixada (Taxa Selic)	Selic
Nota do Tesouro Nacional (NTN)	STN	Cobertura de déficit orçamentário	Pós-fixada (exceto NTN-F), com diversas séries com índice próprio (IPCA, IGP-M, Dólar, TR, etc.)	Selic
Certificado Financeiro do Tesouro (CFT)	STN	Realização de operações financeiras definidas em lei	Pós-fixada (exceto CFT-F), com diversas séries com índice próprio (IGP-M, Dólar, TR, etc)	Cetip
Certificado do Tesouro Nacional (CTN)	STN	Garantia do principal na novação de dívidas de mutuários do crédito agrícola junto as instituições financeiras	Pós-fixada (IGP-M)	Cetip
Certificado da Dívida Pública (CDP)	STN	Quitação de dívidas junto ao Instituto Nacional do Seguro Social – INSS	Pós-fixada (TR)	Cetip
Título da Dívida Agrária (TDA)	STN	Promoção da reforma agrária	Pós-fixada (TR)	Cetip
Dívida Securitizada	STN	Assunção e renegociação de dívidas da União ou por ela assumidas por força da lei	Pós-fixada, com diversas séries com índice próprio (IGP-DI), Dólar e TR)	Cetip
Nota do Banco Central do Brasil – Série E (NBCE)	BCB	Política Monetária	Pós-fixada (Dólar)	Selic

Fonte: Banco Central do Brasil e Secretaria do Tesouro Nacional

Os principais títulos públicos emitidos e seus respectivos indexadores, de responsabilidade do Tesouro Nacional, estão a seguir apresentados.

Tabela 2.2

Títulos Públicos Federais Emitidos – Responsabilidade do Tesouro Nacional

Saldos em R$ Milhões

Período	LFT	LTN	BTN	NTN	CTN/CFT	Subtotal	Crédito securitizado/ TDA/CDP/ Dívida agrícola	Total
2000	349 498	108 852	64	48 049	14 280	520 743	27 982	548 724
2001	435 992	81 209	67	134 079	19 366	670 713	21 564	692 277
2002	462 950	34 364	100	217 098	19 214	733 997	24 850	758 846
2003	499 621	169 774	74	200 748	18 236	888 453	23 789	912 242
2004	552 300	249 489	62	190 975	17 343	1 010 168	29 858	1 040 027
2005	611 156	357 707	48	208 790	15 749	1 190 500	24 779	1 215 278
2006(*)	487 088	437 224	39	299 364	14 643	1 238 358	23 506	1 261 863

Fonte: Bacen e STN
(*) dados de set/2006

Tabela 2.3
Títulos Públicos Federais por indexador   Participação %

	Índice de correção								Total
	Câmbio	TR	IGP-M	Over/ Selic	IGP-DI	Prefixado[1]	TJLP	Outros	
2000	22,3	4,7	1,6	52,2	4,4	14,8	0,0	0,0	100,0
2001	28,6	3,8	4,0	52,8	3,0	7,8	0,0	0,0	100,0
2002	22,4	2,1	7,9	60,8	3,1	2,2	0,0	1,6	100.0
2003	10,8	1,9	8,7	61,4	2,4	12,4	0,0	2,4	100,0
2004	5,2	3,1	9,9	57,1	1,8	19,7	0,0	3,1	100,0
2005	2,7	2,1	6,1	51,8	3,1	27,0	0,0	7,2	100,0
2006(*)	1,6	2,2	5,8	41,2	2,7	32,8	0,0	13,7	100,0

Fonte: Bacen e STN
1/ Inclui NTN-J por ter seu rendimento vinculado ao das LTN.

As operações de mercado aberto só funcionarão eficientemente se o Banco Central tiver condições de efetuar compras ou vendas em volume necessário para manter as reservas bancárias e a taxa de juros no nível desejado pela Autoridade Monetária.

Diferentemente das demais instituições financeiras que atuam no mercado aberto visando principalmente a maximização de lucros, o Banco Central tem como objetivo principal de atuação no mercado secundário a Política Monetária estabelecida.

Em fevereiro de 1970, oficializou-se, no âmbito interno do Banco Central, o comitê de mercado aberto, que passou a traçar as diretrizes e acompanhar as operações em conjunto com a ação dos demais instrumentos. A principal finalidade do comitê de mercado aberto era a orientação na execução das operações de mercado aberto, estabelecendo as diretrizes de ação que compactuassem com a evolução dos demais indicadores monetários.

No ano de 1973, já se pensava em implantar um sistema de teleprocessamento de dados para dar mais dinamismo às operações. Tal sistema só foi efetivamente implantado no fim de 1979 com a criação do SELIC – Sistema Especial de Liquidação e Custódia. Seu objetivo é integrar os bancos comerciais através de uma rede aparelhos receptores que serão informados pelo Departamento de Mercado Aberto – DEMAB do Banco Central do Brasil, de sua movimentação diária coma SELIC. Criou-se maior dinamismo ao Mercado, uma vez que as operações com títulos se tornaram mais eficientes e mais bem controladas pelo Banco Central do Brasil. O início do funcionamento do SELIC evitou maiores distorções no mercado aberto e na liquidação das operações por intermédio das transferências de reserva, evidenciando o esforço da Autoridade Monetária no sentido de aperfeiçoar o controle da liquidez bancária.

O Sistema Especial de Liquidação e de Custódia - SELIC, do Banco Central do Brasil, é um sistema informatizado que se destina à custódia de títulos escriturais de emissão do Tesouro Nacional e do Banco Central do Brasil, bem como ao registro e à liquidação de operações com os referidos títulos. O SELIC opera na modalidade de **Liquidação Bruta em Tempo Real (LBTR)**, sendo as operações nele registradas liquidadas uma a uma por seus valores brutos em tempo real. (Veja BOX no final). Além do serviço de custódia de títulos e de registro e liquidação de operações, integram o SELIC os seguintes módulos complementares:

a) Oferta Pública Formal Eletrônica (Ofpub)

b) Leilão Informal Eletrônico de Moeda e de Títulos (Leinf)

O mercado financeiro há tempos passou a denominar de SELIC a taxa apurada no sistema Selic, obtida mediante o cálculo da taxa média ponderada e ajustada das operações de financiamento por um dia, lastreadas em títulos públicos federais e cursadas no referido sistema ou em câmaras de compensação e liquidação de ativos, na forma de operações compromissadas.

Periodicamente o COPOM define a taxa SELIC "meta" (veja BOX no final do capítulo 3) e o Banco Central procura calibrar diariamente a Taxa SELIC "over", ajustando a liquidez por meio de operações compromissadas. Veja, no gráfico a seguir o comportamento dessas taxas:

Capítulo 2 - Política Monetária e Instrumentos de Controle da Moeda   69

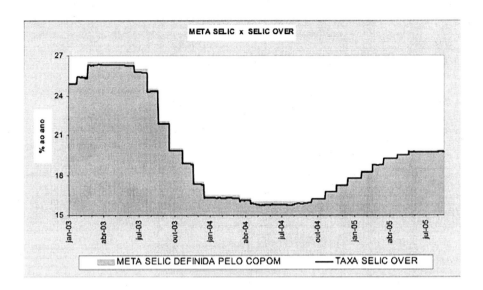

Inicialmente, a dinâmica das Operações de Mercado Aberto que transaciona títulos no mercado secundário, com acompanhamento da política de endividamento público interno, que é o lançamento e o resgate de títulos do Tesouro Nacional, tornava essas duas ações um pouco confusas, porque na verdade elas, às vezes, se misturavam, sendo difícil identificar se estava ocorrendo uma operação de mercado aberto ou de suprimento de recursos para o Tesouro.

Esclarecemos que, neste caso, as operações compromissadas são operações de venda de títulos com compromisso de recompra assumido pelo vendedor, concomitante com compromisso de revenda assumido pelo comprador, para liquidação no dia útil seguinte. Ressaltamos, ainda, que estão aptas a realizar operações compromissadas, por um dia útil, fundamentalmente as instituições financeiras habilitadas, tais como bancos, caixas econômicas, sociedades corretoras de títulos e valores mobiliários e sociedades distribuidoras de títulos e valores mobiliários.

Há necessidade de ser observada a distinção entre uma operação de mercado aberto e um suprimento ao Tesouro através da Dívida Publica:

a) Quando o Banco Central adquiria, até a Lei da Responsabilidade Fiscal, Letras do Tesouro para carteira e entrega recursos próprios ao Tesouro, os quais podiam ser utilizados no financiamento de seus eventuais déficits, era uma operação que caracteriza o endividamento interno da União. Conforme já comentamos o Banco Central está proibido de emitir Títulos próprios e adquirir os Títulos do Tesouro, no mercado primário

b) Quando a aquisição desses títulos é feita diretamente no mercado, pelo Banco Central, não representando suprimento de fundos para o Tesouro, mas um aumento das disponibilidades monetárias da economia, pela injeção de recursos decorrentes da compra, caracteriza uma operação de mercado aberto.

c) Quando o setor privado adquire NTN, LTN, LFT nas ofertas públicas, os dois efeitos são obtidos simultaneamente, ou seja, contração dos meios de pagamento e suprimento do Tesouro. Mas quando o Banco Central vende títulos de sua carteira, apenas o efeito de contração dos meios de pagamentos se verifica.

No entanto, no Brasil, essa distinção era extremante dificultada pela forma como as operações de Dívida Pública e Mercado Aberto eram efetivadas. Muitas vezes o lançamento primário dos títulos era realizado para "enxugar" recursos da economia, isto é, Política Monetária pura, em vez de ser captação de recursos para o Tesouro, por uma operação de Dívida Pública. Outras vezes, por meio de uma operação de Mercado Aberto, de venda de títulos, em que a Autoridade Monetária contrai a Base Monetária, os recursos retirados do mercado eram utilizados para financiar programas constantes na própria "Programação Monetária", anulando a ação, ou para cobrir déficits no orçamento fiscal, o que deveria ser feito por uma operação de Dívida Pública.

Para evitar esta distorção é o que o governo implementou uma serie de medidas econômicas a partir de junho de 1987, entre as quais transferir do Banco Central para a Secretaria do Tesouro Nacional o poder de emitir dívida pública. A partir de 2001, o Banco Central atua no mercado de títulos apenas para efeitos de Política Monetária, mas não emite mais títulos.

Na programação monetária as operações de mercado aparecem contraindo ou expandindo a Base Monetária via "Recursos do Tesouro Nacional junto à Autoridade Monetária", tornando esse instrumento mais eficiente para compensar qualquer variação não programada na programação monetária.

Conforme assinala Edésio Fernandes Ferreira (1979), no seu trabalho *A Base Monetária no Brasil*,

"a expansão do mercado aberto tornou mais flexíveis as trocas de reservas, através da negociação desses títulos entre os bancos. O pagamento dessas operações, efetuando com cheques sacados contra as contas de reservas bancárias

Capítulo 2 - Política Monetária e Instrumentos de Controle da Moeda 71

junto ao Banco Central, permitiu ao banco comercial manter menores níveis de reservas voluntárias, mantendo as LTN como reserva de segunda linha."

O desenvolvimento do mercado secundário de títulos privados possibilitou o surgimento de trocas de reservas interbancárias, facilitando a liquidez entre as próprias instituições.

As diversas instituições privadas negociam milhões de Reais diariamente entre elas, por diversos tipos de operações, entre as quais:

a) As de compra e venda em caráter definitivo.

b) As operações com acordo de recompra ou revenda.

Os acordos de recompra têm possibilitado uma maior rotatividade dos títulos, aumentado substancialmente o volume diário de títulos transacionados no mercado. Outra característica de liquidez dos títulos federais é possível graças ao "acordo de recompra", podendo as NTN da carteira do Banco Central ser vendidas por prazo inferior ao do vencimento. O Banco Central poderá vender títulos de sua carteira por prazo inferior, caso haja necessidade de manter o sistema bancário sob pressão, evitando expansão monetária indesejável.

O acordo de recompra de NTN e LFT ou LTN é uma operação em que uma instituição financeira vende esse título para o Banco Central, comprometendo-se a recomprá-lo depois, a um preço estipulado ou pelo preço de mercado do dia da recompra, podendo esse dia ser estipulado entre as partes.

A modalidade das operações do Banco Central, no mercado aberto, segue dois critérios básicos para prosseguimento do controle dos agregados monetários e da liquidez do sistema. O Banco Central, em nome do Tesouro, realiza sistematicamente leilões formais com o mercado, indicando o volume de títulos ali ofertados. Outra modalidade normalmente utilizada pelo Banco Central, o leilão informal *(go around)* caracteriza-se pelo aviso ao mercado de que, em determinado dia, o Banco Central estará vendendo ou comprando um certo volume de títulos. O *"go around"* tem um objetivo de maior controle de liquidez.

Atualmente, operam diretamente com o Banco Central, por intermédio do SELIC, 22 instituições *Dealers.*Essas instituições atuam nos leilões formais e no *"go around"*, disputando com a Autoridade Monetária a taxa de juros compatível com a liquidez da economia. Desde agosto de 2003, o Banco Central e a Secretaria do Tesouro Nacional realizam operações de mercado aberto diretamente com 22 *dealers*, segmentados em *"especialistas"* e *"primários"*, selecionados dentre as instituições mais ativas do sistema financeiro. Esses *dealers* intermedeiam o relacionamento do Banco Central com o restante do mercado e são escolhidos por meio de critérios de performance, incluindo o desempenho de cada instituição nos mercados primários e secundário de títulos públicos, no mercado de operações compromissadas

De acordo com o Banco Central, a principal inovação introduzida no sistema foi a divisão das instituições *dealers* primários e especialistas, direcionados, respectivamente, para o desenvolvimento dos mercados primário e secundário de títulos públicos. Até doze instituições poderão ser credenciadas como primários e até dez como especialistas, admitindo-se, no máximo, cinco instituições em ambos os grupos.

Existem, ainda, os *Brokers,* que são as corretoras e distribuidoras habilitadas pelo Banco Central. Têm como função a intermediação entre os *Dealers* e os demais participantes do mercado. Todas as transações envolvendo títulos são registradas e custodiadas no SELIC, obedecendo ao esquema a seguir:

Com a redefinição das relações entre o Banco Central e o Tesouro, as contas da Dívida Mobiliária Federal tornaram-se mais claras. Cabe agora ao Banco Central realizar, apenas, operações no mercado secundário, através da compra ou venda de títulos de sua carteira, causando impactos na Base Monetária. Com a separação, tornou-se possível distinguir a ação do Banco Central em conjunção com o Tesouro.

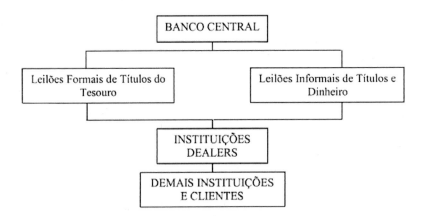

• **Leilões Formais** – O Banco Central opera com os dealers primários;

• **Leilões Informais** (*Go Around*) – Opera com instituições dealers especialistas, que por sua vez operam com as demais instituições.

Sistema Especial de Liquidação e de Custódia - SELIC

O Selic depositário central dos títulos emitidos pelo Tesouro Nacional e pelo Banco Central do Brasil e nessa condição processa, relativamente a esses títulos, a emissão, o resgate, o pagamento dos juros e a custódia. O sistema processa também a liquidação das operações definitivas e compromissadas realizadas em seu ambiente, observando, a partir de 22 de abril de 2002, o modelo 1 de entrega contra pagamento (a liquidação final da ponta financeira e da ponta do título ocorre ao longo do dia, de forma simultânea, operação por operação). Todos os títulos são escriturais, isto é, emitidos exclusivamente na forma eletrônica. A liquidação da ponta financeira de cada operação é realizada por intermédio do Sistema de Transferência de Reservas - STR, ao qual o Selic é interligado.

O sistema, que é gerido pelo Banco Central do Brasil e é por ele operado em parceria com a Associação Nacional das Instituições do Mercado Aberto - Andima, tem seus centros operacionais (centro principal e centro de contingência) localizados na cidade do Rio de Janeiro. O horário normal de funcionamento é das 6h30 às 18h30, em todos os dias considerados úteis. Para comandar operações, os participantes liquidantes e os participantes responsáveis por sistemas de compensação e de liquidação encaminham mensagens por intermédio da Rede do Sistema Financeiro Nacional - RSFN, observando padrões e procedimentos previstos em manuais específicos da rede. Os demais participantes utilizam outras redes, conforme procedimentos previstos no regulamento do sistema.

Participam do sistema, na qualidade de titular de conta de custódia, além do Tesouro Nacional e do Banco Central do Brasil, bancos comerciais, bancos múltiplos, bancos de investimento, caixas econômicas, distribuidoras e corretoras de títulos e valores mobiliários, entidades operadoras de serviços de compensação e de liquidação, fundos de investimento e diversas outras instituições integrantes do Sistema Financeiro Nacional. São considerados liquidantes, respondendo diretamente pela liquidação financeira de operações, além do Banco Central do Brasil, os participantes titulares de conta Reservas Bancárias, incluindo-se nessa situação, obrigatoriamente, os bancos comerciais, os bancos múltiplos com carteira comercial e as caixas econômicas, e, opcionalmente, os bancos de investimento. Os não-liquidantes liquidam suas operações por intermédio de participantes liquidantes, conforme acordo entre as partes, e operam dentro de limites fixados por eles. Cada participante não-liquidante pode utilizar os serviços de mais de um participante liquidante, exceto no caso de operações específicas, previstas no regulamento do sistema, tais como pagamento de juros e resgate de títulos, que são obrigatoriamente liquidadas por intermédio de um liquidante-padrão previamente indicado pelo participante não-liquidante.

Os participantes não-liquidantes são classificados como autônomos ou como subordinados, conforme registrem suas operações diretamente ou o façam por intermédio de seu liquidante-padrão. Os fundos de investimento são normalmente subordinados e as corretoras e distribuidoras, normalmente autônomas. As entidades responsáveis por sistemas de compensação e de liquidação são obrigatoriamente participantes autônomos. Também obrigatoriamente, são participantes subordinados as sociedades seguradoras, as sociedades de capitalização, as entidades abertas de previdência, as entidades fechadas de previdência e as resseguradoras locais. O sistema conta com cerca de 4.900 participantes (dez/04).

Tratando-se de um sistema de liquidação em tempo real, a liquidação de operações é sempre condicionada à disponibilidade do título negociado na conta de custódia do vendedor e à disponibilidade de recursos por parte do comprador. Se a conta de custódia do vendedor não apresentar saldo suficiente de títulos, a operação é mantida em pendência pelo prazo máximo de 30 minutos ou até 12h, o que ocorrer primeiro (não se enquadram nessa restrição as operações de venda de títulos adquiridos em leilão primário realizado no dia). A operação só é encaminhada ao STR para liquidação da ponta financeira após o bloqueio dos títulos negociados, sendo que a não liquidação por insuficiência de fundos implica sua rejeição pelo STR e, em seguida, pelo Selic.

Na forma do regulamento do sistema, são admitidas algumas associações de operações. Nesses casos, embora ao final a liquidação seja feita operação por operação, são considerados, na verificação da disponibilidade de títulos e de recursos financeiros, os resultados líquidos relacionados com o conjunto de operações associadas.

Capítulo 2 – Política Monetária e Instrumentos de Controle da Moeda   75

1. Compra de títulos associada com operação compromissada intradia

2. Volta de operações compromissadas intradia associada com venda de títulos

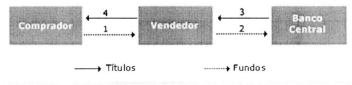

⟶ Títulos   ┈┈⟶ Fundos

Fonte: Banco Central do Brasil, em www.bcb.gov.br

3. Questões para Discussão

1. Mostre como a Autoridade Monetária utiliza os instrumentos clássicos de Política Monetária e cite outros mecanismos normalmente utilizados para controlar a oferta da moeda.

2. Explique as diversas modalidades de redesconto existentes no Brasil

3. Por que o recolhimento compulsório, no Brasil, era considerado mais um instrumento de seletividade de crédito do que um regulador de liquidez?

4. Como o Open Market pode ser acionado para evitar uma expansão indesejável da Base Monetária?

5. Explique as principais diferenças entre uma operação de dívida pública e de uma de mercado aberto.

6. Explique a atuação do Banco Central com os dealers, nas operações de mercado aberto.

7. Sabe-se que a expansão monetária pode ser feita pela Autoridade Monetária, pelos bancos comerciais ou por ambos. Mostre como podem ser implementados mecanismos que evitem uma expansão por parte dos bancos comerciais, que influenciam o valor do multiplicador.

8. A utilização do redesconto implica uma operação de expansão da Base Monetária. Como pode, então, este mecanismo ser considerado um instrumento de Política Monetária?

9. Procure justificar qual dos três instrumentos clássicos de Política Monetária tem-se mostrado mais eficiente na expansão e na contração dos meios de pagamento.

10. Analise quais as principais conseqüências para uma política de contração dos meios de pagamento realizada por meio do mercado aberto.

Capítulo 3

Demanda por Moeda e Taxa de Juros

1. Considerações Preliminares

Os capítulos anteriores abordaram os aspectos teóricos e institucionais relativos à oferta de moeda, bem como os mecanismos existentes para controlá-la a níveis programados pela Política Monetária. A visão estudada refletiu apenas um lado do mercado, precisamente aquele em que a Autoridade Monetária pode exercer controle, isto é, o lado da oferta.

Mas a Autoridade Monetária, ao acionar os mecanismos de Política Monetária para controlar expansão dos meios de pagamento, utilizando-se, por exemplo, do mercado aberto, da liberação da taxa de juros, do controle do crédito bancário, do incentivo à aquisição de haveres não-monetários etc., está ciente do comportamento dos agentes que participam do mercado, demandando esses ativos para comporem seu *"portfolio"*.

É, portanto, imprescindível o conhecimento da procura por ativos financeiros ou por moeda. Para isso, serão desenvolvidas algumas teorias de demanda por moeda, que refletem esse comportamento no mercado monetário. A certeza desse procedimento é que possibilita a Autoridade Monetária maior eficiência na utilização de instrumentos capazes de equilibrar o mercado monetário.

Para os monetaristas, a expansão das taxas de crescimento dos agregados monetários é o maior determinante da expansão da demanda agregada e, por intermédio desta, produz efeitos sobre o nível de preços, sobre a atividade produtiva e emprego, no equilíbrio de longo prazo. Cabe ao Banco Central determinar no curto prazo a taxa de expansão dos agregados monetários e do crédito bancário de forma a não alterar esse equilíbrio.

A teoria monetária dispõe de duas correntes que diagnosticam a implementação de instrumentos de controle dos agregados monetários de maneira diferenciada.

Para uma corrente a moeda é perfeitamente controlável pelo Banco Central, ou seja, é considerada exógena. O relacionamento do mercado financeiro com o Banco Central permite a utilização de instrumentos capazes de determinar a oferta de moeda adequada. Por outro lado, há uma corrente que associa o desequilíbrio monetário ao poder da demanda por recursos financeiros de determinar qual deve ser a oferta, deixando a política monetária passiva, isto é, o volume de recursos deverá ser definido a partir do controle da demanda. Essa corrente define a oferta de moeda endógena, ou seja, determinada pela demanda.

Dentre as várias teorias que explicam a demanda por moeda, abordaremos apenas algumas, mais precisamente as de maior repercussão. Elas serão apresentadas na sua essência, sem maior aprofundamento teórico, em razão de ser este um livro introdutório.

2. Teoria de Keynes

Na versão Keynesiana, a moeda é vista como um instrumento intermediário de trocas, versão que os clássicos já explicavam como sendo afetada pela expectativa da taxa de juros. O tratamento dado à moeda como instrumento de trocas justifica como sendo dois os motivos que determinam a demanda por moeda para essa finalidade: o motivo transação e o motivo precaução.

Ao introduzir a taxa de juros, Keynes justificou a existência de um terceiro motivo de demanda, que é o especulativo. Este será afetado pela expectativa da taxa de juros. Keynes afirma em seu livro "A Teoria Geral" que a demanda de moeda é dada pelas demandas para transação e precaução, que variam positivamente em função da renda, e pela demanda especulação, que varia inversamente à taxa de juros.

Existem, portanto, três fatores que determinam a demanda por moeda:

a) Motivo Transacional Decorre da defasagem existente entre recebimentos e pagamentos efetuados em um período.

A decisão de manter moeda para transações depende do montante da renda recebida e do fluxo de recebimento para efetivar pagamentos. As pessoas demandam moeda para transação como necessidade de manter recursos destinados a garantir as transações durante um intervalo de recebimento.

Na verdade, Keynes apresenta os seguintes fatores que podem influenciar o consumo, que são: a) variações no salário; b) a renda pessoal disponível, isto é sua renda líquida; c) variação nos gastos do governo, que também é

Capítulo 3 - Demanda por Moeda e Taxa de Juros

consumo e d) modificações na expectativa de renda futura.

Descrevendo através de um gráfico poderemos mostrar melhor como se comporta a demanda transacional em função da renda. Segundo a abordagem Keynesiana, temos que o consumo é função da renda e depende da propensão marginal a consumir. Como se presume que a demanda transacional por moeda é para o consumo rotineiro, é fácil concluir que o gráfico "A" representará a demanda transacional em função da renda, resultando em uma reta crescente, isto é, quanto maior a renda, maior a demanda transacional (respeitando o princípio da propensão marginal a consumir de forma constante, a curto prazo).

Já com relação a taxa de juros (r), a demanda transacional é insensível, ou seja, variações na taxa de juros não afetarão a demanda transacional, o que corresponde a dizer que ela é inelástica em relação a taxa de juros, conforme podemos observar no gráfico B.

Para Keynes, esse tipo de demanda é função apenas da renda (Y), sendo inelástica em relação à taxa de juros.

$$D_t = f(Y)$$

Qualquer alteração na renda para mais, desloca a curva para a direita, ou seja, quanto maior a renda, maior será a demanda transacional, que será representada no gráfico abaixo, por uma reta, dado que a propensão marginal a consumir é constante no curto prazo..

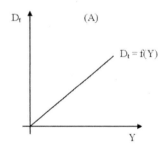
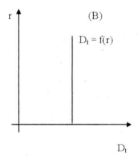

Demanda transacional em função da renda   Demanda transacional em função da taxa de juros

b) Motivo precaucional É uma parcela destinada a pagamentos de acontecimentos inesperados, tais como desemprego e doença.

A incerteza no futuro leva os indivíduos a reterem uma parcela de sua renda para gastos extraordinários.

Da mesma forma que a transacional, a demanda por precaução existe em função apenas da renda (Y), sendo inelástica em relação à taxa de juros.

$$D_p = f(Y)$$

Podemos concluir, portanto, analogamente ao explicado para o comportamento da demanda transacional, que a função da demanda precaucional será crescente em relação à renda e independente para flutuações na taxa de juros.

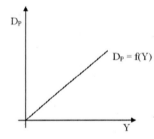
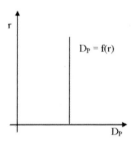

Demanda precaucional em função da renda   Demanda precaucional em função da taxa de juros

A demanda por moeda para motivos transação e precaução foram explicados pelos clássicos. Keynes também se utilizou desse raciocínio, mas introduziu novo elemento na análise de demanda por moeda que é a taxa de juros.

c) Motivo especulativo Keynes observou que, quando os preços dos títulos estão altos e a taxa de juros baixa, as pessoas denotam propensão em manter seus ativos na forma de valor monetário na expectativa de queda do preço desses títulos ou elevação na taxa de juros. Na inexistência de remuneração satisfatória no mercado de capitais, as pessoas mantêm grandes quantidades de dinheiro para utilizar em outras atividades, tais como no mercado imobiliário, e outros. A demanda especulativa resulta da expectativa de que os títulos de

Capítulo 3 - Demanda por Moeda e Taxa de Juros

renda fixa baixem de cotação, pela alta taxa de juros.

Se os preços dos títulos se elevam e a taxa de juros decresce, os agentes preferem manter ativos na forma monetária na expectativa de que ocorra o inverso.

Se os preços dos títulos estão com preços baixos e a taxa de juros elevada, os agentes preferem trocar seus ativos na forma monetária e aplicá-los na expectativa de que os preços se elevem para poder vendê-los na alta, obtendo ganho no mercado.

Dessa forma, quanto menor a taxa de juros com o preço dos títulos elevados, maior será o montante de recursos na forma monetária. Podemos, então, segundo Keynes, observar a existência de uma relação inversa entre a demanda especulativa e a taxa de juros, até um ponto em que essa demanda se torna perfeitamente elástica sob a alegação de que os juros se encontram tão baixos que é impossível baixá-los.

Essa taxa mínima de juros (r), mostrando uma situação de demanda especulativa perfeitamente elástica, porque se admite ser impossível que essa taxa decresça ainda mais, caracteriza um fenômeno chamado **preferência pela liquidez**. A essa taxa, os agentes preferem reter seus ativos na forma de moeda. A situação é também conhecida como "*armadilha da liquidez*", para a Autoridade Monetária que, desejando baixar ainda mais r, aumentando a oferta de moeda M, não conseguirá resultado porque a taxa de juros já se encontra no seu ponto mínimo.

A curva de demanda especulativa será então:

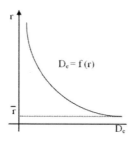

Demanda especulativa em função dos juros

A demanda agregada resulta no somatório das três demandas, ou seja, a transacional, a precaucional e a especulativa.

A demanda de mercado terá dois componentes, um dependendo da renda (Y) e outro da taxa de juros (r).

$$D_m = D_{tp}(Y) + D_e(r)$$

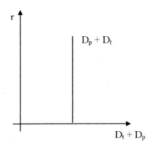
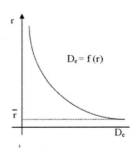

Demanda transacional mais precaucional   Demanda especulativa em função dos juros

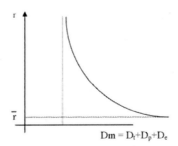

Demanda por moeda

2.1 Equilíbrio do Mercado Monetário

Nesse modelo, a oferta de moeda é determinada pela Autoridade Monetária sendo, portanto, considerada exógena, porque é previamente estabelecida pela programação monetária. O equilíbrio monetário será determinado pela interação entre a demanda e a oferta.

De acordo com Fiocca (2000), para Keynes, a autoridade monetária tem grande controle sobre as condições gerais de crédito, ou seja, por meio da determinação da taxa de juros de curto prazo, seja pelo poder de influenciar a quantidade de crédito ofertada pelo sistema bancário....isso está mais que claro na opção de se referir à oferta de moeda como variável sob controle exógeno do banco central.

Reforça, ainda o autor afirmando que a eficácia da política monetária tem os seguintes limites: quando se trata de expandir o crédito independentemente de uma redução na taxa de juros, o limite é definido pela existência de tomadores de empréstimos insatisfeitos, mas que sejam considerados seguros. No extremo oposto, quando o objetivo é restringir a quantidade de crédito, a contração pode ocorrer até o ponto em que os clientes não atendidos passem a buscar crédito no mercado não-financeiro, diretamente junto ao público.

A uma dada oferta monetária M, o equilíbrio no mercado monetário será no ponto de encontro entre a curva de oferta e demanda, ou mais precisamente no ponto A do gráfico a seguir.

Havendo uma expansão da oferta monetária, a curva M se desloca para M´, provocando uma queda na taxa de juros, desde que a demanda não se modifique. O novo ponto de equilíbrio será em B.

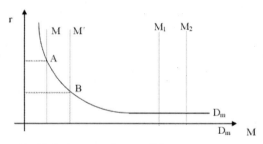

Equilíbrio do mercado monetário

Há ainda outros determinantes da demanda por moeda, tais como risco, taxa de inflação etc. A relevância da taxa de juros em Keynes é descrita pelo fenômeno da **armadilha da liquidez**. Há um momento em que a taxa de juros é tão baixa, que os agentes irão especular "infinitamente", levando os mesmos a não reagirem a políticas monetárias expansivas ou contracionistas. Na *armadilha da liquidez*, se o banco central expandir os meios de pagamento de M1 para M2, como no gráfico anterior, não conseguirá alterar a taxa de juros. Dizemos, dessa forma, que na *armadilha da liquidez* a política monetária é ineficaz.

Outra causa é o risco oferecido por certos títulos: quanto maiores forem esses riscos, mesmo para títulos de grande liquidez, maior será a demanda de moeda se a taxa de juros for baixa.

Pode-se ainda citar a taxa esperada de inflação, porque a expectativa de altas taxas inflacionárias retira da moeda a característica de reserva de valor, obrigando os indivíduos a anteciparem as compras.

3. Teoria Quantitativa da Moeda

Para os quantitativistas, o Banco Central pode controlar a oferta monetária de uma forma mais direta controlando a Base Monetária e as operações de crédito bancário. Tal controle é feito basicamente pela implementação dos instrumentos clássicos de política monetária que são os depósitos compulsórios sobre os depósitos à vista, o redesconto e o mercado aberto, conforme anteriormente explicados.

Todos esses instrumentos afetam diretamente o volume de dinheiro em circulação na economia. O controle desses agregados monetários tem como objetivo básico reduzir o impacto do excesso de demanda, sem maiores preocupações com a variação da taxa de juros, que será refletida pelo nível de liquidez resultante.

A TQM é uma identidade que relaciona o mercado da oferta monetária com a demanda, mostrando conseqüências para desequilíbrios provocados por excesso de oferta de moeda que provoca excesso de demanda no mercado de bens, levando o sistema a uma alta taxa de preços. A teoria defende uma dada correlação entre a oferta de moeda e o nível de preços.

A evidência principal dessa relação está associada à teoria monetarista que explica o fenômeno inflacionário tendo como pressuposto a conhecida expressão da teoria quantitativa da moeda em que relaciona o nível geral de preços (P) como resultado das forças do lado real da economia (Y) e da oferta monetária (M), associada com a velocidade de circulação da moeda (V), de acordo com a conhecida identidade

A explicação consiste em associar a equação:

$$M.V = P.Y$$

Capítulo 3 - Demanda por Moeda e Taxa de Juros

onde:

M = volume de meios de pagamento

Y = produto real

P = nível de preços

V = velocidade de circulação da moeda (velocidade-renda da moeda)

$K = \dfrac{1}{V}$ (constante Marshalliana). Os clássicos consideravam V constante, no curto prazo.

A velocidade-renda da moeda é a média do número de vezes, por unidade de tempo, em que se utiliza o estoque de moeda para efetuar transações.

Dessa forma,

$$MV = PY \Rightarrow M = \dfrac{1}{V} PY \Rightarrow M = \overline{K} PY,$$

onde M é a oferta monetária, que é determinada pela Política Monetária, e *KPY* é a demanda por moeda.

Mantendo-se *K* constante e Y como taxa de crescimento limitada, o excesso de oferta de *M* provoca aumento nos preços dos bens e serviços como necessidade de manter o mercado em equilíbrio (igualdade da equação).

A expansão dos meios de pagamento, segundo observações, tem forte correlação com a despesa nominal em bens e serviços, influenciando no nível de inflação, pois a teoria quantitativa da moeda explica a inflação como resultado do excesso de expansão da oferta monetária real sobre o crescimento do produto real.

Podemos ilustrar a relação entre a oferta monetária e o nível de preços por meio de um exemplo hipotético simplificado. Suponha um país em que a expansão dos meios de pagamento está prevista em 20% e o produto real deverá crescer 5%. Determine qual será a variação dos preços, sabendo que durante o período considerado a velocidade-renda da moeda permanecerá constante.

A maneira mais prática de se chegar a um resultado é utilizando-se a equação de identidade da TQM modificada para cálculo de variações, que pode ser expresso por:

$$(1 + \Delta M)(1 + \Delta V) = (1 + \Delta P)(1 + \Delta Y)$$

onde ΔM, ΔV, ΔP e ΔY indicam a expansão de cada variável. Substituindo os números diretamente na fórmula, teremos:

$$(1 + 0{,}20)(1 + 0) = (1 + \Delta P)(1 + 0{,}05)$$

Como se deseja saber a variação dos preços e esta, na verdade, é a única variável desconhecida na equação, *temos*:

$$1 + \Delta P = \frac{(1 + 0{,}20)(1 + 0)}{(1 + 0{,}05)} = \frac{1{,}20}{1{,}05}$$

$1 + \Delta P = 1{,}1429 \Rightarrow$ A variação nos preços (ΔP) será de 14,29%

Na concepção dos quantitativistas, a expansão inicial de M gera um excesso de caixa nas mãos dos agentes econômicos, para um dado nível de produção. Se esse excesso fosse entesourado nada ocorreria mas, como é de se prever, esse aumento de caixa produzirá uma elevação nos gastos e, dado que a produção não pode se ajustar automaticamente, a expansão de M provoca um excesso de demanda que por sua vez impactará o nível de preço (P).

Mesmo simples, é uma teoria aceita como explicativa do fenômeno inflacionário, associado a excesso de oferta monetária que provoca elevação da demanda agregada não correspondida, na mesma proporção, pela atividade produtiva. E sempre que esse fenômeno se fizer presente, os quantitativistas prognosticam um ajuste, contraindo o volume de dinheiro na economia acionando os instrumentos de política monetária disponíveis.

Há, no entanto, opositores à TQM que afirmam existirem outros fatores que afetam o nível de preços, além da oferta monetária excessiva: pressões salariais, safra pequena, aumento de preços dos produtos administrados pelo Estado (Serviços Públicos).

Para as economias capitalistas fortemente oligopolizadas, ou onde o Estado participa como agente econômico, a correlação entre Oferta Monetária e Nível de Preços parece não ser plenamente aceitável, pois uma política de contenção dos meios de pagamento poderá induzir as empresas a elevarem os preços na tentativa de manter uma margem de lucro.

Para Milton Friedman, o único instrumento relevante para o controle inflacionário é a Política Monetária. Os problemas de controle de gastos públicos, política salarial ou de preços não financiados por expansão dos meios de pagamento pouco importam para os objetivos antiinflacionários.

Capítulo 3 - Demanda por Moeda e Taxa de Juros

Apesar de a análise ser feita considerando-se a velocidade da moeda (v) constante, alguns fatores podem modificar seu valor ao longo do tempo. Os efeitos mais comuns são mudanças na estrutura da economia: aumenta em períodos de escassez, quando as pessoas antecipam despesas; diminui em épocas de aperto de crédito.

Os efeitos de uma expansão monetária são:

a) Aumento da demanda interna de bens e serviços.

b) Diminuição a curto prazo das taxas de juros.

c) Aumento do produto real, pela maior demanda interna.

d) Aumento das importações pela maior demanda interna.

e) Diminuição das exportações pela redução dos excedentes de produção.

f) Aumento dos preços, que é a ultima conseqüência da expansão monetária.

Podemos também citar efeitos de uma contenção monetária:

a) Inicialmente sobem os juros como conseqüência da menor oferta de recursos.

b) Depois se observa redução do ritmo de crescimento da atividade econômica.

c) Finalmente se observa redução na taxa de inflação.

3.1. Versão de Milton Friedman para Teoria Quantitativa da Moeda

De acordo com esquema desenvolvido por Suzigam e Peláez (1978), para Milton Friedman, a Teoria Quantitativa da Moeda é uma teoria de demanda por moeda e não uma teoria do produto ou do nível de preços.

Friedman criticou a TQM por ser uma equação de troca, não passando de uma tautologia, além de considerar a economia em pleno emprego. A moeda é considerada como um ativo, na forma de manter riqueza para as famílias e bens de capital e serviço produtivo para as empresas.

A demanda de moeda será afetada pela riqueza total, pela preferência em aplicação dos seus ativos, e pela restrição orçamentária das pessoas.

A demanda por moeda será expressa por:

$$M = f(Y, W, r_m, r_b, r_e, \frac{1}{P} \cdot \frac{d_p}{d_t}, P, U)$$

Onde:

Y = renda nominal e $y = Y/P$ renda real;

P = nível de preços que afeta o rendimento real de cada unidade de riqueza detido sob a forma de M;

W = relação riqueza não-humana/riqueza total;

r_m = taxa nominal esperada de rendimento da moeda;

r_b = taxa nominal de rendimento de ativos com valor fixo;

r_e = taxa nominal esperada de rendimento das ações;

$\dfrac{1}{P} \cdot \dfrac{d_p}{d_t}$ = rendimento esperado de cada unidade monetária, pela variação dos preços dos bens. É a taxa nominal esperada de rendimento de ativos reais;

U = é a função utilidade que reflete a preferência e tenta captar o efeito de variação no gosto e preferência individuais na quantidade demandada de moeda.

Utilizando a homogeneidade de 1º grau, com fator de proporcionalidade 1/p, obtém-se:

$$M\ f(Y, W, rm, rb, re, \dfrac{1}{P} \cdot \dfrac{d_p}{d_t}, U)\ \text{onde } Y = \dfrac{Y}{P}$$

Essa expressão representa a procura de liquidez real, em função das variáveis reais. Utilizando a homogeneidade de 1º grau, proporcionada por 1/Y, obtém-se:

$$Y = V(Y, W, rm, rb, re, \dfrac{1}{P} \cdot \dfrac{d_p}{d_t}, U)\ M$$

o que significa a mesma coisa do que escrever:

$$MV = PY,$$

pois y, da expressão (1), pode ser expresso por $y = PY$.

A novidade importante introduzida por Friedman é de considerar V como função de variáveis específicas.

A demanda por moeda por parte das empresas é obtida a partir da minimização dos custos que pode ser interpretada na equação de demanda por moeda como função dos custos de oportunidade, para a empresa, de reter moeda em resposta à escala de produção.

Em uma economia, a quantidade de moeda é determinada pelo volume de transação dessa economia ou pela sua renda real, dado certos fatores institucionais como hábitos de pagamento. Apesar de considerada constante, no curto prazo, pelos clássicos, a velocidade de circulação da moeda pode variar no curto prazo, em função da demanda especulativa por moeda, definida por Keynes e, ao longo prazo, em função de mudanças nos fatores institucionais e nos hábitos dos agentes econômicos.

Simonsen analisa os aspectos da importância da teoria quantitativa da moeda, afirmando que:

"Num período de desaceleração da inflação, o crescimento percentual dos meios de pagamento deve ficar abaixo da taxa de aumento do preço composta com a expansão do produto real. Essa regra representa um desvio transitório em relação à normalidade da teoria quantitativa, e deve durar até que a inflação desça ao patamar desejado. Trata-se de evitar que a política monetária sancione positivamente as altas de preços passadas, transformando-a num determinante ativo de menor inflação futura" (Simonsen, 1977).

Tais mecanismos para o controle dos agregados monetários são basicamente aqueles em que o Banco Central atua na capacidade dos bancos em criarem meios de pagamento.

Uma crítica que se faz à versão de Friedman é que ele considerou a oferta de moeda exógena, quando ela é função da demanda por crédito. As Autoridades Monetárias simplesmente expandem os meios de pagamento respondendo à demanda. Mas Friedman se preocupava com o equilíbrio monetário, resultante da TQM com uma oferta monetária exógena.

4. O Mecanismo Cumulativo de Wicksell

Esse modelo explica a alta de preços pelo excesso de procura global por recursos financeiros. Descreve a interferência do mercado de capitais na poupança e no investimento, mostrando como se processa o aumento de meios de pagamento. É um modelo que explica o elo existente entre o setor real e o monetário, tendo a taxa de juros como elemento principal.

Diferentemente da teoria quantitativa da moeda, Wicksell justifica que não é um aumento da oferta de moeda que explica a inflação, mas um excesso na demanda global que provoca desvios na taxa de juros de equilíbrio.

O equilíbrio entre poupança e investimento determina uma taxa de juros que satisfará tanto aos poupadores como aos investidores e os bancos não precisarão suprir o mercado de empréstimos, porque os recursos existentes no mercado de capitais são suficientes para manter o mercado em equilíbrio, o que significa dizer que no mercado monetário os poupadores estão ofertando recursos na mesma proporção que as empresas estão dispostas a captar.

Wicksell observa a existência de duas taxas de juros: a taxa de juros natural, real ou normal, e a taxa de juros nominal ou de mercado. A taxa de juros que possibilita o equilíbrio na economia é denominada de taxa de juros natural, real ou normal. A taxa de juros de mercado, por sua vez, é determinada com relação à oferta e demanda por empréstimos.

O excesso na demanda por recursos está associado a desvios da taxa de juros de equilíbrio, que poderão provocar uma elevação dos meios de pagamento pela expansão do crédito bancário. Se, por uma razão qualquer, a taxa de juros de curto prazo encontra-se abaixo daquela que o mercado aceita como de equilíbrio, haverá uma elevação na demanda por empréstimos, ao mesmo tempo em que os poupadores reduzirão suas ofertas de recursos. A elevação do empréstimo bancário provocará uma expansão dos meios de pagamento por moeda escritural. Como os recursos bancários são limitados pelos depósitos e pela capacidade do multiplicador bancário, a taxa de juros deverá ser o instrumento principal de ajuste. Logo que o Banco Central acenar para os juros mais elevados, a demanda por crédito se contrairá e o equilíbrio será restabelecido.

Para uma situação inversa, isto é, para taxas de juros superiores ao equilíbrio, a oferta de poupança se torna superior à demanda de recursos para investimento. Há uma contração dos meios de pagamento, que provoca uma queda na demanda global, tendo como conseqüência a queda de preços.

4.1 Hipóteses do Modelo

Esse é um modelo clássico e, para facilitar o raciocínio, foram introduzidas algumas hipóteses significativas do modelo, entre as quais:

a) Considera um mercado de capitais perfeito;

b) Não há riscos e existe apenas uma taxa de juros;

c) Qualquer empresa pode tomar emprestado a quantia que desejar, desde que se disponha a pagar a taxa de juros vigente no mercado;

Capítulo 3 - Demanda por Moeda e Taxa de Juros   91

d) Todas as poupanças são aplicadas em títulos emitidos pelas empresas que desejam investir;

e) Não há entesouramento, isto é, os indivíduos preferem aplicar o dinheiro a guardá-lo, uma vez que a moeda é indesejável como forma duradoura de patrimônio, segundo a concepção neoclássica.

4.2 Análise

Como a hipótese básica indica um mercado de capitais perfeito, tem-se que tanto a poupança voluntária como o investimento são funções da taxa de juros.

a) Poupança - É uma função crescente da taxa de juros. Quanto maior for r, maior a disposição de se sacrificar o consumo presente e poupar o recurso para consumir no futuro.

$$\left(\frac{d_s}{d_r} > 0\right)$$

Apesar de o nível de renda ser um componente extremamente importante na análise da poupança, segundo análise keynesiana, ela não é levada em consideração por Wicksell.

b) Investimento - É função decrescente da taxa de juros. Quanto menor a taxa de juros, maior a disposição das empresas em aumentar seus investimentos. Quanto maior a taxa de juros, mais as empresas cortam seus investimentos, limitando-se aos projetos mais rentáveis.

$$\left(\frac{d_I}{d_r} < 0\right)$$

c) Existe uma taxa de juros natural (r_o), que equilibra a poupança com investimentos - Em r_o, os bancos não precisam expandir ou contrair seus empréstimos, porque os recursos existentes no mercado de capitais são suficientes para manter o mercado em equilíbrio, o que significa dizer que no mercado monetário os poupadores estão ofertando recursos na mesma proporção que as empresas estão dispostas a captar; enquanto que do lado real haverá equilíbrio no mercado de bens e serviços, pois o que os poupadores deixam de gastar coincide com o que os investidores desembolsam adquirindo bens de capital. Essa é uma situação em que o PIB potencial é igual ao PIB efetivo, não havendo, portanto, pressão de demanda.

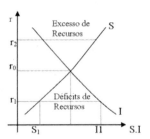

Podemos encontrar duas situações em que a taxa de juros é diferente da taxa natural:

a) Em r_1: a essa taxa o desejo de investir encontra-se em $I_1 > S_1$ (nível de poupança). Dessa forma, o excesso de oferta de títulos força os bancos a expandirem seus empréstimos para complementação do investimento.

A expansão dos empréstimos provoca criação de meios de pagamento que implica o aumento de preços, por desequilibrar o mercado monetário e o mercado de bens e serviços. Do lado do mercado monetário, observa-se uma excesso de oferta de títulos em relação à procura dos poupadores que não se sentem estimulados a ofertar sua poupança a uma taxa inferior ao equilíbrio. Para suprir esse excesso de títulos e falta de recursos, os bancos elevam seus empréstimos, expandindo os meios de pagamento. Como os bancos têm seu limite de expansão dos empréstimos, é obvio que a taxa de juros tenderá a se acelerar diante da pressão da demanda por recursos.

Com a elevação dos investimentos, em que as empresas aumentam seus gastos com bens de capitais numa proporção maior ao volume que os poupadores deixam de gastar adquirindo títulos, poderá acontecer uma expansão do produto real, através do aumento da demanda por bens e serviços, ocasionando um crescimento dos preços à medida que for atingido o pleno emprego, situação essa em que o PIB efetivo se torna maior do que o PIB potencial.

b) Em r_2: a oferta de poupança se torna superior à demanda de fundos para investir. Há uma contração dos meios de pagamento, que provoca uma queda na demanda global, tendo como conseqüência a queda dos preços.

O desvio da taxa de juros em relação à taxa natural de equilíbrio ocorre devido à dificuldade que os bancos têm em se ajustar imediatamente a flutuações ocorridas no comportamento do mercado de bens e serviços, em que se verifica alteração na curva de poupança ou investimento.

Suponhamos, a partir de um ponto original de equilíbrio em A, uma elevação do investimento de I para I'. A taxa natural de juros se deslocaria automaticamente para r_2 se os bancos fizessem imediatamente, e em proporção ideal, seu ajuste. Acontece que os bancos sabem que a elevação do investimento trará como conseqüência uma pressão de mercado. Elevam, então, os juros para r_1, por não saberem exatamente a proporção exata da taxa a ser alcançada. A nova taxa gerará um processo inflacionário porque ela ainda será inferior à taxa natural, exigindo complementação de recursos via empréstimos bancários, processo já explicado anteriormente.

Claro que este modelo, por ser bastante simples, apresenta suas limitações, principalmente a partir das formulações de suas hipóteses básicas, mas nem por isso deixa de ser um valioso instrumento.

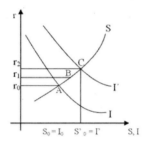

5. A Exogeneidade e Endogeneidade da Moeda

Essas teorias de demanda por moeda são discutidas quanto à sua aplicabilidade em função da real capacidade do banco central em poder controlar a quantidade de moeda, ou seja, quanto a exogeneidade da moeda, posição defendida pelos quantitativistas. Por outro lado há os que vêem dificuldades nesse controle, que é a posição que considera a moeda endógena. Vejamos esses argumentos;

A argumentação favorável à postulação de que a moeda é uma variável exógena está na premissa de que ela pode ser diretamente controlada pela Autoridade Monetária. O principio da exogeneidade está ligado ao fim do padrão ouro e à transformação no sistema de emissão de papel-moeda inconversível, uma vez que, nesse sistema, não há necessidade da existência do equivalente ao metal. O Estado pode emitir, enquanto consegue manter a coerção do curso forçado, tornando-se credor em última instância.

Para o pensamento monetarista é necessária a ação do Banco Central para impedir que ele sancione ativamente perdas de certos setores com a inflação, por meio de emissão ou crédito bancário excessivo, controlando rigidamente a moeda e dando-lhe a propriedade de exogeneidade.

Os antiquantitativistas consideram o processo de oferta monetária endógena, no sentido de sensibilidade em relação à demanda. A demanda por moeda-manual apresenta a característica de sazonalidade, refletida nas oscilações diárias da necessidade de demanda por moeda, que muitas vezes ocorre de maneira imprevisível para o mercado, forçando o sistema bancário a atender a quantidade de moeda desejada. Caso o sistema esteja sem liquidez, terá que recorrer ao Banco Central demandando redesconto, que terá de sancionar essa demanda, expandindo a base monetária. Observa-se, pois, que para Wicksell o ajuste da inflação deve ser alcançado ajustando a demanda global de recursos, tendo a taxa de juros como instrumento mais adequado ao resultado desejado.

A preocupação, portanto, de Wicksell encontra-se na observação de parâmetros que conduzem à expansão do crédito do que os que levam às expansões da moeda, segundo Amado (1992). Este autor baseia sua análise dos fatores geradores de expansão do crédito em seus conceitos de taxa de juros natural e de mercado. A taxa natural de juros é utilizada, pelos empresários, como parâmetro para a comparação com a taxa de juros de mercado. Os empresários só tomarão empréstimos, quando a taxa de mercado foi inferior à taxa natural.

Nesse sentido, a teoria de Wicksell pode ser analisada pelo ângulo da exogeneidade da moeda partindo-se do principio de que expansões na oferta monetária levariam a uma redução da taxa de juros de mercado, provocando um diferencial entre esta taxa e o equilíbrio natural, criando expansão no crédito, porque os empresários irão expandir seus investimentos demandando crédito bancário.

Por outro lado, quando a taxa natural varia, como decorrência de mudanças endógenas ao sistema econômico, mudanças que são determinadas pelas variáveis reais, ocorre outro fato gerador de diferencial de taxas que não imediatamente percebidas pelos bancos. Se a taxa de mercado fica abaixo da natural, este fenômeno endógeno provoca uma expansão do crédito bancário.

Esta percepção ficou bastante clara na condução da política monetária brasileira até início da década de 1980, quando o Banco Central administrava a taxa de juros, supostamente abaixo da taxa natural, para incentivar a demanda por crédito e fazer face à programação de crescimento dos agregados monetários.

Capítulo 3 - Demanda por Moeda e Taxa de Juros

Posteriormente, o Banco Central reconheceu o caráter endógeno da moeda, principalmente após o Plano Cruzado, em 1986, quando passa a fazer a política monetária a partir da condução da política de juros que impactasse a demanda por crédito. O maior determinante das variáveis reais e preço é, sem dúvida, a taxa de juros. Cabe ao Banco Central agir no mercado de forma a determinar a taxa de juros que equilibre a economia. Apesar da simplicidade da teoria de Wicksell, pode-se aceitá-la como parâmetro de comportamento dos agentes e como efeito de controle monetário através da taxa de juros, que é o preço da escassez ou excesso de dinheiro na economia.

Cabe, então, aos gestores da política monetária diagnosticar com clareza as razões da elevação de preços e definir, naquele momento, o aspecto do controle da moeda por parte do Banco Central; se pelo controle direto dos agregados monetários, conforme pensamento quantativista ou pelo controle dos juros, de acordo com a teoria de Wicksell. É muito difícil tentar fazer as duas coisas ao mesmo tempo, embora a evidência dos diversos países nos mostre que a utilização conjunta de taxas de juros e agregados monetários como indicador de política não é um problema sem solução rígida e sem o atendimento dos objetivos de política local.

O pensamento pós-keynesiano acredita que a taxa de juros pode ser controlada pelo Banco Central, por ajustamentos na taxa de redescontos ou taxa de intervenção de mercado aberto. As taxas de juros internacionais e a taxa de câmbio, que refletem o nível de reservas internacionais que, por sua vez, afetam a base monetária, são importantes referenciais a levar em consideração quando se decide ajustar a taxa de redesconto e a taxa de mercado aberto para afetar as taxas de juros de mercado.

Assinala Amado (1992) em sua análise sobre a exogeneidade da moeda que quando a moeda surge como decorrência das necessidades reais da economia, ou seja, a lógica de funcionamento do sistema econômico cria a moeda e encarrega-se de reproduzi-la, trabalha-se com um conceito de moeda endógena. Por outro lado, quando a inserção da moeda no sistema econômico é observada como algo que não se vincula às necessidades intrínsecas do mesmo, como algo desvinculado da lógica própria desse sistema, é vista como exógena.

Para o pensamento monetarista é necessária a ação do Banco Central para impedir que ele sancione ativamente perdas de certos setores com a inflação, através de emissão ou crédito bancário excessivo, controlando rigidamente a moeda, dando-lhe a propriedade de exogeneidade .

Segundo Simonsen,

"Keynes atacou o problema da teoria quantitativa. A procura por moeda passou a considerar-se dependente, não apenas da moeda nominal, mas também da taxa de juros, pela ação da componente especulativa. Com isso ia por água abaixo a hipótese da constância da velocidade – renda da moeda. Com uma taxa de juros suficientemente baixa, que virtualmente levasse ao infinito a elasticidade da procura especulativa, a política monetária poderia tornar-se inteiramente inócua, do ponto de vista da criação da demanda global. Se o Banco Central resolvesse expandir os meios de pagamento pela técnica usual da compra de títulos no mercado, o resultado prático seria engordar os encaixes dos especuladores que tratariam de se livrar rapidamente dos seus títulos em carteira" (1978).

Na discussão de definição de exogeneidade por meio de uma política de juros está a possibilidade de o Banco Central influenciar o mercado financeiro a praticar uma taxa de juros suficientemente elevada para desencorajar a demanda por crédito, mas quando o Banco Central fixa apenas a taxa de juros, tanto a base monetária quanto a oferta de meios de pagamentos são endógenos, porque o Banco Central não tem como fixar o efeito na oferta quantitativa dos agregados monetários.

Da Costa (1993) argumenta que o significado da endogeneidade da moeda não é no sentido que Bancos Centrais são importantes, ou passivos, ou devem necessariamente acomodar a criação de moeda pelos bancos comerciais, mas mais exatamente que simplesmente seu instrumento de controle monetário é o preço e não quantidade de moeda. Em outras palavras, as Autoridades Monetárias influenciam as decisões dos agentes econômicos via política de taxa de juros, um mecanismo de transmissão indireto dos fatores monetários aos reais.

O Ex-Ministro Simonsen, quando ainda no poder, já afirmava:

"Não há mágica em manter baixas taxas de juros quando muitos querem investir e poucos se dispõem a poupar; segundo, que quanto maior a folga de liquidez, menor a taxa de juros, e vice-versa. Nesse particular, a fórmula mais eficiente para baixar juros a curto prazo consiste em apertar o acelerador da expansão dos meios de pagamento. O defeito dessa fórmula, que já há oitenta anos foi diagnosticada por Wicksell, e que ela conduz à alegria dos psicotrópicos. Pois não há como evitar, algum tempo depois, a explosão das pressões inflacionárias de demanda".(1978)

Capítulo 3 - Demanda por Moeda e Taxa de Juros 97

Podemos concluir que, quando a oferta monetária considerada endógena não significa dizer que o Banco Central não possa fazer Política Monetária, mas deve concentrar seus esforços no preço da moeda, isto é, na taxa de juros, em vez controlar a quantidade de moeda.

6. A Importância da Taxa de Juros

A taxa de juros constitui-se no mais importante instrumento de política monetária à disposição do Banco Central, porque permite, pela sua manipulação afetar o nível de atividade econômica e de preços. Em virtude dos efeitos significativos que a taxa de juros provoca sobre toda a economia, a opinião pública, em geral, acompanha de perto as decisões do Banco Central sobre o seu nível e trajetória. A simples expectativa de mudança já é suficiente para causar efeitos econômicos.

Os bancos centrais só têm a capacidade de definirem a taxa nominal de juros de curto prazo, não tendo o poder de definirem a taxa real de juros[1]. Na maioria das vezes o Banco Central tenta elevar a taxa real de juros, elevando a taxa nominal, sem, no entanto, ter certeza se sua ação será bem sucedida.

Há, na economia, vários tipos de taxas de juros: taxas de poupança, taxas de empréstimo, taxas de financiamento etc. Além disso, elas diferem de acordo com o prazo, sendo classificadas como de curto, médio e longo prazos. Na verdade, apesar das várias taxas existentes, o Banco Central controla diretamente apenas a taxa de juros do mercado de reservas bancárias. É nesse mercado específico, e pouco conhecido pela população, que ele pratica a política monetária e influencia as demais taxas da economia.

A taxa de juros é um fator fundamental da Política Monetária, porque sua influência é direta sobre o nível de reservas dos bancos comerciais, sobre os empréstimos de liquidez, sobre o mercado aberto e, como conseqüência, sobre o nível de preços que se correlacionam diretamente com a taxa de juros de mercado.

Podemos listar alguns princípios básicos que determinam a taxa de juros:

a) A expectativa inflacionária é um fator fundamental na determinação da taxa de juros. Quanto maior for a expectativa, maior tenderá a ser a taxa de juros nominal. Sendo a expectativa inflacionária muito forte, a demanda de investimentos e de outros dispêndios sensíveis ao custo do dinheiro poderá

---

[1] Taxa real de juros é a taxa nominal descontada da inflação, em um período determinado

aumentar, tendo em vista a necessidade de antecipar esses dispêndios para pagar a dívida com a moeda desvalorizada.

b) A curto prazo, a expansão monetária provoca a redução na taxa de juros, já que aumenta a oferta de recursos.

c) A taxa de juros aumenta, à medida que se elevam as despesas públicas, porque cresce a demanda de bens e serviços, além de o governo competir na demanda de recursos.

d) A taxa de juros no mercado será maior, à medida que o governo obrigar os bancos a emprestarem a taxas subsidiadas, diminuindo as disponibilidades livres.

e) A taxa de juros no mercado internacional funciona como termômetro de taxa interna.

No Brasil, o Banco Central considera a taxa de juros básica, a "Taxa SELIC", que é definida periodicamente pelo Comitê de Política Monetária (COPOM), como instrumento manipulador da economia para o ajuste da meta de inflação (Veja BOX no final).

O texto a seguir reproduzido foi divulgado pelo Banco Central do Brasil no anexo do Relatório de Inflação de junho de 1999 e dado sua importância e por ser uma análise que baliza a decisão do Comitê de Política Monetária (COPOM) em decidir a taxa SELIC, em consonância com o sistema de metas para inflação adotado no Brasil a partir de 1999, reproduziremos na íntegra:

7. O mecanismo de transmissão da política monetária no Brasil e a definição da taxa SELIC [2]

Ao longo dos últimos anos, começou-se a formar um consenso, entre economistas e bancos centrais, que o objetivo principal da política monetária deve ser a obtenção e a manutenção da estabilidade de preços. Com esse intuito, começou a ganhar importância a adoção, pelo Banco Central, de uma estratégia de política monetária cuja característica principal é antecipar-se a quaisquer pressões inflacionárias futuras.

O caráter preventivo da política monetária justifica-se não apenas pelo menor custo social associado a uma política prospectiva que se antecipa a eventos

---

[2] Banco Central do Brasil – Relatório de Inflação. Junho de 1999

Capítulo 3 - Demanda por Moeda e Taxa de Juros

futuros mas, sobretudo, às suas próprias limitações no controle da inflação. Dentro dessa nova estratégia, um aspecto chave é o conhecimento do mecanismo de transmissão da política monetária, isto é, o estudo dos diversos efeitos produzidos pela política monetária na economia.

Apesar da maioria dos economistas concordarem em relação aos efeitos qualitativos da política monetária(e.g. um aumento da taxa de juros deprime, no curto prazo, a atividade econômica e diminui a inflação) sobre a economia, persistem discordâncias a respeito da magnitude desses efeitos e, principalmente, dos canais pelos quais esses efeitos se propagam na economia.

Vale observar que a despeito da identificação dos canais pelos quais a política monetária propaga-se pela economia, e a intensidade de cada um deles, o mecanismo de transmissão varia de acordo com as características de cada economia. Por exemplo, a taxa de câmbio, reconhecida como um importante canal de transmissão da política monetária, perde relevância em economias cujas taxas de câmbio são fixas. Da mesma forma, naquelas economias com sistemas financeiros pouco desenvolvidos, o canal de crédito tem pouca importância.

Os principais canais de transmissão da política monetária são: taxa de juros, taxa de câmbio, preço dos ativos, crédito e expectativas[3]. Ao afetar essas variáveis, as decisões de política monetária influem sobre os níveis de poupança, investimento e gasto de pessoas e empresas, que, por sua vez, afetam a demanda agregada e, por último, a taxa de inflação.

Antes de começar a descrever como funciona cada um desses canais, é importante ressaltar que a política monetária produz efeitos reais apenas no curto e médio prazos, ou seja, no longo prazo a moeda é neutra. O único efeito existente no longo prazo é sobre o nível de preços da economia. Deve-se notar que outros fatores também influem no nível de preços da economia no curto prazo como, por exemplo, um choque agrícola ou um aumento de impostos.

Como foi dito acima, a simples expectativa de mudanças na taxa de juros já é capaz de produzir efeitos na economia, por exemplo, as demais taxas de juros podem começar a se ajustar antes mesmo do Banco Central mudar oficialmente a taxa de juros. Portanto, em benefício da clareza analítica, supor-se-á que as mudanças na taxa de juros não são antecipadas pelo mercado.

---

[3] Quando se fala em preços de ativos, quer-se dizer outros preços de ativos além da taxa de câmbio e de juros

Temos, então, os principais canais de transmissão da política monetária, a saber:

a) O canal de transmissão por intermédio das taxas de juros é o canal mais conhecido da política monetária, sendo o mais utilizado nos livros-texto[4]. Ao subir a taxa nominal de juros de curtíssimo prazo, que é a taxa de juros que o Banco Central controla, o aumento se propaga por toda a estrutura a termo da taxa de juros, principalmente para as taxas de prazo mais curto, onde são verificados os maiores efeitos. Considerando-se que no curto prazo os preços são rígidos, a ação do Banco Central também eleva as taxas reais de juros.

Por sua vez, a taxa real de juros é a taxa relevante para as decisões de investimento. Dessa forma, ao elevar o custo do capital, a subida da taxa real de juros diminui o investimento, seja em capital fixo, seja em estoques. Por sua vez, a queda do investimento reduz a demanda agregada. Além disso, a literatura sobre o mecanismo de transmissão da política monetária mostra claramente que as decisões dos consumidores em relação à compra de bens duráveis também podem ser encaradas como decisões de investimento. Portanto, a subida da taxa real de juros também diminui o consumo de bens duráveis.

b) O canal de transmissão da política monetária por meio da taxa de câmbio, principalmente para economias abertas. Não obstante a economia brasileira ser relativamente fechada, o canal da taxa de câmbio produz efeitos importantes, valendo a pena descrever seu funcionamento. Como sabemos, ao subir a taxa de juros, o Banco Central ocasiona a valorização da moeda doméstica. Por sua vez, a valorização da taxa de câmbio transmite os efeitos da política monetária de três maneiras distintas.

Ao contrário dos demais canais, a taxa de câmbio exerce influência direta sobre o nível de preços através do preço doméstico dos bens comercializáveis internacionalmente. Com alguns produtos, como as mercadorias ("commodities"), esse efeito é particularmente rápido. Além disso, ela exerce efeitos indiretos sobre o nível de preços de duas maneiras. Primeiro, por meio dos bens produzidos internamente que se utilizam de matérias-primas importadas. Nesse caso, a valorização da taxa de câmbio diminui o custo de produção desses bens, ocasionando queda de seus preços. Segundo, a taxa de câmbio afeta indiretamente o nível de preços através da demanda agregada. Ao valorizar-

---

[4] O canal da taxa de juros é o tradicional canal implícito nas análises keynesianas sobre os efeitos da política monetária sobre a demanda agregada, sendo abordado na análise do conhecido modelo IS-LM

se, a taxa de câmbio torna os produtos importados mais baratos, deslocando a demanda dos bens domésticos por similares importados, diminuindo a demanda agregada e a pressão sobre o nível de preços. Sobre os efeitos da taxa de câmbio abordaremos no capítulo 5.

c) O canal de transmissão da política monetária por intermédio das expectativas. Outro canal importante, nem sempre abordado nos estudos sobre o mecanismo de transmissão da política monetária, é o canal das expectativas. Ao alterar a taxa de juros, a ação do Banco Central pode alterar as expectativas dos agentes econômicos quanto à evolução presente e futura da economia. Por exemplo, ao elevar a taxa de juros de curto prazo para evitar o surgimento da inflação, o Banco Central pode restabelecer a confiança no desempenho futuro da economia, e provocar uma queda nas taxas de juros esperadas para prazos mais longos. A queda da taxa de juros durante uma recessão pode significar que tempos melhores virão, estimulando o consumo da população. Por outro lado, vale observar que, devido à incerteza inerente aos efeitos da política monetária e à evolução da economia, muitas vezes uma mudança na taxa de juros pode produzir efeitos opostos aos esperados.

d) O canal de transmissão da política monetária por meio do crédito, que tem grande importância nos países industrializados. Ele pode ser representado pelos empréstimos bancários, e funciona da seguinte maneira: ao diminuir a taxa de juros, e aumentar o volume de reservas na economia, o Banco Central permite que os bancos comerciais aumentem seus empréstimos. Esses empréstimos são particularmente importantes para as pequenas empresas, que não têm acesso direto ao mercado de capitais (e.g. emissão de ações, debêntures etc.).

Portanto, o canal de crédito incentiva os gastos com investimento e, além disso, pode ser importante também para o consumo das pessoas. No Brasil, em decorrência do elevado grau de incerteza da economia no passado, das elevadas alíquotas dos depósitos compulsórios e dos impostos incidentes sobre a intermediação financeira, esse canal de transmissão da política monetária tem sido bastante prejudicado. Contudo, à medida em que a economia se estabilize e volte a crescer, ele pode vir a ser extremamente importante.

e) O canal de transmissão da política monetária através de variações na riqueza dos agentes econômicos, em virtude de alterações da taxa de juros. Por exemplo, geralmente uma queda das taxas de juros eleva o preço das ações, pois estimula o crescimento da economia e o lucro das empresas, mais ainda, o valor dos títulos públicos pré-fixados aumenta. Nessa situação, o aumento do volume de riqueza financeira faz com que as pessoas sintam-se mais ricas, estimulando o nível de consumo. Em alguns países, como nos Estados Unidos e na Inglaterra, esse canal tem alguma relevância. Contudo, não existem indícios suficientes de que esse seja um canal relevante na transmissão da política monetária no Brasil.

O gráfico mostra, de maneira simplificada, como esses mecanismos de transmissão da política monetária podem demonstrar seus efeitos sobre a demanda agregada. No Brasil, a definição da Taxa SELIC produz mecanismos de transmissão que podem levar ao cumprimento da meta de inflação para o ano. O COPOM analisa todos essas canais de transmissão, por meio dos efeitos nas diversas variáveis macroeconômicas, conforme o gráfico a seguir.

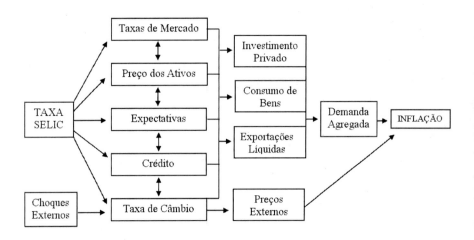

COPOM - Comitê de Política Monetária do Banco Central do Brasil

O Copom foi instituído em 20 de junho de 1996, com o objetivo de estabelecer as diretrizes da política monetária e de definir a taxa de juros. A criação do Comitê buscou proporcionar maior transparência e ritual adequado ao processo decisório, a exemplo do que já era adotado pelo Federal Open Market Committee (FOMC) do Banco Central dos Estados Unidos e pelo Central Bank Council, do Banco Central da Alemanha. Em junho de 1998, o Banco da Inglaterra também instituiu o seu Monetary Policy Committee (MPC), assim como o Banco Central Europeu, desde a criação da moeda única em janeiro de 1999. Atualmente, uma vasta gama de autoridades monetárias em todo o mundo adota uma prática semelhante, facilitando o processo decisório, a transparência e a comunicação com o público em geral.

Desde 1996, o Regulamento do Copom sofreu uma série de alterações no que se refere ao seu objetivo, à periodicidade das reuniões, à composição, e às atribuições e competências de seus integrantes. Essas alterações visaram não apenas aperfeiçoar o processo decisório no âmbito do Comitê, como também refletiram as mudanças de regime monetário.

Destaca-se a adoção, pelo Decreto 3.088, em 21 de junho de 1999, da sistemática de "metas para a inflação" como diretriz de política monetária. Desde então, as decisões do Copom passaram a ter como objetivo cumprir as metas para a inflação definidas pelo Conselho Monetário Nacional. Segundo o mesmo Decreto, se as metas não forem atingidas, cabe ao presidente do Banco Central divulgar, em Carta Aberta ao Ministro da Fazenda, os motivos do descumprimento, bem como as providências e prazo para o retorno da taxa de inflação aos limites estabelecidos.

Formalmente, os objetivos do Copom são "implementar a política monetária, definir a meta da taxa Selic e seu eventual viés, e analisar o 'Relatório de Inflação'". A taxa de juros fixada na reunião do Copom é a meta para taxa Selic (taxa média dos financiamentos diários, com lastro em títulos federais, apurados no Sistema Especial de Liquidação e Custódia), a qual vigora por todo o período entre reuniões ordinárias do Comitê. Se for o caso, o Copom também pode definir o viés, que é a prerrogativa dada ao presidente do Banco Central para alterar, na direção do viés, a meta para a taxa Selic a qualquer momento entre as reuniões ordinárias.

Desde 2000, as reuniões ordinárias do Copom são mensais, dividindo-se em dois dias: a primeira sessão às terças-feiras e a segunda às quartas-feiras. O calendário de reuniões ordinárias agendadas para cada ano é divulgado até o fim de outubro do ano anterior. O Copom é composto pelos membros da Diretoria Colegiada do Banco Central do Brasil: o presidente, que tem o voto de qualidade; e os diretores de Política Monetária, Política Econômica, Estudos Especiais, Assuntos Internacionais, Normas e Organização do Sistema Financeiro, Fiscalização, Liquidações e Desestatização, e Administração. Também participam do primeiro dia da reunião os chefes dos seguintes Departamentos do Banco Central: Departamento Econômico (Depec), Departamento de Operações das Reservas Internacionais (Depin), Departamento de Operações Bancárias e de Sistema de Pagamentos (Deban), Departamento de Operações do Mercado Aberto (Demab), Departamento de Estudos e Pesquisas (Depep), além do gerente-executivo da Gerência-Executiva de Relacionamento com Investidores (Gerin). Integram ainda a primeira sessão de trabalhos três consultores e o secretário-executivo da Diretoria, o assessor de imprensa, o assessor especial e, sempre que convocados, outros chefes de departamento convidados a discorrer sobre assuntos de suas áreas.

No primeiro dia das reuniões, os chefes de departamento e o gerente-executivo apresentam uma análise da conjuntura doméstica abrangendo inflação, nível de atividade, evolução dos agregados monetários, finanças públicas, balanço de pagamentos, economia internacional, mercado de câmbio, reservas internacionais, mercado monetário, operações de mercado aberto, avaliação prospectiva das tendências da inflação e expectativas gerais para variáveis macroeconômicas.

No segundo dia da reunião, do qual participam apenas os membros do Comitê e o chefe do Depep, sem direito a voto, os diretores de Política Monetária e de Política Econômica, após análise das projeções atualizadas para a inflação, apresentam alternativas para a taxa de juros de curto prazo e fazem recomendações acerca da política monetária. Em seguida, os demais membros do Copom fazem suas ponderações e apresentam eventuais propostas alternativas. Ao final, procede-se à votação das propostas, buscando-se, sempre que possível, o consenso. A decisão final - a meta para a taxa Selic e o viés, se houver - é imediatamente divulgada à imprensa ao mesmo tempo em que é expedido Comunicado através do

Capítulo 3 - Demanda por Moeda e Taxa de Juros 105

Sistema de Informações do Banco Central (Sisbacen).

As atas em português das reuniões do Copom são divulgadas às 8h30 da quinta-feira da semana posterior a cada reunião, dentro do prazo regulamentar de seis dias úteis, sendo publicadas na página do Banco Central na internet ("Notas da Reunião do Copom") e para a imprensa. A versão em inglês é divulgada com uma pequena defasagem de cerca de 24 horas.

A partir de 2006, o Banco Central mudou a sistemáticas das reuniões, tendo em vista a crescente normalização e estabilidade do ambiente econômico do país, que reduz a necessidade de decisões referentes à fixação da taxa de juros básica em maior freqüência e decidiu ampliar o intervalo entre reuniões do Comitê de Política Monetária (Copom). O período médio entre as reuniões passou de 30 dias para aproximadamente 44 dias. Isto implicou na realização de 8 (oito) reuniões ordinárias por ano, em vez das 12 (doze) reuniões como anteriormente.

Ao final de cada trimestre civil (março, junho, setembro e dezembro), o Copom publica, em português e em inglês, o documento "Relatório de Inflação", que analisa detalhadamente a conjuntura econômica e financeira do País, bem como apresenta suas projeções para a taxa de inflação.

Fonte: Banco Central do Brasil, em www.bcb.gov.br

8. Questões para Discussão

1. Analise graficamente e explique os tipos de demanda por moeda de Keynes, mostrando como é encontrado o equilíbrio no mercado monetário.

2. Explique por que, quando a demanda especulativa se torna completamente elástica, Keynes denominou essa situação de armadilha da liquidez.

3. Faça um paralelo entre a teoria quantitativa da moeda e a teoria de Wicksell, mostrando como as duas podem ser utilizadas para explicar o processo inflacionário.

4. Explique o mecanismo cumulativo descrito por Wicksell, analisando as situações em que a taxa de juros se encontra acima e abaixo da taxa natural.

5. Em que a versão de Friedman difere da versão original da TQM?

6. Com base na TQM, mostre como é possível um país fazer uma programação monetária adequada a seus objetivos de controle de preços e crescimento do PIB.

7. O que poderia acontecer, segundo a teoria de Wicksell, se houvesse uma queda na taxa de juros, admitindo-se que ela se encontra acima do equilíbrio?

8. Em um determinado ano, a expansão dos meios de pagamento de um país foi de 15%, os preços subiram de 10% e o produto real cresceu de 10%. Qual a taxa de variação da velocidade-renda da moeda?

9. Explique os principais mecanismos de transmissão de política monetária utilizados pelo COPOM para definir a taxa SELIC.

10. Discuta o modelo brasileiro, quanto a exogeneidade e endogeneidade para utilizar seus instrumentos monetários.

Capítulo 4

Política Monetária e Fiscal: Modelo Mundell-Fleming

1. Considerações Preliminares

Antes de nos aprofundarmos em uma análise mais detalhada sobre os efeitos da utilização dos instrumentos monetários, fiscais e cambiais na economia como um todo, isto é, da interação entre o mercado monetário interno e externo e o mercado de bens e serviços, analisaremos o mecanismo da política fiscal, uma vez que os mecanismos monetários já foram explicados isoladamente.

No Brasil, os principais indicadores fiscais de acompanhamento conjuntural são produzidos pelo Banco Central e pelo Tesouro Nacional. As informações fiscais divulgadas pelo Banco Central referem-se à dívida líquida, às necessidades de financiamento e ao resultado primário do setor público, discriminados por esfera de governo, enquanto o Tesouro Nacional é responsável pela divulgação dos itens não-financeiros de receitas e de despesas (resultado primário) do governo central.

A importância da política fiscal é fundamental para a condução da política econômica de um país. A execução do orçamento fiscal é que determina a necessidade ou não de o governo lançar títulos públicos ou emitir moeda. Se o país apresenta um déficit precisa ser financiado por emissão monetária ou por lançamento de títulos públicos. A primeira opção causa expansão dos meios de pagamento e a segunda uma elevação da taxa de juros de mercado.

É, portanto, fundamental que a política fiscal e a monetária sejam conduzidas de maneira tal, que nenhuma das duas desestabilize a economia.

Conhecidos os instrumentos de política monetária e fiscal, será possível desenvolvermos alguns exercícios teóricos mostrando a eficiência desses instrumentos, por intermédio de uma análise do modelo de Mundell-Fleming, envolvendo as curvas *IS-LM,* que são utilizadas para mostrar o comportamento de modificações na política monetária ou fiscal, ou em ambas simultaneamente.

Elas mostram como é possível conduzir as duas políticas ao mesmo tempo sem provocar desequilíbrios no mercado monetário e no de bens e serviços.

2. Política Fiscal

O objetivo básico da política fiscal é conduzir, com eficiência, a área administrativa do governo, promovendo o bem-estar da população com realização de obras de interesse da sociedade e a eficácia na arrecadação tributaria para fazer face às despesas orçamentárias.

Para execução de programas sociais e de aceleração do desenvolvimento econômico, o governo interfere no sistema econômico na prestação de serviços e produção de bens controlados pelo setor público. A execução é financiada pela receita tributaria que consiste na arrecadação de impostos e taxas dos diversos setores da economia.

Outra forma de financiamento das despesas do governo consiste na venda de títulos federais ao publico ou na obtenção de empréstimos no Sistema Financeiro Nacional e Internacional.

Se o governo adota uma postura de gastar mais do que arrecada, a primeira conseqüência será uma elevação na demanda agregada. Dependendo do nível de pleno emprego dos fatores econômicos, este comportamento poderá gerar uma pressão de demanda no mercado de bens e serviços, provocando uma elevação de preços.

A receita do orçamento fiscal é composta dos vários impostos diretos e indiretos cobrados à sociedade, além de taxas específicas. A despesa é distribuída entre o consumo e o investimento governamental. Havendo um desequilíbrio entre a previsão de receita tributária e dos gastos do Tesouro, ocasionando um excesso de despesas sobre receitas, essa diferença deverá ser financiada por uma emissão de moeda ou por lançamento de títulos, ou ambos.

Podemos representar uma situação do resultado orçamentário deficitário com a seguinte expressão:

Se $G > T \Rightarrow G - T > 0 \Rightarrow G - T > 0 \Rightarrow G - T = \Delta M + \Delta$ Títulos

Onde:

G = gastos correntes do governo;

T = total de receita do Governo;

Δ M = emissão de moeda e

Δ Títulos = lançamentos de títulos públicos.

Dependendo da execução orçamentária, teremos um superávit ou déficit orçamentário. A metodologia de apresentação das contas públicas apresenta alguns conceitos de resultado orçamentário (Veja BOX no final), que são apresentados a seguir, de acordo com o Banco Central.

2.1. Conceitos de apuração dos indicadores fiscais:

a) O resultado primário corresponde ao resultado nominal, denominado de Necessidade de Financiamento do Setor público (NFSP) menos os juros nominais incidentes sobre a dívida líquida interna e externa. Os juros incidentes sobre a dívida do setor público são determinados pelo nível da taxa de juros nominal interna e externa e pela dimensão dos déficit anteriores (dívida atual). A inclusão dos juros no cálculo do déficit dificulta a mensuração do efeito da política fiscal implementada pelo governo. Assim, o resultado primário é importante para avaliar a consistência entre as metas de política macroeconômicas e a sustentabilidade da dívida, ou seja, da capacidade do governo de honrar com seus compromissos.

Então, o **resultado primário** é dado por:

Se G > T ⇒ **Déficit Primário**

Se G < T ⇒ **Superávit Primário**

b) O Resultado Operacional: Em regimes de inflação elevada, as taxas de juros nominais carregam componente de atualização monetária, isto é, parte das taxas de juros corresponde apenas a manutenção do valor dos ativos. Conseqüentemente, o resultado nominal dependerá do nível de inflação, gerando superestimação do desequilíbrio orçamentário do setor público. O resultado operacional procura corrigir o efeito da inflação sobre o resultado nominal. Teoricamente, ele significa o resultado do setor público no caso de inflação zero. A hipótese básica para esse conceito é de que a inflação não traz distorções no lado real da economia, apenas com impacto no lado monetário. Assim, o resultado operacional deduz o componente inflacionário sobre o pagamento de juros incidente sobre a dívida líquida interna não indexada ao câmbio.

c) Resultado Nominal ou Necessidade de Financiamento: O resultado nominal é o mais tradicional dentro das necessidades de financiamento. Ele é calculado pela variação do endividamento líquido. O resultado nominal é constituído da variação da DLSP, descontada a variação da taxa de câmbio sobre os estoques de dívida interna indexada ao câmbio, de dívida externa e das reservas internacionais. Esses valores, que fazem parte da variação da DLSP e não constituem resultado nominal, são classificados como ajustes metodológicos da área interna e externa

d) Resultado Nominal com Desvalorização Cambial: Resultado nominal com desvalorização cambial sobre o estoque de dívida mobiliária. Este era o conceito tradicional do resultado nominal até 2001. A diferença entre o atual resultado nominal está no tratamento da dívida interna indexada ao câmbio. Neste conceito, o tratamento da dívida indexada é o mesmo da dívida interna. Assim, o resultado nominal com desvalorização é definido como a variação nominal dos saldos da dívida interna líquida, mais a variação da dívida externa líquida em dólares, convertida para reais pela taxa de câmbio.

Quando o governo adota política expansiva, para manter faixas de crescimentos do produto desejado, varias medidas podem ser tomadas, entre as quais aumentar gastos do governo, diminuir impostos, ou ambas. Para políticas de contenção inflacionária, a medida a ser adotada é a inversa: desaquecer um pouco a economia para diminuir seu ritmo.

Para manter o controle sobre os seus gastos e receitas, o governo elabora anualmente o orçamento da União, no qual é feita a programação de gastos setoriais, por área de atuação do governo no lado das aplicações. Do lado das origens dos recursos, consta a previsão de arrecadação dos diversos tipos de impostos existentes.

Os principais impostos e contribuições atualmente existentes no Brasil são:

a) Imposto de Renda - é aplicado diretamente sobre o ganho progressivo das pessoas físicas e jurídicas. É uma das principais fontes de renda do governo. Sua mecânica consiste na aplicação de alíquotas progressivas, procurando melhorar a distribuição de renda pessoal ou tributar em menor intensidade as pessoas de renda mais baixa. Alguma parcela é transferida para os Estados e Municípios na forma de Fundos de Participação dos Estados (FPE) e dos Municípios (FPM), constituindo-se em uma importante fonte de recursos para estes.

b) Imposto sobre Produtos Industrializados (IPI) - é aplicado na industrialização de produtos e sua função, além de arrecadar fundos para a União,

Capítulo 4 - Política Monetária e Fical: Modelo Mundell-Fleming

é a de servir como política fiscal no mercado em que sua incidência pode ser um fato de expansão ou contração da venda de determinado produto. É aplicado em produtos nacionais e estrangeiros, desde que sejam submetidos a qualquer processo de transformação. Da mesma forma que o Imposto de Renda, parte é transferida aos Estados e Municípios como Fundo de Participação, no mesmo percentual de participação do Imposto de Renda.

c) **Imposto de Importação** - sua finalidade é a de tornar seletivo o processo de importação, orientando o mercado para um processo ordenado de compra ao exterior. Atualmente, há uma incidência muito grande para importação de determinados bens considerados supérfluos. Toda arrecadação é destinada a União.

d) **Contribuição para o Programa de Integração Social e Programa de Formação do Patrimônio do Servidor Público (PIS/PASEP)** - Contribuições cobradas das pessoas jurídicas, sobre o faturamento das empresas (PIS) e das pessoas jurídicas de direito público interno, com base no valor mensal das receitas correntes arrecadadas a das transferências correntes e de capital recebidas.

e) **Imposto sobre Operações de Crédito, Câmbio e Seguro ou Relativos a Títulos ou Valores Mobiliários (IOF)** - Imposto cobrado das pessoas físicas e jurídica nas operações de crédito, nas operações de câmbio, nas operações de seguro e nas operações relativas a títulos e valores mobiliários, tais como cessão, resgate, repactuação e pagamento para liquidação de títulos e valores mobiliários. É um imposto aplicado sobre as operações de crédito, câmbio, seguro e operações com títulos e valores mobiliários.

f) **Contribuição para o Financiamento da Seguridade Social (COFINS)** - contribuição cobrada das pessoas jurídicas na venda de mercadorias e/ou serviços. Seus recursos são destinados à Seguridade Social, para custear despesas com atividades fins das áreas de saúde, previdência e assistência social. Atualmente tem-se constituído em fonte considerável de receita para a União.

g) **Contribuição Social sobre o Lucro Líquido da Pessoa Jurídica (CLPJ)** - Contribuição cobrada das pessoas jurídicas domiciliadas no Brasil e das que a elas se equiparam pela legislação tributária. E seu fato gerador é a aquisição de disponibilidade econômica ou jurídica de renda (o produto do capital) e de proventos (lucro auferido pelas empresas)

h) **Contribuição Provisória sobre Movimentação Financeira (CPMF)** - contribuição cobrada de titulares de contas correntes, contas correntes de empréstimos, contas de depósitos de poupança e de depósito judicial e dos bancos comerciais, bancos múltiplos com carteira comercial e caixas econômicas.. Os recursos são destinados ao Fundo Nacional de Saúde, para financiamento das ações e serviços de saúde (Orçamento da Seguridade Social) e Fundo de Combate e Erradicação da Pobreza.

Na Tabelas 4.1 e 4.2 a seguir, mostraremos como têm se comportado a arrecadação bruta das receitas federais e o resultado primário do governo central:

Tabela 4.1
Receita do Tesouro Nacional- Arrecadação pelo regime de competência.

(R$ milhões)1/

Fim de Período	IR	IPI	COFINS	CLPJ	PIS PASEP	CPMF	Outros Tributos(2)	TOTAL
2000	104.257	34.747	73.601	17.199	18.546	26.756	51.318	326.424
2001	108.600	32.558	77.618	15.711	19.079	28.567	47.069	329.232
2002	127.104	29.203	76.887	19.827	18.937	29.852	57.165	358.796
2003	111.028	23.596	71.135	19.953	20.775	27.530	52.995	327.012
2004	111.442	24.867	85.429	21.979	21.636	21.979	62.101	349.432
2005	128.208	27.206	89.463	26.865	22.557	30.108	49.497	373.905
2006(*)	122.920	25.906	85.594	26.772	22.523	26.483	49.601	360.799

Fonte: Secretaria da Receita Federal
1/ A preço do último mês (IGP-DI)
2/ IOF, Imposto de Importação, CIDE e Outros.
(*) Dados de nov/2006

Capítulo 4 – Política Monetária e Fical: Modelo Mundell-Fleming

Para o conceito do Resultado Primário, considera-se a Receita Total, ao somatório das receitas do Tesouro Nacional e da Previdência Social, deduzidas as restituições e incentivos fiscais e a Receita Total corresponde ao somatório das despesas do Tesouro Nacional e da Previdência Social, deduzidas as despesas de pagamentos juros, empréstimos e aplicações financeiras.

Tem-se, então o conceito de Resultado Primário, chamado "acima da linha":

Resultado Primário do Governo Central = Resultado Primário do Governo Federal + Resultado do Banco Central

---

Tabela 4.2
Resultado primário do Governo Central

(R$ milhões)

Final de Período	Receitas	Despesas	Resultado do Governo Central[1/]
2000	210.906	188.338	21.826
2001	236.518	213.131	22.910
2002	270.039	247.611	21.738
2003	319.629	287.139	31.713
2004	355.664	316.178	39.291
2005	418.377	433.854	49.365
2006(*)	441.740	385.890	55.687

Fonte: STN.
1/ (+) = superávit; (-) = déficit = Resultado do Governo Federal + Resultado do Banco Central.
(*) Dados de Outubro/2006

Normalmente, quando um país gasta mais do que arrecada, está provocando uma expansão de demanda de bens e serviços produzidos na economia. Se houver uma produção maior não acontecerá absolutamente nada, a não ser que esta produção extra seja feita às custas de um esforço além da capacidade normal. Esse desequilíbrio no mercado de bens e serviços gerará um desequilíbrio no fluxo monetário de remuneração dos fatores (recursos humanos, naturais e capitais), gerando desequilíbrio no mercado monetário.

Observamos, desta forma, o quanto é importante que a política fiscal seja elaborada em perfeita harmonia com a Política Monetária, para que o esforço de uma não seja destruído pela ação da outra.

Após o estudo dos instrumentos utilizados pela política fiscal, podemos agora fazer uma analise composta de atuação da política monetária com a fiscal, mostrando a interação entre mercado monetário e de bens e serviços, para discutirmos os efeitos de mudanças na política monetária ou fiscal sob a composição do produto a pleno emprego, e sobre o nível de preços.

3. O Modelo de Mundell-Fleming: Equilíbrio no Mercado de Bens e Serviços

As hipóteses fundamentais para que o mercado de bens e serviços se encontre em equilíbrio são estabelecidos a partir do equilíbrio entre poupança e investimento, admitindo-se o seguinte:

a) O investimento é função exclusiva da taxa de juros $I = I(r)$. O comportamento do investidor é o de planejar maiores níveis de investimentos à medida que a taxa de juros de mercado diminui, e vice-versa (veja gráfico a seguir).

b) A poupança é função exclusiva do nível de renda $S = S(y)$. Quanto maior a renda, maior tenderá a ser o nível de poupança. É representada por uma reta crescente, porque considera-se a propensão marginal a poupar constante

c) O Consumo é função da renda $C = C(Y)$, representado por uma reta crescente por causa da propensão a consumir constante.

d) O Gasto do Governo é dado. Nesse modelo esta variável é considerada exógena

e) A Tributação é função da renda: $T = T(Y)$. Também é representada por uma reta crescente em virtude da constância, no curto prazo, da propensão marginal a tributar.

f) O equilíbrio entre poupança e investimento A partir do modelo keynesiano, podemos chegar ao equilíbrio do mercado. A análise será desenvolvida com uma economia fechada, Isto é, sem transação com o exterior.

A função investimento é representada pelo gráfico a seguir:

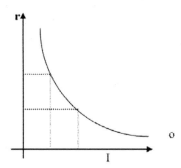

O modelo de equilíbrio é dado pelas variáveis abaixo e, para facilitar o raciocínio, não analisaremos, no atual estudo, o mercado externo.

O equilíbrio entre poupança e investimento será encontrado a partir das identidades da renda pela ótica das despesas e pela ótica da renda a seguir:

$$Y = C + I + G \quad e \quad Y = C + S + T$$

Das equações acima podemos concluir que:

$$Y - C = I + G \quad e \quad Y - C = S + T$$

Logo **I + G = S + T** representa o equilíbrio no mercado de bens e serviços.

O equilíbrio pode ser mostrado nos gráficos a seguir, resultando na curva *IS*, que é a curva de equilíbrio para o mercado de bens e serviços, para variadas taxas de juros.

a) A função S + T é função crescente da renda.

b) A função investimento é inversamente proporcional à taxa de juros: Ao aumentar a taxa de juros de r_0 para r_1, provocará um decréscimo no investimento (I), que resultará em uma diminuição da renda de Y_0 para Y_1.

Esse processo é visto no gráfico, pelo deslocamento para baixo da reta.

c) **A curva resultante dos pontos de equilíbrio** entre *I* e *S* a variadas taxas de juros, gerando níveis diferentes de renda, é denominada *IS*, que representa o equilíbrio do mercado de bens e serviços.

3.1 A curva IS

Esta curva mostra os pontos em que o nível do produto se equilibra com a despesa (*I* + *G* = *S* + *T*), para os vários níveis de taxas de juros.

Podemos afirmar que a curva IS representa a combinação de y e r, que equilibrarão o mercado de bens e serviços, no sentido de que o investimento planejado, mais despesas governamentais, se igualam à poupança planejada, mais impostos recebidos.

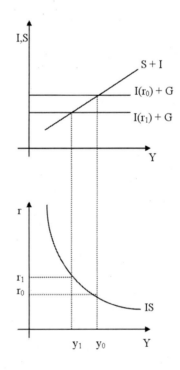

Capítulo 4 – Política Monetária e Fical: Modelo Mundell-Fleming   117

Pela origem da curva *IS*, podemos observar ser ela decrescente em relação à taxa de juros.

Qualquer que seja o ponto sobre a curva, significa equilíbrio no mercado de bens e serviços.

A política fiscal atuará modificando a curva, deslocando-a para a direita, se for adotada política expansiva, e para a esquerda, se política recessiva.

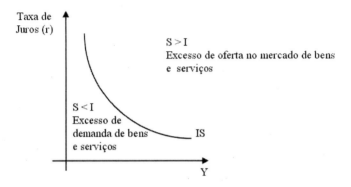

Os fatores que alteram (deslocam) a curva *IS* para a direita, indicando expansão do produto são:

a) Aumento na eficiência marginal do capital - é um fator técnico de rendimento crescente, não faz parte da política fiscal, apenas causa um efeito nos pontos de equilíbrio do mercado de bens e serviços.

b) Aumento das despesas públicas - provoca expansão na demanda de bens e serviços, levando o produto a se expandir a novos pontos de equilíbrio entre renda e despesa. O aumento de G corresponde a um deslocamento da função I + G.

c) Diminuição nos impostos - tem o mesmo efeito, porque a diminuição no Imposto de Renda aumenta a renda disponível, e diminuição em impostos tais como IPI, ICMS, IOF e Imposto de Importação reduz o preço final dos produtos, estimulando seu consumo e induzindo a um maior nível de renda, a uma mesma taxa de juros.

d) Aumento das exportações - desde que o excedente gerado exija crescimento da produção. Quanto maior a exportação, maior deverá ser a produção, independentemente da taxa de juros existente.

4. Equilíbrio no Mercado Monetário

O equilíbrio no mercado monetário será estabelecido por meio da interação entre a oferta e a demanda monetária.

a) A oferta monetária já foi definida por $M = PMP + D^P_{BC}$.

b) A demanda monetária será composta de dois componentes, segundo a versão keynesiana:

⇒ Um componente será a demanda para transação e precaução, destinadas a efetivar pagamentos em um determinado período, e será representado por $D_{tp} = K.P.Y$.

⇒ Um componente que depende da taxa de juros será a demanda especulativa, representada por $De = D(r)$.

O equilíbrio no mercado monetário será, então, dado por:

$$M = k.P.Y. + D(r)$$

Do equilíbrio monetário resultará a curva LM, representando uma combinação de r e y, que manterão o mercado monetário em equilíbrio, dadas uma oferta monetária e um nível de preços.

4.1 A Curva LM

A derivação da curva LM pode ser visualizada no gráfico a seguir, a partir dos componentes da demanda e oferta monetária.

A demanda para transação é uma função crescente da renda. Sua representação encontra-se na linha do quadrante sudeste.

A curva da demanda especulativa encontra-se no quadrante noroeste, e é representada por uma curva em função da taxa de juros.

A representação da equação de $M = KPy + D(r)$ pode, por um artifício, ser mostrada pela curva a sudoeste. A reta de 45 graus indica a existência de igualdade entre oferta e demanda monetária. Cada ponto desta curva nos dá uma combinação de demanda transacional e especulativa que se iguala à oferta de moeda.

Capítulo 4 - Política Monetária e Fical: Modelo Mundell-Fleming

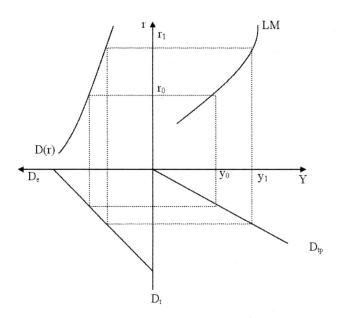

A partir da taxa de juros (r_0), é possível encontrar um ponto na curva da demanda especulativa e, a partir da curva de equilíbrio entre oferta e demanda, encontramos um ponto na curva de demanda transacional determinando, a partir daí, um nível de renda. Com esse artifício é possível encontrar um par de r e y, ou, mais precisamente, r_0 e y_0.

Fazendo o mesmo para uma taxa de juros, r_1, por exemplo, encontraremos um novo par r_1 e y_1, marcando um novo ponto na nova curva derivada desse processo que chamaremos de LM por denotar pontos de equilíbrio de r e y, os quais equilibram o mercado monetário.

A curva LM depende tanto de r como de y, denotando tendências ascendentes, na medida em que essas variáveis se elevam.

Os efeitos que provocam deslocamento da curva LM são:

a) Expansão dos meios de pagamentos, isto é, aumento da oferta de moeda desloca a curva LM para a direita e uma contração dos meios de pagamento desloca a LM para a esquerda.

b) Deslocamento para esquerda da curva de procura especulativa.

c) Deslocamento para baixo da mesma curva.

d) Deslocamento para cima da função de produção a curto prazo.

e) O aumento dos preços reduz a oferta real de moeda, criando um excesso de demanda no mercado monetário, nos níveis iniciais de y e r, fazendo com que r se eleve para equilibrar o mercado monetário, deslocando a curva LM para a esquerda.

A utilização de instrumentos de política monetária provocará efeito de deslocar a curva LM. Se a política monetária implementada é expansiva, ocorrerá um deslocamento da curva LM para a direita; caso seja restritiva, o deslocamento será para a esquerda.

Entretanto, a utilização de instrumentos de política fiscal afetará somente a curva *IS*. Se a política fiscal é recessiva, a curva *IS* se deslocará para a esquerda, gerando uma elevação da taxa de juros e um produto menor, enquanto que, se a política fiscal for expansionista, a curva se deslocará para a direita.

Mudança na política fiscal, provocada por aumento nos gastos governamentais ou diminuição nos impostos, desloca a *IS* para a direita, variando o produto de equilíbrio e taxa de juros.

Enquanto isso, qualquer mudança na política monetária desloca a curva LM, provocando novo ponto de equilíbrio do produto e da taxa de juros.

O que determina qual a política a ser adotada é o posicionamento do equilíbrio, levando-se em consideração a inclinação da curva LM.

No gráfico podem-se observar efeitos de uma política monetária fiscal e expansionista, provocando uma elevação da demanda agregada de Y_0 para Ye, definindo a taxa de juros (r_e) como novo equilíbrio.

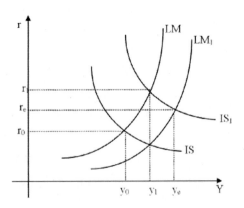

5. Políticas Restritivas e Expansionistas

A política econômica adotada por um país é implementada por intermédio de seus instrumentos monetários e fiscais, objetivando estabilizar tanto o mercado de bens e serviços como o monetário. Diante de cada situação, obter-se-á a política a ser seguida – se expansionista ou restritiva. O grande limitador é o pleno emprego, porque se a economia estiver operando com sua capacidade máxima, qualquer tentativa de expandir o produto ocasionará uma elevação dos preços.

Para tanto veremos alguns casos alternativos de política monetária ou fiscal, analisando seus resultados, conforme casos a seguir.

5.1 Políticas Fiscal e Monetárias Restritivas

Este é um caso típico utilizado pelo governo brasileiro a partir do ano de 1994, após a implementação do Plano Real, quando a política que predominou foi a de conter a demanda agregada, objetivando reduzir a taxa de inflação e ajustar a economia à sua nova realidade de desajuste no balanço de pagamentos. Sem analisarmos os resultados causados à economia, mostraremos apenas como será operacionalizada a política, sem entrar no mérito de sua validade.

Uma política monetária restritiva corresponderia a um deslocamento da curva *LM* para a esquerda, conforme se pode observar no gráfico a seguir. O resultado será a queda no nível de demanda agregada, como conseqüência de um maior aperto na oferta de moeda e do crédito.

A política fiscal, sendo também restritiva, resultará em um maior esforço recessivo. A grande duvida é quanto à taxa de juros, que será indefinida. Sua direção dependerá de intensidade da restrição fiscal.

O gráfico pode exemplificar melhor. Se a política fiscal deslocar *IS* para IS_1, a taxa de juros crescerá com o aperto fiscal e monetário, atingindo o ponto de r_2.

Se a política fiscal deslocar a curva *IS* para IS_2 ou IS_3, a taxa de juros mostrar-se-á decrescente. O que significa dizer que o ajuste depende da intensidade do ajuste fiscal, com o governo sendo obrigado a eliminar o déficit potencial.

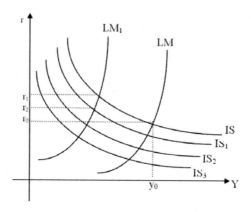

5.2 Política Fiscal Expansionista e Monetária Restritiva

Este caso retrata bem a política brasileira adotada para os anos oitenta, quando o governo impôs sérias restrições à política monetária, adotando um rígido controle da programação monetária, mas permitindo o excessivo déficit público, através do incremento das despesas de custeio e de investimento de suas empresas. Novamente não analisaremos o caso especifico do Brasil, mas apenas os possíveis resultados de tal política.

Como resultado ilustrativo pode-se observar que, no gráfico a seguir, a conseqüência dessa política é a elevação da taxa de juros e uma indefinição no novo nível de produto, que dependerá da intensidade de expansão da política fiscal.

Se a política fiscal for excessivamente expansiva, a ponto de deslocar a curva *IS* para *IS₃*, no gráfico a seguir, o produto poderá até se expandir, mesmo que a taxa de juros se eleve fortemente.

Se a política fiscal não sofrer essa intensidade, o produto poderá até ser menor, como resultado da contração monetária, gerando uma recessão. Essa talvez tenha sido a justificativa para a recessão que o Brasil enfrentou na década de oitenta.

Capítulo 4 – Política Monetária e Fical: Modelo Mundell-Fleming   123

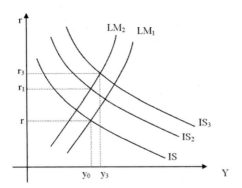

5.3 Política Fiscal Restritiva e Monetária Expansionista

Para este caso observar-se-á uma diminuição na taxa de juros e uma indefinição no nível de produto.

Tudo dependerá da combinação entre a política fiscal recessiva e a monetária expansionista. Para se ter um exemplo, poderemos analisar uma situação em que a política monetária desloca a curva *LM* para *LM₁* e a política fiscal desloca a curva *IS* para *IS₁*. Neste caso evidencia-se uma diminuição na taxa de juros e uma não-alteração no nível do produto, dependendo das intensidades da restrição fiscal associada à expansão monetária.

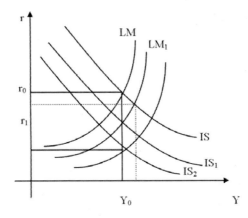

Se, alternativamente, a intensidade da restrição fiscal deslocasse a curva *IS* para *IS₂*, obteríamos uma taxa de juros menor, mas o produto poderá ser menor.

5.4 Políticas Fiscal e Monetária Expansionistas

O raciocínio para este caso é semelhante ao analisado para a política fiscal e monetária restritivas, isto é, ocorrerá uma expansão do produto e uma indefinição da nova taxa de juros.

A expansão monetária deslocará a *LM* para *LM₁*, enquanto que a política fiscal se expandirá de *IS* para *IS₁* ocasionando um crescimento no produto, acompanhado de um decréscimo na taxa de juros.

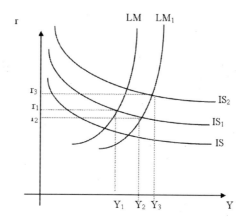

Se, no entanto, a expansão fiscal fosse de tal intensidade, que deslocasse a curva *IS* para *IS₂*, teríamos também uma expansão no produto, mas a taxa de juros seria superior à original.

Desta forma, pode-se concluir que implementando-se conjuntamente a expansão fiscal e monetária, obter-se-á um crescimento na demanda agregada, mas a taxa de juros fica indeterminada e dependente da intensidade da expansão das duas políticas.

O mercado responde mais prontamente à política monetária do que à fiscal, porque a um aperto ou folga de liquidez, a reação da taxa de juros é imediata, enquanto que uma restrição fiscal demanda um pouco mais de tempo até as empresas se ajustarem melhor à nova realidade, decorrente de uma variação de estoques.

Capítulo 4 - Política Monetária e Fical: Modelo Mundell-Fleming

Temos, então, imediatamente, um ajustamento na taxa de juros para só depois ocorrer, também, um ajustamento no nível de demanda, para finalmente ocorrer um ajuste no nível de preços.

A grande dúvida, depois dos exemplos citados, é determinar qual a política a ser adotada e em que magnitude. Para isso precisamos conhecer um pouco mais sobre o comportamento da curva *LM*, que, devido, à sua mudança de elasticidade em relação à taxa de juros, responde de maneira diferente às políticas implementadas, tornando-as eficientes ou não.

Mostraremos a seguir as alternativas existentes para que a política adotada seja eficiente, isto é, produza os resultados esperados pelo governo.

6. Casos de Eficiência da Política Monetária e Fiscal

O que determina a política a ser adotada é o ponto de equilíbrio entre as curvas *IS* e *LM*, ou, mais precisamente, onde está localizada a curva *IS*, pois a essa elasticidade de *LM* poderemos escolher qual a política ideal a ser adotada, se a monetária, fiscal ou ambas.

Outro ponto importante na análise é o pleno emprego da economia, porque se a política adotada for de expansão monetária ou fiscal que force a economia a produzir acima deste pleno emprego, o efeito será perverso, gerando uma inflação de demanda.

Podemos encontrar três casos de localização da curva *IS* em relação à *LM*, para pontos diferentes de elasticidade desta. Daremos bastante ênfase ao gráfico nos diferenciados níveis da elasticidade da curva *LM*, para que a discussão seja mais facilmente percebida.

a) Caso Keynesiano Neste segmento, a política monetária é ineficiente porque a expansão dos meios de pagamento não provoca efeito de redução da taxa de juros.

A parte da curva *LM* que define o caso Keynesiano é a de perfeita elasticidade em relação à taxa de juros ou, mais precisamente, no segmento *AB* da curva *LM*, correspondente à *armadilha da liquidez*.

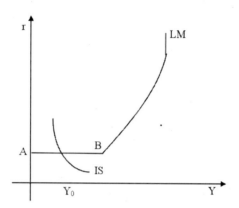

A política monetária pura equivale a deslocar apenas *LM* e seu deslocamento não se efetiva na fase de perfeita elasticidade de demanda de moeda em relação à taxa de juros.

A política fiscal é eficiente porque o deslocamento da curva *IS* no segmento Keynesiano (armadilha de liquidez) provoca aumento do produto sem aumentar a taxa de juros.

Ao nível de Y_0 a curva *LM* é quase horizontal, sendo sua inclinação aproximadamente zero. Uma expansão nos gastos governamentais, por exemplo, produz grande efeito de expansão do produto, quando a economia estiver operando abaixo do pleno emprego.

b) Caso Clássico Caracteriza-se quando a curva *IS* se encontra na fase clássica da curva *LM*, isto é, perfeita inelasticidade de *LM* e, nesse segmento, uma política monetária expansiva provoca duplo efeito, ou seja, aumento do produto e diminuição da taxa de juros.

Esta é a fase de demanda de moeda perfeitamente inelástica em relação à taxa de juros.

A política fiscal é ineficiente porque o deslocamento de curva *IS* provoca apenas uma pequena ou nenhuma expansão no produto, no entanto, com elevação da taxa de juros, enquanto que uma expansão monetária provoca crescimento na renda, com redução na taxa de juros.

Capítulo 4 - Política Monetária e Fical: Modelo Mundell-Fleming   127

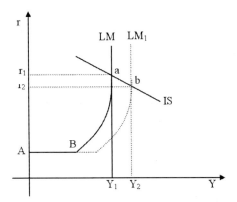

c) Caso intermediário Nesta etapa da curva *LM*, tanto a política fiscal como a monetária podem ser eficientes e usadas ao mesmo tempo.

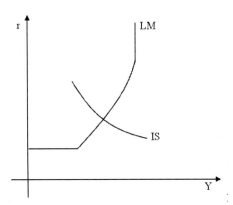

O que determinará se o direcionamento será expansivo ou contracionista é o ponto em que a economia estiver usando plenamente seus recursos, isto é, o ponto de pleno emprego da economia.

Vejamos o raciocínio a seguir para entendermos melhor a influência do pleno emprego na determinação da política econômica ideal.

Suponha a economia no ponto inicial Y_0. O raciocínio será baseado aceitando-se o pleno emprego em *Y ou Produto Potencial*, conforme mostra o gráfico a seguir.

A primeira política a ser adotada será a fiscal expansiva, até o ponto de produção Y_1, possibilitado pelo deslocamento da curva *IS*. Nesse intervalo $Y_0 Y_1$, pode-se dizer que o multiplicador de política fiscal é de grande magnitude, porque provoca expansão no produto sem afetar o mercado monetário. Esse grande efeito na produção acontece porque a economia está operando com alto índice de desemprego dos fatores e a baixa taxa de juros.

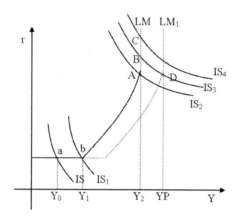

Supondo que a continuação da política fiscal expansiva desloque *IS* para IS_2 – observa-se alto crescimento do produto (Y_2), mas a produção ainda se encontra abaixo do pleno emprego. A continuar sua política fiscal, a economia poderia chegar ao pleno emprego, mas seria com o sacrifício das altas taxas de juros, o que é inflacionário, já que altas taxas de juros têm alta correlação com nível de preços.

A partir do ponto em que a *LM* fica inelástica em relação à taxa de juros, o mais indicado seria a aplicação de política monetária de expansão dos meios de pagamento até o novo ponto de equilíbrio em "D", atingindo o produto de pleno emprego (*YP*) e conseguindo baixar a taxa de juros.

Qualquer tentativa de se fazer política fiscal expansiva na área da LM vertical será ineficaz, porque a elevação dos gastos públicos não aumentará a renda, mas elevará a taxa de juros, implicando em menor investimento. Com isso, o possível efeito do crescimento da renda provocado pela expansão dos gastos é anulada pela redução dos investimentos. Esse é o conhecido **"crowding out"**, ou efeito deslocamento.

O que determina a política a ser seguida será, basicamente, o nível de pleno emprego da economia e o posicionamento da curva *IS* (mercado de bens e serviços em equilíbrio) em relação à *LM* (mercado monetário equilibrado).

7. A Taxa de Juros Real Neutra

Muitas são as discussões acadêmicas sobre o poder do Banco Central em manipular a taxa de juros como instrumento eficaz de política monetária. Para Alan Blinder, ex-vice Presidente do Federal Reserve (FED), o Banco Central Americano:

"A maioria dos economistas de tendência empirista concordaria com a seguinte afirmação, que parece representar um importante dilema para a política monetária: os componentes da demanda agregada sensíveis à taxa de juros reagem principalmente ao longo prazo real, em quanto o banco central controla apenas o curto prazo nominal. Em outras palavras, as taxas que realmente importam não podem ser controladas."(1999)

O maior problema é conhecer a taxa real de juros. Se o banco central define uma taxa nominal de juros erradamente, colocando a taxa de juros real em um nível muito alto, provocará uma redução na demanda agregada, causando uma defasagem entre o PIB potencial e o PIB efetivo, reduzindo a inflação, mas se ele não perceber e ajustar a taxa nominal, estará aumentando a taxa real de juros, o que provocará sérios problemas para a atividade econômica.

Da mesma forma, se o banco central estabelecesse uma taxa nominal muito baixa do que a taxa real ideal, a política monetária levaria a uma expansão exagerada da demanda agregada, tornando o PIB efetivo superior ao PIB potencial, elevando a inflação. O ideal seria estabelecer uma taxa de juros nominal neutra, que seria aquela que equilibraria a taxa nominal à taxa de juros real.

O modelo de taxas reais de juros "neutra", para Blinder (1999), poderia ser definido como aquele que "em qualquer momento, dados os determinantes padrão de demanda- incluindo a política fiscal, a taxa de juros e as propensões dos consumidores e investidores - a economia tem alguma **curva IS de estado estacionário**, ou seja, a taxa de juros real "neutra" seria definida como a taxa de juros que iguala o PIB nesta curva IS de estado estacionário ao PIB potencial, conforme descrito abaixo:

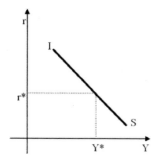

Onde: r* = taxa de juros real neutra

Y*= PIB potencial

Y= PIB efetivo

IS = curva que equilibra investimento e poupança

A taxa de juros real neutra é definida como o ponto em que a curva IS, de estado estacionário, se encontra com a linha vertical do PIB potencial.

Podemos, antão identificar três situações de comparação da taxa de juros, em relação à neutra:

a) Se a taxa de juros nominal ficar abaixo da taxa neutra, a demanda agregada superará o PIB potencial, gerando inflação e,

b) Se a taxa de juros nominal for estabelecida acima da taxa neutra, a demanda agregada se retrai, diminuindo a inflação e gerando recessão.

c) A Taxa de juros "neutra" é a única capaz de equilibrar a política monetária, sem causar inflação ou recessão.

Considera-se o PIB efetivo como o valor total dos bens e serviços finais produzidos no país durante um determinado período de tempo. Já o PIB potencial é o nível de produto que pode ser obtido com plena utilização dos recursos disponíveis na economia, sem gerar pressões sobre a inflação. O PIB efetivo é mensurável diretamente, enquanto o PIB potencial só pode ser estimado, uma vez que não é uma variável observável

Para Blinder, os maiores problemas para o conhecimento da taxa de juros neutra, por parte dos bancos centrais, é que essa taxa é difícil de estimar, porque ela não é um número fixo, porque depende da política fiscal e da taxa de câmbio e é sensível a outros choques permanente. Para estudos econométricos para a economia Americana ele estimou que a taxa neutra real de juros dos fundos federais (títulos americanos), a taxa estaria na faixa de 1,75% a 2,25%.

No modelo brasileiro, como veremos mais adiante, o Banco Central tenta estimar uma defasagem de PIB potencial do PIB efetivo para determinar a taxa de juros "neutra", mas a falta de pesquisas e de um modelo mais consistente, que proporcione uma série mais longa, as taxas de juros reais no Brasil ainda são bastante elevadas e não conhecemos com mais precisão nossa taxa neutra.

METODOLOGIA DE APURAÇÃO DOS INDICADORES FISCAIS

O Banco Central do Brasil utilizará, a partir de janeiro de 1999, duas formas de apresentação das estatísticas fiscais: a tradicional, já conhecida dos que acompanham a evolução das contas do setor público; e a alternativa, com uma metodologia distinta, reservando tratamento pelo critério caixa para a dívida interna indexada a câmbio.

Ambas as formas de apuração dos indicadores fiscais serão divulgadas à sociedade, deixando transparente o impacto da desvalorização da taxa de câmbio ocorrida em janeiro último sobre a contabilidade consolidada do setor público.

É importante notar que a mudança abrupta da taxa de câmbio produz impacto apenas uma vez nas contas do setor público. Em geral, nos primeiros meses da desvalorização ocorre o fenômeno de sobredesvalorização da moeda (desvalorização exacerbada que se segue à mudança de regime), e, na medida em que o tempo vai passando e os preços relativos na economia vão se ajustando, a moeda tende a se valorizar, diminuindo os custos da desvalorização sobre as finanças públicas. Razão pela qual é correto, do ponto de vista metodológico, dar às contas internas indexadas à variação cambial o mesmo tratamento que já é dado à dívida externa. Ou seja, o impacto da desvalorização é captado pelo conceito de caixa - assim, a despesa é considerada no momento em que a obrigação é efetivamente paga. Pelo regime de competência - que é a forma pela qual a contabilidade tradicional trata as obrigações internas atreladas à variação cambial - a apropriação da despesa ocorre no exato momento em que ela é gerada.

Nenhuma alteração está sendo feita na forma de cálculo do resultado primário que, a rigor, é o indicador mais relevante das finanças públicas e que constitui critério de desempenho no acordo com o FMI. A dívida líquida do setor público também continua sendo apurada pelo critério de competência, não sendo afetada pelo uso da metodologia alternativa, cuja função é dar tratamento distinto unicamente ao componente financeiro das dívidas.

I – Metodologia Tradicional

Os indicadores fiscais calculados pelo Banco Central do Brasil correspondem ao conceito "abaixo da linha". Ou seja, o resultado fiscal do setor público é medido pela variação do estoque do endividamento líquido

Capítulo 4 - Política Monetária e Fical: Modelo Mundell-Fleming 133

do setor público não-financeiro, levando-se em consideração os ajustes patrimoniais.

Assim, calculam-se a dívida líquida do setor público (DLSP) e as necessidades de financiamento do setor público (NFSP), que correspondem à variação nominal dessa dívida. Calcula-se, ainda, o resultado primário, que exclui das necessidades de financiamento os fluxos de juros apropriados no período, sendo este o indicador que reflete mais adequadamente o esforço fiscal do governo.

A dívida líquida do setor público representa o balanço das dívidas e créditos do setor público não-financeiro mais o Banco Central. Sua apuração é feita pelo critério de competência, de acordo com os princípios fundamentais da contabilidade.

A dívida mobiliária interna federal, parte integrante da dívida líquida, também mensurada pelo regime de competência, inclui, para os títulos pós-fixados, a variação do seu indexador.

Os fluxos das necessidades de financiamento internas correspondem, em termos nominais, à variação observada entre o saldo da dívida líquida interna do mês de referência e o do mês anterior. Dessa variação exclui-se o fluxo de juros, calculado pelo critério de competência, obtendo-se, por resíduo, o resultado primário.

Tratamento diferente é adotado para a variação da dívida externa líquida. Neste caso, o método de cálculo é a conversão dos fluxos em moeda estrangeira pela taxa média de câmbio do período. Essa é uma dívida denominada em moeda estrangeira e, portanto, variações no estoque desse passivo, em moeda nacional, derivadas de flutuações na taxa de câmbio não trazem implicações econômicas para o interveniente externo. O maior ou menor custo gerado quando da aquisição de divisas pelo setor público incide apenas no momento do pagamento externo, ou seja, critério de caixa, e é explicitado na conversão dos fluxos pela taxa média de câmbio.

II – Metodologia Alternativa

Com a implantação do regime de livre flutuação cambial, em janeiro passado, a taxa de câmbio R$/US$ apresentou alta volatilidade atingindo, ao final de fevereiro, a cotação de R$ 2,0648 por dólar, configurando um claro fenômeno de sobredesvalorização.

Essa volatilidade produz, na metodologia tradicional de cálculo das NFSP, flutuação dos juros nominais internos, com impactos no conceito nominal das necessidades de financiamento. Esse movimento decorre da variação dos saldos dos títulos públicos federais indexados à variação cambial, em poder do mercado. Mas o impacto imediato na rolagem dessa dívida é bastante reduzido, dado que o prazo médio dos vencimentos dos títulos indexados ao câmbio correspondia a 13 meses e 28 dias no mês de janeiro, com 48% do total vencendo ao longo de 1999.

Por todos os motivos expostos, o Banco Central do Brasil passará a divulgar os resultados fiscais apurados a partir de janeiro de 1999 em duas metodologias distintas: i) a metodologia tradicional, onde o efeito competência da desvalorização será tratado como sendo despesa com juros e, ii) metodologia alternativa, onde o impacto da desvalorização será captado pelo conceito de caixa, dando às contas internas indexadas à variação cambial o mesmo tratamento que já é dado à dívida externa.

Departamento Econômico
Brasília, 12.4.99

Fonte: Banco Central do Brasil. Extraído em www.bcb.gov.br

Capítulo 4 - Política Monetária e Fical: Modelo Mundell-Fleming 135

8. Questões para Discussão

1. Mostre as principais diferenças existentes entre os instrumentos de política fiscal e monetária.

2. Mostre o caso clássico de equilíbrio IS = LM, justificando por que a política fiscal é inócua e a monetária eficiente.

3. Uma política fiscal de redução dos impostos elevaria a renda pessoal disponível dos indivíduos, expandindo o nível de produtos sem modificar a taxa de juros. Comente.

4. Que fatores determinarão se a política de contenção de preços e elevação do nível de renda deverão ser de utilização de instrumentos monetários ou fiscais?

5. Explique em que condições um país deve utilizar política monetária ou fiscal.

6. Explique a finalidade dos principais impostos existentes no Brasil.

7. Mostre por que a curva LM representa o equilíbrio do mercado monetário.

8. Mostre o efeito de uma redução na alíquota do IPI sobre o equilíbrio do mercado de bens e serviços.

9. Explique o efeito de uma política monetária no caso Keynesiano de equilíbrio entre o mercado de bens e serviços e mercado monetário.

10. Explique o modelo dos juros neutro e mostre a dificuldade do Banco Central do Brasil em estabelecê-lo na sua condução da política monetária.

Capítulo 5

Política Cambial e Teorias de Ajustes do Balanço de Pagamentos

1. Considerações Preliminares

Quanto mais transações internacionais têm um país, mais ele necessita de uma política de controle para essas relações, estipulando política aduaneira adequada para manter uma estrutura compatível com seu desenvolvimento e suas necessidades de expansão.

Para dar condições de compra e venda ao mercado internacional, desenvolveu-se a conversão de moedas nacionais em moedas estrangeiras, baseada no sistema de mercado, ou, mais precisamente, na determinação da taxa de câmbio.

A política cambial se caracteriza pela administração da taxa de câmbio, com o objetivo de equilibrar o mercado externo, no sentido de manter equalizado o poder de compra da moeda do país em relação aos demais com que este mantenha relações de troca.

Há países em que a taxa de câmbio é resultado das forças de mercado, mas há outros que utilizam a fixação de uma taxa de paridade de moedas. No Brasil, por exemplo, era o Banco Central do Brasil que determinava a taxa de câmbio da moeda nacional em relação às demais moedas mas, a partir de 1999, quando o país adotou o câmbio flutuante, é o mercado que determina a taxa de equilíbrio.

Para a Política Monetária, é necessário que haja um equilíbrio externo da economia, porque o desequilíbrio da estrutura de Balanço de Pagamentos provocará um desvio do mercado interno da moeda.

Conforme vimos no Capítulo 2, a perda ou acúmulo de divisas é fator de contratação ou expansão da Base Monetária. E para manter o Balanço de Pagamentos equilibrado é que o governo utiliza a política cambial que consiste em adequar o poder de paridade de sua moeda às demais e procurar outros mecanismos, tais como: promover substituição de importações, incentivar as exportações, incentivar o investimento externo, etc.

Este capítulo se inicia com a definição dos itens que compõem o balanço de pagamentos e depois analisa os sistemas de taxa cambial, as políticas de ajuste do balanço de pagamentos e finalmente a política cambial brasileira dos últimos anos. Parte desse capítulo é uma reprodução de parte do livro sobre " Política Cambial Brasileira", editado pelo autor desta obra.

2. A Estrutura do Balanço de Pagamentos

O balanço de pagamentos registra as transações efetivadas entre os residentes e o resto do mundo. No balanço de pagamentos são registrados os movimentos e valores das exportações e importações de bens e serviços, em um determinado período, bem como as transações de capitais, entre os quais os empréstimos, os investimentos diretos, amortizações e movimento nas reservas internacionais.

Sua estrutura sofreu pequenas alterações a partir do Manual de Balanço de Pagamentos, do Fundo Monetário Internacional (FMI), em sua quinta edição, que padroniza sua metodologia e nomenclatura para todos os países membros. O modelo apresentado neste livro é uma transcrição das "Notas Técnicas do Banco Central do Brasil, nº 1, junho/2001", com o título de Notas Metodológicas do Balanço de Pagamentos.

A partir de janeiro de 2001, o Banco Central do Brasil passou a divulgar o balanço de pagamentos de acordo com a metodologia contida na quinta edição do Manual de Balanço de Pagamentos do Fundo Monetário Internacional ([1]), publicado em 1993. Essa edição fixa as normas internacionais para a compilação das informações das contas externas de forma integrada, englobando os fluxos (Balanço de Pagamentos) e os estoques de ativos e passivos financeiros (Posição Internacional de Investimentos). Os conceitos utilizados naquele manual guardam estreita relação com o Sistema de Contas Nacionais da Organização das Nações Unidas (ONU).

O balanço de pagamentos de acordo com o manual tem a mesma cobertura da versão anterior, contemplando os mesmos lançamentos a débito e crédito. As diferenças residem, exclusivamente, nos critérios de classificação das transações e na nomenclatura das contas.

---

[1] Balance of Payments Manual,5th ed.- Washington, DC, USA: International Monetary Fund, 1993

A estrutura simplificada é mostrada a seguir, onde o balanço de pagamentos é apresentado por segmentação de contas que envolvem bens e serviços e as contas de capital e movimentação financeira.

BALANÇO DE PAGAMENTOS

A. Balança comercial (FOB)

    Exportação de bens

    Importação de bens

B. Serviços e rendas (líquido)

    Serviços

        Receita

        Despesa

    Rendas

        Receita

        Despesa

C. Transferências unilaterais correntes [2]

D. TRANSAÇÕES CORRENTES (A + B + C)

E. CONTA CAPITAL E FINANCEIRA

    Conta capital [3]

    Conta financeira

        Investimento direto

            Investimento brasileiro direto

                Participação no capital

                Empréstimo intercompanhia

---

[2] Até 1978, inclui as transferências unilaterais de capital.

[3] Inclui transferências unilaterais de capital e cessão de marcas e patentes.

        Investimento estrangeiro direto
        Participação no capital
        Empréstimo intercompanhia
    Investimentos em carteira
        Investimento brasileiro em carteira
        Ações de companhias estrangeiras
        Títulos de renda fixa
        Investimento estrangeiro em carteira
        Ações de companhias brasileiras
        Títulos de renda fixa
    Derivativos
        Ativos
        Passivos
    Outros investimentos
        Outros investimentos brasileiros
        Outros investimentos estrangeiros

F. ERROS E OMISSÕES

RESULTADO DO BALANÇO DE PAGAMENTOS (D + E + F)

As mais importantes alterações introduzidas na nova apresentação do balanço de pagamentos são:

a) introdução, na conta corrente, de clara distinção entre bens, serviços, renda e transferências correntes, com ênfase no maior detalhamento na classificação dos serviços;

b) introdução da "conta capital", que registra as transações relativas às transferências unilaterais de patrimônio de migrantes e a aquisição/alienação de bens não financeiros não produzidos (cessão de marcas e patentes);

c) introdução da "conta financeira", em substituição à antiga conta de capitais, para registrar as transações relativas à formação de ativos e passivos externos, como investimento direto, investimento em carteira, derivativos e outros investimentos. A conta financeira foi, portanto, estruturada de forma

Capítulo 5 - Política Cambial e Teorias de Ajustes do Balanço de Pagamentos 141

a evidenciar as transações ativas e passivas, as classes dos instrumentos financeiros de mercado e os prazos das transações;

d) inclusão, no item investimentos diretos, dos empréstimos intercompanhia (empréstimos praticados entre empresas integrantes de mesmo grupo econômico), de qualquer prazo, nas modalidades de empréstimos diretos e colocação de títulos;

e) reclassificação de todos os instrumentos de *portfolio*, inclusive bônus, notes e *commercial papers*, para a conta de investimentos em carteira;

f) introdução de grupo específico para registro das operações com derivativos financeiros, anteriormente alocados na conta serviços e nos capitais a curto prazo; e

g) estruturação da "conta de rendas" de forma a evidenciar as receitas e despesas geradas por cada uma das modalidades de ativos e passivos externos contidas na conta financeira.

As mais importantes alterações introduzidas na nova apresentação do balanço de pagamentos apresentam os seguintes aspectos metodológicos e das principais contas do balanço de pagamentos é a seguinte:

a) Balança Comercial

Esta conta registra as exportações e importações de mercadorias pelo seu valor FOB (*free on board*)[4]

b) Conta Corrente

A conta corrente foi redefinida com a exclusão de algumas transações, que passaram a integrar as novas contas capital e financeira. Cabe destacar as reclassificações das operações com derivativos e de ganhos de capital dos investimentos, que passaram a ser registradas na conta financeira, e a realocação das transferências unilaterais relativas a "patrimônio" para a conta capital.

c) Serviços

Os serviços relativos a transportes, viagens internacionais, seguros e governamentais permaneceram com os mesmos critérios de classificação.

---

[4] FOB (free on board): contrato de exportação em que todas as despesas e riscos por perdas e danos, até a colocação da mercadoria a bordo do navio indicado pelo comprador, no porto de embarque, correm por conta do vendedor

Abriram-se novos desdobramentos na conta de serviços, para evidenciar as transações com serviços financeiros, computação e informações, royalties e licenças e aluguel de equipamentos, anteriormente incluídos na rubrica "serviços diversos".

A introdução do item serviços financeiros, que compreende os serviços bancários tais como corretagens, comissões, tarifas por prestação de garantias e fianças, comissões e outros encargos acessórios sobre o endividamento externo, representa redefinição do conceito de juros. Com efeito, parte dos valores registrados na conta de serviços financeiros eram anteriormente classificados como juros, conforme manual do FMI.

d) Rendas

A conta de rendas registra a remuneração do trabalho assalariado, composto de salários e ordenados, anteriormente alocados em serviços diversos, e as rendas de investimentos, que correspondem à remuneração das modalidades de aplicação detalhadas na conta financeira. Assim, as rendas de investimento direto abrangem os lucros e dividendos relativos a participações no capital de empresas e os juros correspondentes aos empréstimos intercompanhias nas modalidades de empréstimos diretos e títulos de qualquer prazo. Não incluem os ganhos de capital, classificados como investimento direto na conta financeira.

As rendas de investimento em carteira englobam os lucros, dividendos e bonificações relativos às aplicações em ações e os juros correspondentes às aplicações em títulos de dívida de emissão doméstica (títulos da dívida interna pública, debêntures e outros títulos privados) e no exterior (*bônus, notes* e *commercial papers*) de qualquer prazo. Excetuam-se os juros relativos à colocação de papéis entre empresas ligadas, alocados em rendas de investimento direto.

As rendas de outros investimentos registram os juros de créditos comerciais, como os créditos de fornecedores; os juros de empréstimos de agências governamentais, organismos internacionais, bancos e compradores; e os relativos aos juros de depósitos e outros ativos e passivos.

e) Transferências unilaterais correntes

Corresponde às transferências unilaterais, na forma de bens e moeda, para consumo corrente. Excluem-se as transferências relativas a patrimônio de migrantes internacionais, alocadas na conta capital.

Capítulo 5 - Política Cambial e Teorias de Ajustes do Balanço de Pagamentos   143

f) Conta capital

Registra as transferências unilaterais de capital relacionadas com patrimônio de migrantes e a aquisição/alienação de bens não financeiros não produzidos, tais como cessão de patentes e marcas..

g) Conta financeira

A conta financeira registra fluxos decorrentes de transações com ativos e passivos financeiros entre residentes e não-residentes. A conta financeira é dividida em quatro grupos:

1) investimento direto;

2) investimentos em carteira;

3) derivativos; e

4) outros investimentos.

Cada grupo é desdobrado em ativos e passivos, ou seja, há um item destinado a registrar fluxos envolvendo ativos externos detidos por residentes no Brasil e outro para registrar a emissão de passivos por residentes cujo credor é não-residente. Os ativos e passivos são, em seguida, desdobrados para evidenciar detalhes específicos de cada conta.

h) Investimentos diretos

São divididos em investimento direto no exterior e investimento direto no país.

Investimento direto no exterior. Registra os ativos externos detidos por residentes no Brasil sob a forma de investimento direto. Está dividido em duas modalidades:

• Participação no capital - Considera as saídas de recursos em moeda ou bens relativos à aquisição/subscrição/aumento de capital, total ou parcial do capital social de empresas não-residentes. Os ingressos referem-se ao retorno dos valores detidos por residentes derivados da alienação total ou parcial do capital social de empresas não-residentes e dos ganhos de capital relativos a essa alienação.

• Empréstimos intercompanhias - Compreende os empréstimos concedidos pelas matrizes, sediadas no país, a suas subsidiárias ou filiais estabelecidas no exterior. Registra, também, a concessão de créditos pelas subsidiárias ou filiais no exterior a suas matrizes no Brasil (investimento cruzado). O investimento cruzado é uma conta retificadora do ativo de investimento direto pois trata-se de item de natureza passiva classificado no interior de grupo de natureza ativa. São considerados os empréstimos diretos e a colocação de títulos, sem distinção de prazo. Os empréstimos efetuados entre bancos ligados não são considerados empréstimos intercompanhias

Investimento direto no Brasil. Representa a conta de passivo do grupo investimento direto. É igualmente dividido em dois grupos:

- Participação no capital - Compreende os ingressos de recursos em bens, moeda e as conversões de obrigações externas em investimento estrangeiro direto, incluindo os valores destinados ao programa de privatizações, relacionados com a aquisição/subscrição/aumento de capital, total ou parcial do capital social de empresas residentes. Registra as saídas relativas à alienação total ou parcial do capital social de empresas residentes e à realização de ganhos de capital

- Empréstimos intercompanhias - Compreende os créditos concedidos pelas matrizes, sediadas no exterior, a suas subsidiárias ou filiais estabelecidas no país. Registra, também, a concessão de créditos pelas subsidiárias ou filiais no país a suas matrizes no exterior (investimento cruzado). Neste caso, o investimento cruzado é conta retificadora do passivo de investimento direto, pois trata-se de conta de natureza ativa classificada no grupo de natureza passiva. São considerados os empréstimos diretos ou colocação de títulos, sem distinção de prazo. As amortizações de empréstimos intercompanhias no grupo investimento direto no Brasil incluem o principal de empréstimos convertidos em investimento estrangeiro direto. Os empréstimos efetuados entre bancos ligados não são considerados empréstimos intercompanhias.

Investimento em carteira. O grupo investimento em carteira registra fluxos de ativos e passivos constituídos pela emissão de títulos de crédito comumente negociados em mercados secundários de papéis.

Ativos

Os ativos de investimentos em carteira referem-se às aplicações brasileiras em títulos estrangeiros, negociados no país ou no exterior.

Compõem esses ativos:

- Títulos de renda variável negociados no exterior: ações de companhias não-residentes adquiridas em bolsas de valores no exterior por residentes no país.

- Títulos de renda variável negociados no país: títulos do programa de BDRs (*Brazilian Depositary Receipts*), que são recibos representativos de ações de companhias não-residentes negociados em bolsas de valores brasileiras.
- Títulos de renda fixa: bônus e notes negociados no exterior emitidos por não-residentes. Estão incluídas as movimentações de compra e venda de títulos que se constituíram em garantias colaterais no âmbito do acordo de renegociação da dívida externa (Plano *Brady*)[5].

Passivos

Os passivos de investimento em carteira registram as aquisições por não-residentes de títulos de renda variável (ações) e de renda fixa (títulos de dívida) de emissão brasileira. Os investimentos em ações relacionam as operações diretas em bolsas de valores brasileiras (negociadas no país) amparados, a partir de 26.1.2000, pela Resolução nº 2.689 9. As ações negociadas no exterior estão representadas pelos DRs (*Depositary Receipts*), que são os recibos de ações de companhias brasileiras negociados em bolsas estrangeiras.

Os investimentos estrangeiros relacionados com "títulos de dívida" apresentam, também, em separado, os valores "negociados no país" e "negociados no exterior". Os valores "negociados no país" referem-se às aplicações amparadas pela Resolução nº 2.689, de 26.1.2000, em títulos de dívida de curto, médio e longo prazos em circulação no mercado doméstico emitidos pelo Banco Central e pelo Tesouro Nacional. Os títulos "negociados no exterior" referem-se às captações brasileiras nas modalidades de *Bônus, Notes e Commercial Papers* lançados em mercados de capitais fora do país.

Nessa modalidade, estão registradas as operações de troca de dívida. Na contabilização dessas operações são realizados os seguintes lançamentos: um crédito do valor de face do novo título emitido; um débito do valor de face do título resgatado; outro crédito pela apropriação dos descontos obtidos na transação. O valor residual eventualmente remanescente refere-se a juros pagos por meio dos novos títulos emitidos ou de valores em moeda eventualmente pagos para igualar o valor dos lotes dos títulos emitidos e resgatados.

Os papéis com prazo de vencimento inferior a um ano compõem o item "títulos de curto prazo". Esses títulos, quando negociados no país, referem-se a parcela

---

[5] Plano Brady-Acordos de reestruturação de dívida externa dos países em desenvolvimento, assim denominado em referência ao Secretário do Tesouro dos EUA.

de recursos ingressados ao amparo da Resolução nº 2.689, de 26.1.2000, e aplicados em títulos de emissão do Banco Central e do Tesouro Nacional.

i) Derivativos financeiros

Registra os fluxos financeiros relativos à liquidação de haveres e obrigações decorrentes de operações de swap, opções e futuros e os fluxos relativos aos prêmios de opções. Não inclui os fluxos de depósitos de margens de garantia vinculados às operações em bolsas de futuros, alocados em outros ativos e outros passivos de curto prazo.

j) Outros investimentos – ativos

Empréstimos

Compreende os empréstimos e financiamentos brasileiros a curto e longo prazos concedidos a não-residentes, incluindo aqueles relativos ao Programa de Financiamento às Exportações (Proex) e os concedidos por instituição financeiras.

Moeda e depósitos

Refere-se à movimentação de depósitos mantidos no exterior na forma de disponibilidades, cauções, depósitos judiciais e, ainda, as garantias para os empréstimos vinculados a exportações. Inclui a variação dos depósitos no exterior dos bancos comerciais e os depósitos relativos ao excesso de posição comprada dos bancos residentes depositados no Banco Central. Estão incluídas, também, as movimentações de garantias colaterais, na modalidade de depósitos, constituídas no âmbito do acordo de renegociação da dívida externa (Plano *Brady*).

Outros ativos

Compreende a participação do Brasil no capital de organismos internacionais e depósitos de cauções de longo prazo. No curto prazo, estão alocados os depósitos de margens de garantia relacionados a operações de derivativos.

l) Outros investimentos - passivos

Créditos comerciais

No item longo prazo, estão alocadas as variações do passivo relacionadas com a concessão direta de crédito pelos exportadores estrangeiros a seus clientes no Brasil (créditos de fornecedores). No item curto prazo, estão considerados os pagamentos antecipados de exportações e demais créditos comerciais, inclusive

Capítulo 5 - Política Cambial e Teorias de Ajustes do Balanço de Pagamentos 147

os decorrentes da não-coincidência entre o momento do embarque e o pagamento da mercadoria.

Empréstimos

Compreende os empréstimos diretos (excetuando-se os intercompanhias), os financiamentos a importações na modalidade de crédito de compradores (*buyers' credit*), e os concedidos pelos organismos internacionais e agências governamentais. Esses empréstimos são considerados, separadamente, em curto, médio e longo prazos, dependendo do prazo original de vencimento das obrigações. Compreende, também, os empréstimos à Autoridade Monetária, que englobam os créditos autônomos e as operações de regularização decorrentes de acordos destinados ao financiamento do balanço de pagamentos.

Moeda e depósitos

Refere-se às disponibilidades de não-residentes depositadas no país, incluindo a variação do saldo das contas de não-residentes abertas ao amparo da Circular nº 2.677, de 10.4.1996(contas CC5). Os fluxos de operações cambiais no Brasil envolvem contratos relativos a comércio, transações financeiras e transferências internacionais". Transferências internacionais correspondem a transferências em reais feitas por não residentes,via contas bancárias mantidas no Brasil.

Outros passivos

Refere-se aos depósitos de cauções e judiciais realizados no país por não-residentes, com prazo superior a um ano. No curto prazo, estão incluídos a variação do saldo devedor do Convênio de Credito Recíproco (CCR) e depósitos de margem de garantia relativos às operações em bolsa de mercadorias no país.

m) Erros e omissões

Ao se realizar lançamentos no balanço com base em diversas fontes de informações, obtém-se um conjunto coerente de lançamentos a crédito e a débito, cujo total líquido é teoricamente igual a zero. Na prática, contudo, uma vez somados todos os lançamentos, o balanço totaliza um saldo líquido diferente de zero em razão de discrepâncias temporais nas fontes de dados utilizadas. Isso torna necessário o lançamento de partida equilibradora para o balanceamento das contas. Os erros e omissões se prestam a compensar toda sobrestimação ou subestimação dos componentes registrados. Como alguns erros e omissões que se produzem ao compilar os dados se compensam, a magnitude da partida equilibradora não é necessariamente um indício da exatidão geral do balanço.

n) Resultado global do balanço de pagamentos

Após apurar o resultado do balanço de pagamentos e se seu resultado for positivo, o resultado é "zerado" e seu saldo passa a compor a conta "Reservas Internacionais". Quando o resultado é negativo, o país precisa se financiar junto à comunidade financeira internacional ou utilizar suas reserva internacionais para cobrir o déficit. Dentre as fontes de financiamentos, encontra-se o Fundo Monetário Internacional.

A tabela seguir 5.1 a seguir mostra o comportamento do balanço de pagamentos nos últimos anos, que demonstra e excelente recuperação dos resultados pa balança comercial, das transações corrente a do resultado global, números resultantes da política cambial implementada e que será analisada a seguir.

Tabela 5.1
Balanço de pagamentos
US$ milhões

Discriminação	2002	2003	2004	2005	2006
Balança comercial (fob)	13121	24794	33641	44703	46074
Exportação de bens	60362	73084	96475	118308	137470
Importação de bens	-47240	-48290	-62835	-73606	-91396
Serviços e rendas (líquido)	-23148	-23483	-25198	-34276	-36852
Serviços	-4957	-4931	-4678	-8309	-9408
Receita	9551	10447	12584	16047	19438
Despesa	-14509	-15378	-17261	-24356	-28847
Rendas	-18191	-18552	-20520	-25967	-27444
Receita	3295	3339	3199	3194	6483
Despesa	-21486	-21891	-23719	-29162	-33927
Transferências unilaterais correntes [1]	2390	2867	3236	3558	4306
TRANSAÇÕES CORRENTES	-7637	4177	11679	13985	13528
CONTA CAPITAL E FINANCEIRA	8004	5111	-7523	-9464	17277
Conta capital [2]	433	498	371	663	869
Conta financeira	7571	4613	-7895	-10127	16408
Investimento direto	14108	9894	8339	12550	-8469
Investimento brasileiro direto	-2482	-249	-9807	-2517	-27251
Participação no capital	-2402	-62	-6640	-2695	-22462
Empréstimo intercompanhia	-81	-187	-3167	178	-4789
Investimento estrangeiro direto	16590	10144	18146	15066	18782
Participação no capital	17118	9320	18570	15045	15373
Empréstimo intercompanhia	-528	823	-424	21	3409
Investimentos em carteira	-5119	5308	-4750	4885	8622
Investimento brasileiro em carteira	-321	179	-755	-1771	-429
Ações de companhias estrangeiras	-389	-258	-121	-831	-1867
Títulos de renda fixa	67	437	-633	-940	1438
Investimento estrangeiro em carteira	-4797	5129	-3996	6655	9051
Ações de companhias brasileiras	1981	2973	2081	6451	7716
Títulos de renda fixa	-6778	2156	-6076	204	1335
Derivativos	-356	-151	-677	-40	383
Ativos	933	683	467	508	482
Passivos	-1289	-834	-1145	-548	-99
Outros investimentos	-1062	-10438	-10806	-27521	15872
Outros investimentos brasileiros	-3211	-9752	-2085	-5035	-3165
Outros investimentos estrangeiros	2150	-686	-8721	-22486	19036
ERROS E OMISSÕES	-66	-793	-1912	-201	-236
RESULTADO DO BALANÇO	302	8496	2244	4319	30569

1/ Até 1978, inclui as transferências unilaterais de capital.
2/ Inclui transferências unilaterais de capital e cessão de marcas e patentes.

Fonte: Banco Central do Brasil

3. Sistemas de Taxas de Câmbio

A taxa de câmbio representa a paridade da moeda nacional em relação a uma determinada moeda estrangeira, existindo diversos sistemas de tratamento e definição da taxa de câmbio de um país. Existem diversas variações, mas as mais utilizadas são:

a) Taxa de Câmbio Fixa É uma taxa com a qual os países se comprometem a manter o mesmo poder de paridade, estabelecendo valores externos de sua moeda dentro de uma estreita margem de um valor fixo de paridade. Como principal vantagem da taxa cambial fixa está a integração dos mercados internacionais em uma rede de mercados conexos que não tem incertezas nem é especulativa.

Normalmente quem determina a taxa é o banco central, o que não implica que ele seja inalterada por todo o tempo. Nesse sistema, o banco central é obrigado a atuar no mercado para manter a taxa fixa. Se há déficit no balanço de pagamentos, há uma tendência para uma desvalorização da moeda nacional. Então, o banco central atua vendendo divisa para ajustar a taxa de câmbio ao valor fixado. Se, no entanto, o país obtém superávit no balanço de pagamentos, a tendência é de valorização cambial. Nesse caso, o banco central atua comprando dividas no mercado para ajustar a taxa ao seu nível definido. Para isso, é necessário que esse país tenha reservas internacionais suficientes para esse ajuste da taxa de câmbio.

As Principais vantagens e desvantagens do câmbio fixo são:

⇒ Como vantagem podemos citar: ajuda no controle da inflação, porque as importações se tornam mais baratas e no encargo da dívida externa, entre outros;

⇒ Como desvantagem podemos citar: desestimula as exportações e estimula as importações, levando a um déficit na balança comercial, exige intervenções do banco central, entre outros.

b) Sistema de Câmbio Flutuante: Nesse sistema, as taxas de câmbio flutuam livremente, respondendo aos efeitos da oferta e da procura. A principal vantagem é que o valor de todas as moedas é estabelecido a um preço que equilibra o mercado de moedas estrangeiras. As flutuações cambiais possibilitam o equilíbrio contínuo no Balanço de Pagamentos, não havendo, portanto, necessidade de intervenções por parte do Banco Central. No

Capítulo 5 - Política Cambial e Teorias de Ajustes do Balanço de Pagamentos   151

câmbio flutuante admite-se a intervenção do Banco Central em determinadas situações, como pequenos ajustamentos na taxa de câmbio ou na aquisição para reforçar as reservas Internacionais. Nesse caso, denominamos essa situação de "flutuação suja".

Consiste na determinação da taxa de câmbio em resposta à demanda e oferta de divisas. É o sistema adotado pelos países de moeda forte, isto é, os países desenvolvidos que possuem moedas de alta liquidez no mercado internacional. As possíveis valorizações ou desvalorizações são efetuadas pelas forças do mercado, pois, na ânsia de não perder divisas ou ganhá-las, alguns países cedem a paridade aceita pelos parceiros no mercado internacional.

As principais vantagens e desvantagens do câmbio flutuante são:

⇒ Como vantagens podemos citar: ajuste automático do balanço de pagamentos, e em caso de uma desvalorização há um estímulo às exportações;

⇒ Como desvantagens podemos citar: havendo uma desvalorização, desestimula às importações, eleva os encargos da dívida, entre outros.

A determinação da taxa de câmbio de equilíbrio será obtida pela oferta e demanda de divisas.

⇒ **Do lado da oferta** estão aqueles que ofertam moeda estrangeira obtida no mercado internacional para trocar por moeda nacional. São os agentes cujas transações são registradas a crédito do Balanço de Pagamentos, o que significa entrada de moedas estrangeiras, que serão convertidas em moeda nacional. São, portanto, representados por aqueles agentes que ofertam divisas, cuja oferta depende basicamente da taxa cambial, da demanda externa (renda do resto do mundo) e dos preços internacionais, ou seja:

$$X = X(T_c, Y^*, P_x),$$

Onde: X = representa as exportações e outras ofertas de divisas

T_c = Taxa de câmbio

Y^* = Renda do resto do mundo

P_x = Preço internacional dos produtos exportáveis

⇒ **O lado da demanda** é caracterizado pelos agentes que necessitam de moeda estrangeira para pagamentos no exterior, dispondo de moeda nacional. Sua transação é registrada a débito no Balanço de Pagamentos, significando saída de moedas estrangeiras. São representados pelos agentes que necessitam de divisas para pagarem suas obrigações com importações, pagamento de compromissos financeiros, etc. Depende da taxa de câmbio, da demanda interna (renda interna) e dos preços internacionais, ou seja:

$$M = M (Tc, Y, Pm)$$

Onde: M = representa as importações e demandas de divisas para compromissos externos

Tc = Taxa de câmbio

Y = renda do país

Pm = Preços internacionais dos produtos importáveis.

Considerando o efeito de uma alteração na taxa de câmbio, mantendo os demais fatores inalterados, o equilíbrio do mercado resulta na interação entre a curva de demanda, que representa o somatório das demandas individuais dos agentes, os quais necessitam de moedas estrangeiras, e da curva de oferta de moeda estrangeira, representada pelo somatório das ofertas individuais.

Havendo desvalorização cambial, isto é, a taxa de câmbio passando para P_1, haverá um excesso de ofertas de divisas.

Uma supervalorização, isto é, a taxa passando para P_2, provoca excesso de demanda de divisas. Sempre que houver uma alteração para mais ou para menos da taxa de câmbio de equilíbrio, as forças do mercado procurarão restabelecer o equilíbrio, ou mesmo os governos atuarão no sentido de provocar o retorno ao equilíbrio, utilizando-se de mecanismos de política cambial.

P_E Significa a taxa de câmbio de equilíbrio que determina a quantidade de moeda nacional necessária para obtenção de uma unidade de moeda estrangeira. É a taxa que equilibra a demanda com oferta de divisas.

X= M quantidade de divisas demandada igual à ofertada.

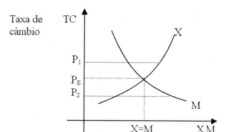

Capítulo 5 - Política Cambial e Teorias de Ajustes do Balanço de Pagamentos 153

c) Sistema de "bandas cambiais" Consiste em se adotar um sistema misto de taxas fixas com taxas flutuantes. A banda cambial estabelece um intervalo no qual a taxa de câmbio poderá oscilar, mas esse intervalo permanece fixo por um longo período, se ajustando apenas quando se observam déficits permanentes no Balanço de Pagamento. Nesse sistema, o banco central permite que a moeda flutue dentro do intervalo da banda e qualquer pressão exige intervenção do banco central.

A flutuação é livre no intervalo do piso (TC1) e teto (TC2) mas, se houver uma tendência de depreciação (desvalorização), acima do teto determinado, o Banco Central vende divisas para restabelecer a taxa de câmbio, dentro da banda. Se houver uma tendência de apreciação dessa taxa de câmbio (valorização), o Banco Central compra divisas para restabelecer, também, o intervalo da banda cambial definida.

O sistema funciona de acordo com o gráfico abaixo:

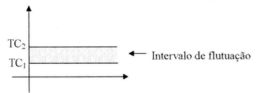

Existem diversas outras modalidades de tratar a taxa de câmbio, tais como taxas administradas, desvalorizações com base em uma paridade estabelecida, conforme explicaremos mais adiante. Antes, porém, vamos fazer uma análise histórica dos sistemas cambiais desde, sua origem

4. Taxa de Câmbio no Padrão Ouro e o Acordo de Bretton Woods

O padrão ouro foi um regime em que a paridade entre as moedas era estabelecida pelo ouro, em que o peso do metal era determinante das taxas de câmbio dos diversos países. Sua aplicação foi geral até a Primeira Grande Guerra Mundial.

O funcionamento exigia das autoridades o cumprimento dos seguintes princípios fundamentais:

a) Ouro é o padrão de valor de cada unidade monetária correspondente à quantidade desse metal.

b) O Banco Central deverá comprar ou vender o ouro em quantidades necessárias.

c) O ouro deverá ser livre para exportação ou importação.

A crise econômica de 1929 fez com que os principais países, tais como os EUA e Inglaterra, abandonassem esse padrão, a ponto de se criar um novo.

Em 1944, os países desenvolvidos reuniram-se em Bretton Woods (EUA), com o intuito de estabelecer normas sobre o Sistema Financeiro Internacional. Dentro das novas medidas encontra-se a criação do Fundo Monetário Internacional (FMI), que estabeleceu algumas regras para o comércio internacional, entre as quais a eliminação do controle cambial para evitar desvalorização das moedas e eliminar barreiras alfandegárias. Mesmo assim, os membros poderiam reajustar a taxa de câmbio em 10%, no máximo. Para variações superiores os países precisavam de uma aprovação prévia do FMI.

Os países anunciavam a paridade de suas moedas em termos de ouro e em relação ao dólar, o que dava no mesmo, já que o dólar foi fixado em US$ 35 a *onça troy*[6], cotação esta estabelecida em 1934 pelos EUA. Em 1971 os EUA desvalorizaram o dólar em relação ao ouro, alterando a paridade da onça para US$ 38. Há muitos anos o dólar já era considerado uma moeda reserva internacional.

As crises econômicas observadas na década de setenta, nos países desenvolvidos, e principalmente nos subdesenvolvidos, provocaram flutuações nos preços internos dos diversos países, tornando impraticável o sistema de taxas fixas. Em 1971, os EUA suspenderam a conversibilidade do dólar em ouro, de tal modo que os países que detivessem reservas em dólar não mais pudessem trocá-la por ouro da reserva americana.

Como na época o dólar se enfraquecia, enquanto o ouro se fortalecia, os países prejudicados pelas mudanças impostas pelos EUA admitiram flutuações nas suas moedas, de modo a reajustá-las em relação ao dólar.

O enfraquecimento da moeda norte-americana e o constante déficit comercial dos EUA provocaram excesso de dólares na Europa, pressionando as demais moedas a se valorizarem, o que aconteceu com o marco alemão e o iene japonês, dentro da política de paridade, por força das condições do mercado de divisas. Em fevereiro de 1973, o dólar é novamente reajustado para US$ 42,22 a onça, o que acarretou nova valorização das demais moedas.

---

[6] Onça troy – medida de peso inglesa, equivalente a 28,349g

Capítulo 5 - Política Cambial e Teorias de Ajustes do Balanço de Pagamentos

Para evitar esses problemas, os países industrializados da Europa estabeleceram mecanismos de flutuação conjunta em relação ao dólar para não sofrerem perda nas relações de troca, na falta de competitividade dos produtos europeus.

A partir de 1974, maioria dos países já havia abandonado o sistema de paridade fixa, permitindo aos países do Mercado Comum Europeu alteração nas paridades entre os países membros do MCE e em relação ao dólar.

As atuais regras do FMI encorajam a desvalorização cambial, sempre que o Balanço de Pagamentos de um país apresentar desequilíbrios provocados por fatores externos ou internos, ou a critério do país. Os países desenvolvidos adotaram reajustes na taxa de câmbio pela flutuação do mercado, enquanto os demais reajustaram suas moedas objetivando equilibrar Balanço de Pagamentos.

A União Européia, na década de noventa, aperfeiçoou o sistema flutuante de taxas de câmbio entre as moedas dos países mais industrializados, admitindo flutuações da paridade entre as moedas dentro de um intervalo de flutuação que foi denominado "bandas cambiais". Por esse sistema, os Bancos Centrais faziam intervenções no mercado comprando moeda estrangeira para elevar a cotação da moeda nacional, quando esta ameaçava ficar abaixo do limite mínimo estabelecido para a oscilação de sua moeda. Quando a cotação atinge a banda superior, o Banco Central vendia moeda estrangeira para reduzir a taxa cambial.

Com a introdução do EURO, como moeda dos países membros da União Européia, as políticas monetária e cambial desses países passaram a ser conduzidas pelo Banco Central Europeu (BCE), que estabeleceu o sistema de livre flutuação do EURO, em relação às demais moedas.

5. Efeitos da Desvalorização Cambial

Os principais efeitos provocados por uma desvalorização cambial que objetiva basicamente equilibrar as contas externas são:

a) Estímulo às exportações – A desvalorização cambial proporciona ao exportador maior quantidade de moeda nacional pelo mesmo valor exportado em moeda estrangeira. Há estímulo às vendas no exterior porque seu produto ganha competitividade no mercado internacional. Os produtos nacionais se tornam mais acessíveis no exterior porque eles poderão ser remunerados por uma quantidade menor de moeda estrangeira sem alterar o valor que ele rende em moeda nacional.

b) Desestímulo às importações – A necessidade de se gastar mais moeda nacional, para se obter uma unidade de moeda estrangeira, encarece a importação, tornando-se fator desestimulante. Este é um mecanismo que, apesar de contribuir para uma menor importação (uma vez que os produtos estrangeiros se tornam mais dispendiosos), pode ser considerado de efeito inflacionário, porque há produtos que pela sua alta inelasticidade precisam continuar a ser adquiridos no exterior, como é o caso do petróleo para os países não-produtores.

c) Incentivo à entrada de capitais estrangeiros – O reajuste cambial possibilita estímulos à entrada de capitais via investimento direto, porque, em moeda nacional, os investidores precisarão de recursos em menor quantidade. É claro que este mecanismo só será eficiente se a política com relação ao capital estrangeiro for favorável às empresas multinacionais, além de outros fatores, tais como estabilidade e regime político.

d) Desestímulo aos empréstimos externos – O reajuste provoca alteração no valor dos empréstimos contraídos no exterior, tornando mais difícil seu reajuste, já que o tomador de recursos necessita de mais moeda nacional para pagar sua dívida. Em termos macroeconômicos, a nação sofre a evasão de mais divisas para o pagamento da dívida externa. Com a desvalorização cambial, o custo do serviço da dívida (juros + amortizações) se elevará, em moeda nacional, tornando mais desestimulante a captação de recursos externos via endividamento.

Dando prosseguimento à política de controle inflacionário, de desenvolvimento do país e de equilíbrio nas contas externas, o governo pôde adotar reajustes na taxa cambial de magnitudes diferentes, apesar do regime de livre flutuação predominante desde 1999:

b) Reajustes com grandes desvalorizações – São reajustes feitos com intervalos de tempo mais longos. Esse processo traz problemas de super ou sobrevalorização. Como por exemplo, pode-se citar a ação do exportador que, por não saber exatamente a ocasião e a proporção do próximo reajuste, procura estocar mercadorias na expectativa de mudança cambial. Desta forma, ele corre o sério perigo de perder demais. Além do mais, o sistema facilita a especulação – a expectativa de uma acentuada desvalorização faz com que as pessoas troquem moeda nacional por estrangeira. Quando a desvalorização é efetuada, trocam novamente a moeda estrangeira pela nacional, obtendo lucros proporcionais ao ajustamento. Para evitar essa especulação e a incerteza,

Capítulo 5 - Política Cambial e Teorias de Ajustes do Balanço de Pagamentos 157

procura-se adotar um sistema de reajuste cambial mais brando, com reajustes menores e mais freqüentes.

c) Reajustes com pequenas desvalorizações – São reajustes feitos com intervalos com pequena freqüência de tempo. O sistema torna mais estável o comportamento do mercado para o exportador ou importador. A minidesvalorização, como é normalmente chamado o sistema, facilita também a tomada de recursos no exterior para financiar investimentos.

O sistema das minidesvalorização cambiais, feitas em pequenas variações e em espaços de tempo relativamente curtos, visa manter constante a taxa real de câmbio. As correções são feitas para neutralizar, dentro de prazos curtos, o efeito sobre as transações internacionais das taxas interna e externa da inflação.

Podemos citar várias vantagens na adoção do sistema de minidesvalorização, entre as quais:

• Maior estabilidade de preços para os agentes envolvidos.

• Eliminação do risco cambial envolvido nas exportações, importações, investimentos estrangeiros diretos e empréstimos externos.

• Garantia da estabilidade aos incentivos dados às exportações, ou restrições tarifárias às importações.

• Eliminação da especulação provocada por expectativa de grandes desvalorizações.

• Melhor ajuste no Balanço de Pagamentos.

O objetivo principal da política cambial brasileira nos últimos anos apresentou como preocupações fundamentais os seguintes ajustes:

a) Equilibrar o balanço de pagamentos em conta corrente - Possibilitado por incentivos às exportações de bens e serviços, por intermédio de maior penetração dos manufaturados brasileiros em mercados novos, o governo proporcionou um programa de substituição de importação de bens de capital, na tentativa de equilibrar a balança comercial. A maior dificuldade encontra-se, ainda, no equilíbrio da balança de serviços, principalmente na conta renda de capital, sempre negativa pelos altos juros pagos ao exterior e remessa de lucros e dividendos.

Finalmente, a política cambial possibilita maior estabilidade nas reservas internacionais:

b) Administração das reservas internacionais É importante para qualquer país o acúmulo de reservas, porque possibilita ao governo a manutenção de liquidez internacional. O nível de reservas é de extrema importância porque serve como parâmetro internacional de capacidade de endividamento no mercado financeiro internacional.

A política econômica de manutenção de taxas de crescimento do Produto Interno Bruto financiado com recursos externos, principalmente por intermédio de endividamento externo, tem provocado grandes preocupações aos administradores da política econômica de qualquer país, devido à necessidade de eficiente controle da administração dos serviços da dívida externa para evitar insolvência desse país ou descrédito junto ao mercado financeiro internacional, assim como ao ajuste do Balanço de Pagamento e na manutenção de um nível de reservas internacionais aceitável.

Para analisar a capacidade de endividamento de uma economia, os órgãos financeiros internacionais e os governantes do país analisam vários indicadores que refletem o comportamento da dívida, para que essa não traga como conseqüência desajustes nas contas externas e na própria credibilidade do país no resto do mundo.

Mas, antes de analisarmos as dificuldades de ajuste de Balanço de Pagamento do Brasil, conceituamos os principais **indicadores de vulnerabilidade externa**, que são utilizados como parâmetros para medir a liquidez do país.

a) Serviço da Dívida/Exportações – Esse indicador mostra o percentual de receita de exportação que pode ser transformada em pagamento do serviço da dívida (juros + amortizações no mesmo período). Normalmente para a dívida externa um coeficiente acima de 20% já reflete um indicador de dificuldade na administração eficiente da dívida. Este é um indicador largamente utilizado para se medir o grau de solvência de um país.

b) Dívida Líquida/Exportações – A dívida líquida (DL) é medida pela diferença entre a dívida bruta (DB) e as reservas internacionais.

Logo, temos: DL = DB – RI

O coeficiente reflete um indicador importantíssimo na capacidade de endividamento externo de um país. Este indicador mostra em quantos anos o país poderia saldar sua dívida líquida, se pudesse carrear o total de sua receita de exportações para este fim. Sua grande limitação, segundo Galvêas (1984), é que este coeficiente, entretanto, não leva em conta o montante do custo da dívida, e

Capítulo 5 - Política Cambial e Teorias de Ajustes do Balanço de Pagamentos 159

não considera de que forma as amortizações do principal e os pagamentos de juros estão distribuídos ao longo dos anos vindouros.

Muitos estudiosos, no entanto, não consideram esse indicador muito importante, porque o que deve ser levado em conta não é o tamanho da dívida, mas o cronograma de amortizações a ser efetivado para pagar a mesma.

São analisados, também, mais dois conceitos que exprimem relações entre exportações e serviço da dívida.

c) Coeficiente de Vulnerabilidade – É representado pela percentagem das exportações que deveria ser desviada para atendimento do serviço da dívida após a utilização da componente financeira das reservas internacionais.

Entende-se por componente financeiro o resíduo das reservas internacionais (componente financeiro), após deduzido o valor equivalente a três meses de importação.

$$\text{Coeficiente de Vulnerabilidade} = \frac{\text{Serv. Da dívida} - \text{Reservas Inter. (Comp. Financ.)}}{\text{Exportações}}$$

O importante para analisar esse coeficiente é conhecer seu comportamento ao longo do tempo, uma vez que seu valor isolado não é significativo.

É um índice construído supondo-se interrupção na entrada de capitais externos, pois ele representa qual percentual das exportações deveria ser dispensado para fazer face ao serviço da dívida que excedesse a componente financeira das reservas internacionais.

d) Coeficiente de Proteção – Mostra o percentual de empréstimos conseguidos em determinado ano que poderia ser reduzido sem que houvesse transferências de poupança interna e externa, para pagar o serviço da dívida.

$$\text{Coef. de Proteção} = \frac{\text{Empréstimos e Financiamentos Levantados} - \text{Serviço da Dívida}}{\text{Empréstimos e Financiamentos Levantados}}$$

Nota-se que quanto maior for a parcela dos empréstimos e financiamentos que exceder ao serviço da dívida, maior será este coeficiente.

Este coeficiente mostra a margem percentual de redução do levantamento de empréstimo que poderia ocorrer sem que se tornasse necessário promover uma transferência de recursos para o exterior, para atender o serviço da dívida.

A globalização da economia proporcionou maior dinamização ao mercado de transações financeiras internacionais, permitindo uma agilização de movimento de capitais entre países, fazendo com que a política cambial ganhe espaço, porque os balanços de pagamentos dos países se tornaram mais vulneráveis às transferências de recursos no mercado financeiro internacional.

6. Políticas de Ajuste do Balanço de Pagamentos

As políticas de ajuste do balanço de pagamentos referem-se basicamente a manutenção do equilíbrio das contas correntes, também denominada de "transações correntes", que envolvem a balança comercial, a balança de serviços e as transferências unilaterais. O resultado das transações correntes reflete a vulnerabilidade externa de um país. Se um país apresenta um déficit elevado em comparação ao Produto Interno Bruto (PIB) do país, significa uma maior necessidade de financiamento externo para equilibrar o balanço de pagamentos.

Para melhorar o resultado da balança comercial, as estratégias envolvem a política comercial, de abertura de novos mercado e incentivos às exportações e o controle das importações, que pode se implementar pelo processo de substituição de importações, ou mesmo por políticas protecionistas, onde o controle cambial pode e foi bastante utilizado no Brasil.

Por fim, a política de ajuste pode ser implementada a partir das teorias de ajuste cambial, que em última instância possibilitam o equilíbrio do balanço de pagamentos e a taxa de câmbio é fundamental para proporcionar esse equilíbrio das contas externas. Mas qual a taxa de câmbio compatível com esse equilíbrio?. Como determinar a taxa de câmbio?. Para responder a essas questões desenvolveremos a seguir as principais teorias que abordam o ajuste da taxa de câmbio e como elas foram utilizadas na política brasileira nos últimos anos.

6.1. A Teoria da Paridade do Poder de Compra

A determinação da taxa de câmbio entre as moedas de dois países tem sido, ao longo do tempo, um fator determinante no comércio internacional, dada sua importância na condução da competitividade das exportações.

Capítulo 5 - Política Cambial e Teorias de Ajustes do Balanço de Pagamentos 161

De acordo com essa teoria, descrita por Zini (1993), a taxa de câmbio é determinada pela interação entre oferta e demanda por divisa, e a partir das características fundamentais das nações. A taxa de câmbio pode apresentar distorções nos preços relativos, provocando desequilíbrios no comércio internacional, e por conseguinte na taxa de câmbio real.

Independentemente da abordagem de ajuste do balanço de pagamentos, a discussão tem girado em torno da definição de uma taxa de câmbio real compatível com a competitividade das exportações. No caso brasileiro, a política de determinação da paridade cambial, foi introduzida em 1968, com as minidesvalorizações da moeda nacional, tendo com fundamento a **Teoria da Paridade dos Preços** *(PPP ou Purchasing Power Parity)*, ou Teoria da Paridade do Poder de Compra e foi amplamente utilizada pelos governos.

A Teoria da Paridade dos Preços, que define a taxa de câmbio nominal entre dois países em função da diferença entre a inflação desses países e a taxa de câmbio real estabelecida, é dada por:

$$TCr = TCn \cdot P^*/P$$

Onde,

TCr é a taxa real de câmbio,

TCn é a taxa nominal e

P^* e P são os preços estrangeiros e domésticos respectivamente.

A relação demonstra que a taxa real de câmbio entre dois países varia de acordo com as taxas nominais e com as diferenças de inflação entre eles.

Nesta teoria, a taxa de câmbio deve refletir a relação entre os preços relativos entre dois países, levando a um equilíbrio entre elas no longo prazo. No entanto, as diferenças nas taxas de inflação não permitem estabelecer, com precisão, uma equação estável entre as taxas de câmbio, tornando a paridade questionável para prazos mais longos. Correções de curto prazo, considerando a inflação doméstica e a do exterior, dão uma aparente sensação de correção, mas não garantem uma paridade no longo prazo, porque outros fatores, como ganhos de tecnologia e produtividade, alteram a relação de preços relativos.

Nas nações que não adotaram a livre flutuação cambial, a PPP foi amplamente utilizada como critério de ajustamento das taxas de câmbio em que as desvalorizações cambiais deveriam considerar a diferença entre a inflação doméstica e a internacional. A PPP, pela sua simplicidade, foi e ainda é considerada parâmetro para saber se o câmbio está defasado ou ajustado.

O grande problema da utilização da referida teoria é que alguns de seus fundamentos não são considerados quando de sua utilização. Primeiramente ela ignora, na arbitragem internacional dos preços, a existência de bens "*tradables*" (comercializáveis internacionalmente) e "*non-tradables*" (comercializáveis no mercado doméstico), que podem distorcer a determinação, pelo mercado, da taxa de câmbio real, uma vez que os índices de inflação podem não refletir a real defasagem dos preços relativos.

Sua formulação está, também, embasada na *Lei do Preço Único*[7], que não discrimina os comercializáveis dos não comercializáveis e desconsidera diferenças de produtividade, de choques de oferta e de diferenças salariais. Como outro ponto crítico tem-se, ainda, o fato dessa teoria ignorar problemas de incorporações tecnológicas, de preferências dos consumidores e das mudanças temporais nas estruturas de determinação dos preços do país em relação ao que está sendo parâmetro para a determinação da taxa real de câmbio.

6.2. A Abordagem da Absorção e Ajuste Monetário do Balanço de Pagamentos

A abordagem da absorção demonstra as causas de desajustes no balanço de transações correntes e descreve a mudança da taxa cambial necessária para reequilibrar as contas externas.

O principal argumento do impacto das desvalorizações cambiais é motivado pelo efeito sobre a balança comercial, que estimula as exportações e cria barreiras de preço sobre as importações, uma vez que os preços relativos dos produtos importados ficam mais caros e dos exportados mais baratos. Esses impactos dependerão da elasticidade-preço da oferta e da demanda das exportações e a elasticidade-preço da oferta e demanda das importações.

O efeito sobre a balança comercial irá depender dessas elasticidades e o modelo descreve uma relação das elasticidades levando em consideração o saldo entre exportações e importações (X-M). Para essa abordagem, o efeito na melhoria da balança decorrente de uma desvalorização depende de uma redução no termo de troca externa do país, dada por Px/Pm (preços externos/preços domésticos).

---

[7] A lei do preço único considera que os índices de preços dos diferentes países são comparáveis, refletindo os mesmos fatores de determinação dos preços internacionais

Capítulo 5 - Política Cambial e Teorias de Ajustes do Balanço de Pagamentos

Uma das críticas a esta abordagem refere-se a dependência na mudança do termo de troca que possibilita questionar a efetividade das desvalorizações, o que só ocorreria se a elasticidade-preço das demandas fossem elevadas. Uma outra crítica é que ela não considera os afeitos na conta capital e os efeitos da política monetária com relação ao diferencial de juros domésticos e internacional. E, por último, o modelo não considera os impactos da inflação.

O *Enfoque da Absorção* é conseqüência da crítica à teoria da elasticidade que não considerava efeitos sobre a distribuição da renda nos ajustes das transações correntes, conforme descrito por Zini (1993), que identifica o saldo das transações correntes a partir da diferença entre a produção total de bens e serviços e a absorção total desses bens sob forma de consumo, investimentos e gastos do governo.

A relação de absorção é dada por:

$$SCC = Y - A$$

Onde,

SCC é o saldo em transações correntes,

Y é o nível de produção de bens e serviços e

$A = C + I + G \Rightarrow$ é a absorção dada pela demanda agregada representada pelo consumo das famílias(C), Investimentos(I) e pelos gastos governamentais(G).

O termo SCC é igual a renda menos o dispêndio agregado e pode ser interpretado, também, como o acúmulo líquido de ativos internacionais, uma vez que o modelo não afeta a Renda(Y). Se SCC < 0, tem-se que os residentes estão absorvendo mais do que produzem e se SCC > 0, significa que os residentes estão absorvendo menos do que produzem.

Para melhorar o saldo das transações correntes, o modelo preconiza rigoroso controle monetário, fiscal e ajustes permanentes na taxa de câmbio, como políticas possíveis de equilíbrio. A redução da absorção para melhorar o SCC se dará por intermédio da política de elevação dos juros, pela contração monetária e pela redução da demanda agregada, que poderão ser obtidos por instrumentos de controle de demanda, inclusive com relação aos controles cambiais.

No modelo, uma das propostas para ajustar a demanda agregada, é a desvalorização cambial. No entanto, observa-se, segundo ZINI (1993), três efeitos diretos de uma desvalorização: o "saldo monetário retido", a " ilusão monetária" e a " redistribuição de renda". Os dois primeiros tendem a reduzir a absorção devido ao efeito riqueza, porque depois de uma desvalorização os agentes reduzem sua riqueza em moeda nacional. Já o efeito "distribuição de renda" acontece porque o dispêndio agregado se altera em função da propensão marginal a poupar menos elevada para outro com propensão mais elevada.

O modelo é criticado por não considerar alterações nos preços relativos como conseqüência da desvalorização, mas apenas o efeito da redução da absorção. Por isso é que os programas de ajustamento procuram reduzir o dispêndio como forma de contribuir com o equilíbrio das transações correntes, o que redundou na formulação do enfoque de ajustamento prognosticado pelo FMI. Para Zini:

> "*O enfoque da absorção trouxe para o primeiro plano a idéia de que os programas de ajustamento necessitam reduzir o dispêndio agregado relativamente à renda... Ao abrir o caminho para essas idéias, o enfoque da absorção foi instrumental para a formulação da abordagem monetária ao balanço de pagamentos e para a moldagem das políticas de ajustamento recomendadas pelo FMI". (1993)*

Quanto à abordagem *Monetária do Balanço de Pagamentos* pode-se afirmar que representa uma mudança de enfoque, pois passa a enfatizar a natureza monetária do balanço de pagamentos. Conforme esse enfoque, um desequilíbrio nas contas externas afeta diretamente o nível de reservas internacionais, tendo efeito direto sobre a liquidez da economia doméstica. Qualquer desequilíbrio do balanço de pagamentos demonstra um excesso de oferta ou demanda por moeda. O modelo se aplica a situações de regime de câmbio fixo ou de taxas administradas, porque com o câmbio flutuante, teoricamente, o balanço de pagamentos se ajusta automaticamente.

A abordagem acima parte de três hipóteses como fundamentais para os resultados do ajuste das contas externas, que são:

1. Existe uma função claramente definida de demanda por moeda que depende de um número pequeno de variáveis em que essa demanda é diretamente relacionada à renda, considerando a velocidade de circulação da moeda constante.

2. referente a exogeneidade da moeda, tendo como fundamento que a Autoridade Monetária tem controle total sobre o fluxo da oferta monetária,

Capítulo 5 - Política Cambial e Teorias de Ajustes do Balanço de Pagamentos

mas não tem controle do estoque por causa das reservas internacionais, que alteram a oferta monetária.

3. O modelo considera que a arbitragem internacional equaliza os preços dos bens e serviços entre a economia doméstica e o resto do mundo, bem com dos retornos financeiros dos títulos, o que significa reafirmar, no primeiro caso, a validade da paridade do poder de compra.

O modelo pode ser descrito de acordo com as equações abaixo, que definem o equilíbrio no mercado monetário:

$$B = RI + CD$$

Onde,

B é a base monetária, que é igual à soma das reservas internacionais (RI) e dos créditos do Banco Central (CD) ;

A oferta de moeda M é igual a base monetária vezes o multiplicador monetário m;

$$M^s = mB$$

A demanda por moeda é função linear do nível de preços, de renda Y e da taxa de juros i;

$$M^d / P = kY - hi$$

Representa a condição de equilíbrio do mercado monetário

$$M^s = M^d$$

Na abordagem monetária, o relevante a ser estudado é o fluxo de demanda e de oferta de moeda. O mercado monetário estará em equilíbrio quando a variação da demanda por moeda for igual a variação na oferta, de acordo com a Teoria Quantitativa da moeda ou seja, $\Delta M^s = \Delta M^d$.

Por definição, o balanço de pagamentos BP é representado pela diferença entre a variação na demanda por moeda e a expansão no crédito doméstico

$$BP = \Delta M^d - \Delta CD$$

Um superávit no balanço de pagamentos representa uma situação em que os residentes domésticos aumentam a demanda em níveis superiores à oferta, pela Autoridade Monetária. Um déficit representa um excesso de oferta de crédito doméstico pelo Banco Central em relação ao aumento da demanda na moeda pelos residentes do país.

A abordagem monetária do BP permite analisar os principais resultados levantados pela teoria monetária, quais sejam: o crescimento econômico tenderá a gerar um superávit no balanço de pagamentos porque a medida em que a renda cresce a demanda por saldos reais também cresce. Outro ponto importante é que se o país apresentar déficit no balanço de pagamentos haverá perdas de reservas internacionais que levarão a uma redução da base monetária, levando a economia a um ajuste automático do nível de atividade e, portanto, da demanda agregada.

O modelo demonstra, ainda, que qualquer tentativa da Autoridade Monetária em esterilizar[8] os fluxos de reservas internacionais, o efeito será temporário. Enfim, a abordagem se preocupa com o saldo do balanço de pagamentos, independentemente de sua composição, sendo indiferente se o equilíbrio é sustentável no longo prazo ou não.

No caso de uma desvalorização cambial, os efeitos são temporários, porque essa desvalorização eleva o nível dos preços domésticos (por elevar os preços dos bens comercializáveis), impondo aos residentes gastos abaixo de suas rendas, provocando uma redução na absorção, gerando um superávit na conta corrente.

Esse modelo pode ser também explicado por meio das identidades das equações de determinação da renda, da contabilidade nacional, conforme analisado por Horta *et alli* (1984: 25/28), e descrito a seguir:

Pelo enfoque da demanda agregada, temos que:

$$DA = C + I + G + X$$

Onde,

C = consumo privado

I = Investimento

---

[8] Diz-se que há *esterilização* quando o BC evita expandir a base monetária através do lançamento de títulos no mesmo volume da entrada de reservas, anulando a possível expansão monetária.

Capítulo 5 - Política Cambial e Teorias de Ajustes do Balanço de Pagamentos

G = Gastos do governo

X = exportação

Pelo enfoque da renda agregada, tem-se que:

$$Y = C + S + T + M$$

Onde,

S= Poupança Privada

T= Receita do governo

M= Importação

Pela identidade de equilíbrio de demanda agregada igual à renda agregada, chega-se a igualdade:

$$C + I + G + X = C + S + T + M$$

O resultado, ajustando a equação de igualdade é:

$$(X - M) = (S - I) + (T - G)$$

Como a relação (X - M) representa o saldo das transações correntes que é teoricamente financiado pelas reservas internacionais, tem-se então que:

$$\Delta RI = X - M$$

sendo:

ΔRI = variação nas reservas internacionais

Se $\Delta RI < 0$, é porque que o setor privado investiu mais do que poupou ou o governo apresentou déficit público (G > T) ou ambas as situações ocorreram simultaneamente. Neste caso, a redução das reservas internacionais corresponde à redução, na mesma proporção da Base Monetária.

A contração da Base Monetária, o que significa restrição monetária, provoca a elevação das taxas de juros, desestimulando os investimentos e o consumo privado, levando a uma redução da demanda agregada até o equilíbrio automático do balanço de pagamentos, conforme assinalam os autores assim, sempre que surgisse um déficit de balanço de pagamentos, devido a qualquer choque externo (elevação dos preços do petróleo ou das taxas internacionais de juros, por exemplo) ou interno (uma má safra agrícola que reduzisse as exportações ou exigisse maiores importações, por exemplo), desencadear-se-ia um mecanismo de ajuste automático que, via redução da demanda agregada, restabeleceria o equilíbrio do balanço de pagamentos.

Os ajustes do balanço de pagamentos, no entanto, não são automáticos. É necessário que a Autoridade Monetária pratique políticas monetária, fiscal e cambial restritivas, no sentido de restabelecer esse equilíbrio.

Para entender melhor, tem-se que:

$$B = RI + CD$$

Pode-se deduzir então que:

$$\Delta CD = \Delta B - \Delta RI$$

Desse modo, pode-se afirmar que a variação no crédito doméstico é idêntica ao resultado da variação da Base Monetária, deduzida da variação das reservas internacionais.

Segundo a abordagem da política econômica do FMI, é imperioso estabelecer, na programação da política a ser implementada, metas de desempenho do crédito doméstico e da Necessidade de Financiamento do Setor Público, nos seus programas de ajustamento econômico de estabilização, porque o controle dessas variáveis era e ainda é essencial para ajustar a capacidade de absorção da economia.

Ao determinar o controle do crédito doméstico, o FMI exige que a redução nas reservas internacionais sejam acompanhadas por redução na base monetária para não permitir o excesso de dispêndio. O controle monetário e creditício implica no ajuste dos investimentos e do consumo privado e para distribuir o ajuste o FMI exige, também, o controle dos gastos públicos. Na área externa, o ajuste é proporcionado por desvalorizações da moeda, para resultar em superávits das contas correntes.

As tentativas da Autoridade Monetária em esterilizar os fluxos de reservas produzem apenas resultados temporários. O equilíbrio de longo prazo no mercado monetário depende dos saldos reais que os residentes domésticos desejam

Capítulo 5 - Política Cambial e Teorias de Ajustes do Balanço de Pagamentos

manter como parte de sua riqueza. Os efeitos de uma desvalorização cambial são temporários porque esta produz uma elevação dos preços domésticos comercializáveis, implicando numa redução dos gastos dos residentes por terem seus preços equiparados aos preços internacionais.

Se um déficit no balanço de pagamentos provoca um excesso de demanda por moeda, a solução adotada é limitar a expansão do crédito doméstico, fórmula que tem servido de embasamento para as formulações dos ajustes propostos pelo Fundo Monetário Nacional, como já foi referido.

Para o FMI, o déficit público é considerado como uma das principais causas do excesso de criação de crédito, porque muitas vezes o déficit é financiado por emissão ou por empréstimos externos. Apenas os países com um mercado de capitais mais evoluído é que poderiam se utilizar do mercado de títulos. Mesmo assim considera-se que, por trás de um déficit em conta corrente, existe um déficit governamental e, como conseqüência, um excesso de oferta de moeda, cabendo, assim, aos países adotar um rigoroso controle da oferta monetária.

Conforme já mencionado, os programas de ajustamento do FMI exigem para liberação de financiamento, que os países, alem de limitarem a expansão da oferta monetária, cumpram metas para a balança comercial e de conta corrente e metas gerais para o balanço de pagamentos e endividamento externo. Os programas ainda incluem medidas adicionais de liberalização do comércio e não interferência no sistema de preços.

A esse conjunto de exigências, diversas críticas têm sido levantadas. A principal refere-se ao caráter recessivo, o que implica em rigoroso ajuste, apresentando, portanto em elevados custos para a sociedade.

6.3. A Condição da Paridade dos Juros

As mudanças de política iniciadas na década de 90, permitindo uma mais livre movimentação de capitais estrangeiros mudaram o enfoque dos ajustamentos pela moderna teoria da paridade dos juros. Para essa teoria, existindo mobilidade de capital, seu fluxo internacional obedecerá a uma arbitragem, que levará em consideração a diferença de taxas de juros entre o mercado doméstico e o internacional, e a expectativa quanto ao câmbio futuro- se de depreciação ou apreciação.

A igualdade entre os rendimentos em aplicações domésticas, em termos nominais, e a taxa de juros no mercado externo, acrescida do risco país (dado pelo diferencial de taxa de câmbio futura e pronta), é dada por:

$$(1 + r) = (1 + r^*).(1 + e*)$$

onde,

r é o juro doméstico,

r* a taxa de juro internacional e

e* o diferencial entre o câmbio futuro e o à vista, dado pela fórmula:

$$e* = (e_1 - e_0)/e_0$$

onde,

e_1 = taxa de câmbio futuro

e_0 = taxa de câmbio pronta

A paridade está associada ao diferencial entre a taxas de juros interna e a externa, adicionada a um componente de expectativa de desvalorização ou valorização da moeda doméstica. Se a taxa de juros interna for superior a internacional e a expectativa quanto a desvalorização for irrelevante, o movimento do capital será no sentido de entrada de capital. No entanto, se a expectativa de desvalorização futura for considerável, o investidor levará em conta essa expectativa para analisar se compensa trazer capital para investir ou se repatria os recursos já aplicados no País, tendo em vista a expectativa de seu rendimento dado pelos juros internos elevados não ser compensada pela desvalorização esperada.

Assim, quanto maior a estabilidade do mercado de câmbio, maior será o grau de convergência entre as taxas de juros doméstico e a taxa internacional. Como conseqüência, quanto maior a expectativa de que a taxa de câmbio venha a se depreciar, gerando mais incertezas, maior deverá ser a taxa de juros doméstica oferecida aos investidores estrangeiros.

Os investidores definem claramente as taxas de juros nominais das taxas reais e, como estas taxas são normalmente incertas, o modelo se refere, em geral, às taxas esperadas para o futuro. A condição de paridade dos juros nominais equipara as diferenças das taxas de juros nominais entre as moedas às variações esperadas nas taxas nominais de câmbio, e a paridade dos juros equipara as diferenças entre as taxas de juros esperadas às variações esperadas nas taxas de câmbio reais.

De acordo com o modelo de paridade dos juros descrito por Krugman (1999),

Capítulo 5 - Política Cambial e Teorias de Ajustes do Balanço de Pagamentos

" *o mercado de câmbio está em equilíbrio quando os depósitos de todas as moedas oferecem a mesma taxa de rendimento esperado. A condição de que os rendimentos esperados dos depósitos de quaisquer duas moedas sejam iguais quando medidos em uma mesma moeda é denominada condição de paridade dos juros*".

O autor acrescenta que é somente quando tal condição estiver presente que:

"*... não haverá oferta excedente de algum tipo de depósito nem demanda excedente por outro. O mercado de câmbio está em equilíbrio quando nenhum tipo de depósito tem, excesso de demanda ou excesso de oferta. Portanto, podemos dizer que o mercado de câmbio está em equilíbrio quando ocorre a condição da paridade dos juros.*".

O gráfico a seguir representa o modelo descrito por Krugman.

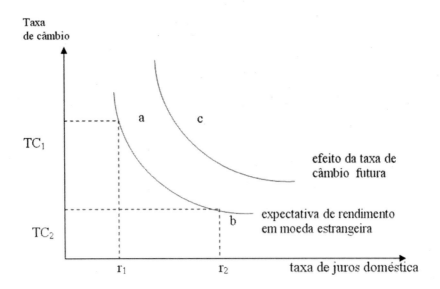

Efeito da política de juros sobre taxa de câmbio

Conforme observado, o gráfico relaciona a taxa de juros doméstica à taxa de câmbio que equilibra o mercado de câmbio. No eixo horizontal tem-se o efeito da gerência da política de juros a ser implementada, de acordo com a teoria da paridade dos juros, para ajustar a taxa de câmbio, considerando a necessidade de apreciar ou desvalorizar a taxa para proporcionar o ajuste das contas corrente e principalmente de movimento de capitais.

A curva representa a expectativa de rendimento em moeda estrangeira, comparativamente ao rendimento interno. O efeito da taxa de câmbio futura significa deslocamento desta curva. Se há expectativa de desvalorização futura a curva se desloca para a direita e se a expectativa é de valorização, a mesma se desloca para a esquerda.

Imaginando um equilíbrio inicial em **a**, com taxa de juros r_1 e taxa de câmbio **TC1** e ocorrendo uma elevação dos juros domésticos para r_2, então a taxa de câmbio passa para TC2, levando o equilíbrio para o ponto **b,** com a moeda mais apreciada, como resultado da entrada de recursos externos, proporcionada pela elevação da taxa de juros doméstica.

Para a taxa de câmbio TC1, o rendimento em moeda nacional é **c**, mais elevado do que o rendimento esperado em **b**. Essa diferença faz com que a moeda doméstica seja apreciada para TC2, pelo fato de não ter havido nenhuma mudança na taxa de juros internacional ou na taxa de câmbio futura esperada. A apreciação da moeda doméstica eleva o rendimento esperado dessa moeda sobre os depósitos em moeda estrangeira, elevando a expectativa da taxa de depreciação esperada da moeda doméstica futura até a redução do excedente.

O que se tem observado é que as três teorias acima descritas estão presentes na formulação da política cambial brasileira desde a década de 60, quando o governo iniciou o sistema das minidesvalorizações cambiais, baseado na teoria da paridade dos preços, como forma de manutenção da taxa real de câmbio. Para definir a taxa real de câmbio, a Autoridade Monetária sempre considerava a diferença de preços observada internamente e, em geral, a dos Estados Unidos, então o maior parceiro comercial.

A partir dos anos 80, quando o Brasil enfrentou diversas crises cambiais e precisou recorrer ao FMI, a abordagem de ajustamento daquela instituição passou a fazer parte da política econômica do país. A performance da balança comercial, de acordo com o modelo teórico proposto, exigia a redução do nível de investimento e, por conseqüência, da produção, pois o Fundo avaliava a situação brasileira, como se todos as crises econômicas fossem causadas por desajustes internos. Desta forma, a década de 80 foi caracterizada por políticas recessivas e de ajustes externos profundos.

As exigências do FMI foram implementadas pelo governo brasileiro, que se viu sem outra alternativa de política econômica para ter acesso ao crédito

Capítulo 5 - Política Cambial e Teorias de Ajustes do Balanço de Pagamentos 173

internacional. Nessa época, a política recessiva e de juros dos EUA afetou bastante os países com elevada dívida externa, principalmente os países da América Latina e em especial o Brasil. Por mais que o País se esforçasse para aumentar as exportações, através das desvalorizações e das restrições ao crédito doméstico, os juros internacionais e o preço do petróleo e derivados recrudesciam, mantendo o valor das importações substancialmente elevado.

Com a abertura econômica praticada no início dos anos 90, o fluxo internacional de capital cresceu e o parâmetro para os investidores e para a Autoridade Monetária passou a ser o diferencial de taxas de juros interna em relação à internacional, segundo a abordagem da paridade dos juros. Mais uma vez o País se dobra para à imposição internacional de abertura de mercado e, em decorrência da inelasticidade das importações é levado a praticar a política de juros com finalidade de captar recursos externos capazes de financiar o déficit nas transações correntes que existiam até o início de 2000. Desta vez, o esforço provoca elevação da dívida pública mobiliária, causando déficits fiscais cada vez mais elevados. As metas impostas pelo FMI passaram a se relacionar com a geração de superávits primários capazes de financiar parte dos juros causados pela política de incentivo a captação de recursos externos.

Podemos ainda mostrar um fluxograma que demonstrar os efeitos de uma estabilidade da taxa de câmbio, considerando uma eficiente coordenação entre a política monetária, fiscal e cambial, que, de acordo com os mecanismos de transmissão da política monetária descritos no capítulo 3, melhoram a expectativa da inflação futura:

Fatores de Estabilidade da Taxa de Câmbio

7. O Modelo *IS-LM* com Balanço de Pagamentos

Conforme vimos anteriormente, o balanço de pagamentos é composto por:

$$BP = TC + MK = 0$$

O ajuste das transações corrente depende da renda interna, que altera as importações; da renda externa, que altera as exportações e da taxa de câmbio, que altera ambos. Já a conta Movimento de Capitais é ajustada basicamente pela taxa de juros, ou mais precisamente pelo diferencial da taxa real de juro interna e a taxa real de juro externa.

Inicialmente vamos considerar um país que não tem mobilidade de capitais, por ser um país pequeno ou não apresentar um mercado financeiro que permita a movimentação de capitais estrangeiros. Desta forma, conforme já descrito no início do capítulo, o ajuste se dará apenas pelas transações corrente, que definiremos como:

$TC = X - M$, onde : $X = X$ (Tx. Câmbio, Px, Y*)

$M = M$ (Tx. Câmbio, Pm, Y)

Para adaptar ao modelo IS/LM, consideraremos apenas a influência da renda interna (Y), tratando as demais variáveis "ceteris paribus". Temos então que:

$M = M (Y)$ ou $M = mY$, onde "m" é a propensão marginal a importar

$X = X (Y^*)$

O gráfico a seguir ilustra o comportamento dessas variáveis. A curva de importação é crescente em relação à renda interna e a de exportação é que define um nível de renda interna. O equilibro das transações corrente acontecerá na interseção das curvas, quando X for igual a M, determinando uma renda de equilíbrio (Y). À direita desse equilíbrio, a importação supera a exportação e temos um déficit nos BP e à esquerda, a exportação supera a importação e temos um superávit do BP.

Como estamos considerando um país sem mobilidade de capitais, a taxa de juros não tem influência e podemos, no quadrante abaixo, definir uma curva inelástica em relação a taxa de juros, representando a curva de equilíbrio do BP. Nesse caso, qualquer ponto à direita da curva BP, representará um déficit e à esquerda um superávit do balanço de pagamentos:

Capítulo 5 - Política Cambial e Teorias de Ajustes do Balanço de Pagamentos 175

No entanto, a medida em que o país permite a movimentação de capitais estrangeiros, a taxa de juros passa a ser uma variável determinante, também, do equilíbrio do balanço de pagamentos, porque esse movimento acontecerá em função do diferencial de juros real interno e externo. Desta forma, quanto maior a liberdade de capital, mais inclinada será a curva BP. No caso de plena liberdade de movimentação de capital a curva BP será totalmente horizontal, conforme mostra o segundo gráfico a seguir:

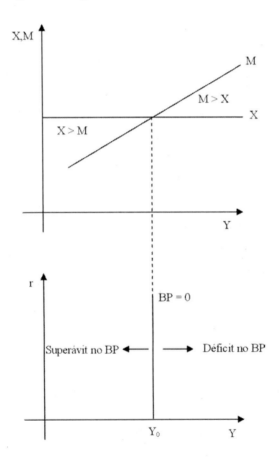

Introduzindo as transações com o exterior no modelo *IS-LM* anteriormente desenvolvido, poderemos ver com maior clareza a correlação entre as políticas monetária, fiscal e cambial.

Para simplificar o modelo, admitiremos nas nossas demonstrações apenas o caso de um país com a livre movimentação de capital com o resto do mundo e que o equilíbrio no Balanço de Pagamentos se dará pela política de ajuste, com utilização de instrumentos monetários e cambiais, tendo como referencial a diferença de taxas de juros interna e externa.

Para que um país tenha equilíbrio no Balanço de Pagamentos é necessário que a taxa de juros interna seja igual à taxa externa para que o fluxo de capital não desequilibre o Balanço de Pagamentos. Se a taxa interna de juros for superior aos juros externos implicará entrada de recursos que gerarão um superávit no Balanço de Pagamentos. Caso contrário, se a taxa interna for inferior à externa, haverá uma saída de capital, gerando um déficit no *BP*, conforme podemos observar no gráfico a seguir.

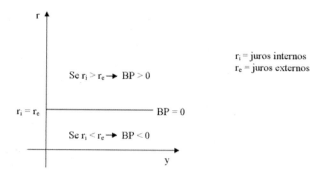

A análise *IS-LM* com perfeita mobilidade de capital dependerá do tipo de taxa de câmbio praticado pelo país. Temos, pois, duas situações:

a) Taxa de câmbio fixa Com um sistema de taxa de câmbio fixa, os bancos centrais ficam comprometidos a comprar e vender a moeda estrangeira, para financiar quaisquer superávits ou déficits no *BP*.

Nesse caso o Banco Central não pode fazer uma Política Monetária independente porque qualquer tentativa de expandir ou contrair a moeda será neutralizada pelo ajuste no Balanço de Pagamentos.

O gráfico a seguir ilustra o exemplo de uma expansão monetária, com um regime de câmbio fixo:

Capítulo 5 - Política Cambial e Teorias de Ajustes do Balanço de Pagamentos 177

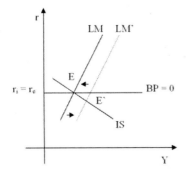

Admitindo-se perfeita mobilidade de capital, a economia estará em equilíbrio com o Balanço de Pagamento, também em equilíbrio, em E. Uma expansão monetária que reduza a taxa de juros interna para o ponto de equilíbrio em E´causa uma pressão para uma redução na taxa de câmbio que, juntamente com o diferencial de juros, provoca uma saída de capital, forçando o Banco Central a vender moeda estrangeira, comprando moeda nacional. Essa compra de moeda nacional significa uma redução na oferta monetária provocando um retorno da curva LM até sua situação inicial, em E.

Podemos, então, concluir que em um sistema de câmbio fixo **a Política Monetária é INEFICAZ.**

Analisemos agora o efeito de uma política fiscal expansiva, com câmbio fixo:

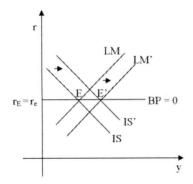

Partindo da situação inicial, ocorrendo uma expansão dos gastos públicos, a curva IS se deslocaria para a direita levando a um ponto de equilíbrio com um produto e taxa de juros maior. Com uma taxa de juros elevada, haverá uma entrada de capitais estrangeiros que levará a uma apreciação da taxa câmbio. O

Banco Central precisará, então, comprar a moeda estrangeira, vendendo moeda nacional, para restabelecer a taxa de câmbio. O resultado provoca uma expansão monetária, deslocando a curva LM para LM', aumentando, ainda mais, o produto. O equilíbrio será restaurado, quando a oferta monetária for suficiente para reduzir a taxa de juros até nível de ($r_i = r_e$), conforme gráfico anterior.

Conclusão: Em um regime de câmbio fixo **a política fiscal é EFICAZ**

b) Taxa de câmbio flexível ou flutuante: No sistema de taxa de câmbio flexível, o Banco Central permite que a taxa de câmbio se ajuste às forças da oferta e da demanda. Se for um sistema totalmente livre, o Banco Central não atua, permitindo flutuações "limpas". No entanto, o Banco Central pode intervir, comprando ou vendendo, na tentativa de influenciar na taxa de câmbio.

Em um sistema de taxa de câmbio flexível, o Balanço de Pagamentos tenderá sempre para o equilíbrio. Ocorrendo déficits em conta corrente, haverá tendência de entrada de capitais com a depreciação da moeda e vice-versa.

Podemos ilustrar, no gráfico a seguir. O efeito de uma expansão monetária em um regime de câmbio flutuante:

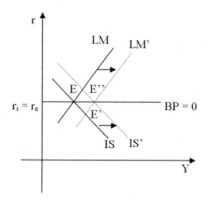

Uma expansão monetária deslocará a curva *LM* para *LM´*, levando o novo equilíbrio ao ponto *E´*, a uma taxa de juros interna inferior à mundial. O fluxo de capital será no sentido de perda de recursos, levando a uma depreciação cambial. A balança comercial melhora, porque a depreciação cambial estimula as exportações e a curva *IS* se desloca até *IS´*, levando ao equilíbrio em *E"*, onde as taxas de juros interna e externa são iguais.

Capítulo 5 - Política Cambial e Teorias de Ajustes do Balanço de Pagamentos 179

Conclusão: Em um regime de câmbio flutuante a **política monetária é EFICAZ**, e ainda, ajuda na melhora da balança comercial.

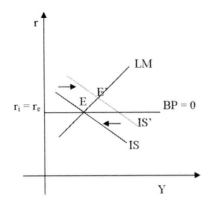

O efeito de uma política fiscal expansiva, provocada pelo aumento dos gastos públicos desloca a curva *IS* para *IS´*, levando o novo ponto de equilíbrio para *E´*, com uma taxa de juros superior à taxa externa. Com essa situação haverá uma entrada de capital no país provocando uma apreciação cambial, que estimula as importações e desestimula as exportações, significando que os produtos nacionais ficam menos competitivos. Então, a curva *IS* começa a se deslocar para a esquerda, até a posição inicial.

Concluímos que a **política fiscal não é eficiente** em um regime de taxas flutuantes de câmbio

c) O Modelo IS/LM/BP e o Modelo de Paridade dos Juros

Podemos, ainda, mostrar o efeito de uma política monetária expansiva, em um regime de câmbio flutuante, comparando com **o modelo de paridade de juros** descrito no início do capítulo.

Inicialmente analisemos **o efeito de uma expansão monetária**: Conforme o gráfico IS/LM/BP, uma expansão monetária reduz a taxa de juros interna e comparativamente ficando inferior a externa. Nesse caso há saída de capital, refletindo na depreciação cambial, que podemos visualizar no gráfico da paridade dos juros. Se o Banco Central elevar os juros o movimento é inverso, ou seja, a taxa de juros interna superior à externa atrai capital, provocando uma apreciação cambial:

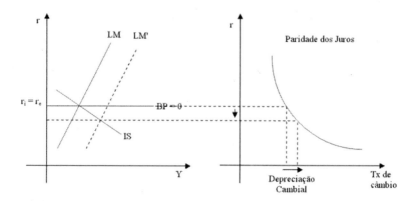

No caso de uma **política fiscal expansiva**, o resultado será uma expansão da renda, associada a uma elevação dos juros. Se os juros internos ficarem superiores ao externo, há um estímulo à entrada de capitais estrangeiros, o que provocará uma apreciação cambial, como mostrado no gráfico a seguir:

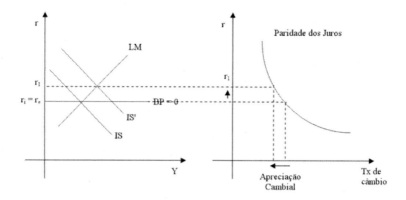

8. Política Cambial Brasileira

Ao longo de sua história, principalmente após a Segunda Guerra Mundial, o Brasil tem adotado diversos tipos de políticas cambiais, segundo Marinho (2003).

O acúmulo de reservas verificado no período da guerra possibilitou ao Brasil manter, no período posterior ao conflito, uma política de gastos de divisas na importação que permaneceu reprimida durante o conflito. Durante esse período a política cambial adotada foi a de fixar a taxa de câmbio em torno de Cr$18,50 por dólar. Com resultado dessa política, as reservas brasileiras, em dólares, esgotaram-se em quase um ano. A taxa inflacionária da época, conjugada com

Capítulo 5 - Política Cambial e Teorias de Ajustes do Balanço de Pagamentos 181

uma taxa fixa, muito contribuiu para essa rápida evasão de divisas, porque os bens importados se tornavam acessíveis ao poder de compra do brasileiro. No período de 1947 a 1953 a taxa cambial ficou estabelecida em Cr$18,50 pelo Fundo Monetário Internacional, enquanto os preços subiram 267%.

A conseqüência dessa política resultou no desestimulo às exportações e entrada de capitais estrangeiros, assim como as importações foram fortemente estimuladas. Além disso, o país foi obrigado a tomar empréstimos compensatórios ao Federal Reserve de Nova York, no mesmo momento em que os atrasados comerciais já se faziam sentir no déficit do Balanço de Pagamentos. Essa política foi responsável pela queda de 36% no volume físico exportado durante o período 1948/52. A situação só não foi catastrófica porque a cotação do café elevou a receita total de exportação.

Em 1953, o governo realizou violentas modificações na política cambial brasileira — a Lei nº 1.807, de janeiro de 1953, complementada pela Instrução nº 48, da SUMOC, instituiu o mercado livre de câmbio, onde o preço da moeda estrangeira era determinado pela livre ação do mercado. Apenas as importações e exportações de produtos como café, cacau e os não-gravosos continuavam a seguir a taxa oficial de Cr$18,72 por dólar. Este foi um sistema misto de taxas cambiais. A parte do mercado que precisava ser incentivada passou a operar no mercado livre e outra parte à cotação oficial.

A Instrução nº 48 dividiu os produtos gravosos em três categorias: para os da 1ª permitia-se que 15% das cambiais fossem negociadas no mercado livre; para os da 2ª, 30% e, para os da 3ª, 50%. Em pouco tempo todos os produtos passaram para a 3ª categoria.

Este sistema de taxas múltiplas de câmbio resultou em alguns aspectos, entre os quais a desvalorização do Cruzeiro decorrente da taxa de inflação, criando um mecanismo de equilíbrio entre a oferta e a demanda de divisas.

As dificuldades surgidas e a baixa na cotação do café forçaram o governo a adotar mais uma reforma cambial, em 1961. Essa política tinha como principal objetivo ajustar o sistema cambial para equilibrar as transações com o exterior, acabando com as distorções existentes no mercado. Para isso, foi estabelecida a conhecida política de "realismo cambial". Nesse sistema, as importações passaram para o mercado livre, com exceção do trigo e petróleo, o mesmo ocorrendo com as exportações, que passaram, também para o mercado livre.

No inicio de 1964, o mercado se torna totalmente livre, e alguns produtos, como o café, ficam sujeitos a uma cota por saca exportada. A Instrução nº 272, da SUMOC, passou as cambiais das exportações do café para o mercado livre. No período de 1961/63 o saldo de transações correntes continuou negativo, situação esta que se reverteu nos anos de 1964/66 devido ao saldo positivo na Balança Comercial ocasionado pela política recessiva do período.

A partir de 1968, o país editou um regime de minidesvalorizações cambiais que se manteve até o início de 1990. Nesse sistema, o Banco Central promovia desvalorizações da taxa nominal do câmbio em pequenas proporções e em pequenos intervalos de tempo. A correção se dava pela diferença entre a inflação brasileira e a internacional, no sistema de correção denominado de paridade relativa de compra da moeda. Essa correção só foi interrompida nos quatro primeiros meses do Plano de Estabilização de 1986, denominado de Plano Cruzado; em 1987, com o Plano Bresser e em 1989, com o Plano Verão, quando a taxa de câmbio permaneceu temporariamente fixa.

A crise externa de 1973 e a elevação do preço do petróleo provocaram elevados déficits das transações correntes e, dada a elevada dívida externa, o país resistiu a desvalorizar o câmbio por causa da pressão inflacionária provocada pelo sistema de indexação que já era bastante abrangente. Além disso, o volume da dívida externa e o programa de importação de bens de capital foram fatores de pressão pela não desvalorização.

No início da década de 1980, discutia-se muito que regime cambial seria ideal para o Brasil. A primeira proposta consistia em retornar ao sistema de minidesvalorizações, mantendo a taxa de câmbio sob administração do Banco Central, mas adicionando critérios para a paridade real da moeda. Esses critérios seriam: indexar a taxa a variação do Índice de Preços no Atacado (IPA), por ser este índice mais representativo dos custos de mercadorias exportáveis, adotando a paridade de 1985, época em que se considerava a moeda alinhada com a competitividade externa. Por último, deveriam ser incorporados fatores como mudança nos termos de troca ou o efeito renda sobre o comércio.

A principal vantagem dessa alternativa era a defesa quanto a um possível ataque especulativo, o que justificava manter o câmbio sob controle, dando maior segurança sobre a taxa de câmbio real, fator importante para o aumento das exportações. Anteriormente às minidesvalorizações, o caráter especulativo era observado no momento da postergação do fechamento do câmbio dos exportadores, na espera da desvalorização. Com relação aos importadores observava-se, ao contrário, a antecipação do fechamento do câmbio para se aproveitar da taxa sobrevalorizada.

As principais vantagens da adoção do câmbio duplo encontram-se na possibilidade de transferir para o mercado uma parte da determinação da taxa

Capítulo 5 – Política Cambial e Teorias de Ajustes do Balanço de Pagamentos 183

de câmbio, ficando apenas uma fatia com o Banco Central e ainda permitir uma liberalização comercial. Como vantagem, ainda, pode-se citar a diminuição da necessidade de desvalorizar o câmbio real, uma vez que a faixa de flutuação seria responsável pela manutenção do câmbio real.

Como desvantagem pode-se citar a possibilidade de instabilidade e especulação, além de acarretar uma maior burocracia para administrar os dois segmentos do mercado. Ademais, o sistema representa um subsídio ao grupo do câmbio preferencial, o que reforçaria a tendência de apreciação cambial da taxa controlada, uma vez que nesse segmento estariam as despesas de governo e de dívida externa.

Como última proposta, pode ser apresentada a que se refere ao câmbio livre. Neste sistema o mercado definiria a taxa de câmbio por intermédio de leilões, com participação restrita apenas de alguns agentes credenciados. Mesmo com a liberdade cambial, admitia-se a manutenção de alguns controles no tocante às modalidades de pagamentos autorizados no sistema antigo. Para amenizar a possível desvalorização, o governo poderia adotar tributação sobre exportações ou importações.

Alternativamente, alguns países adotaram regime intermediário, que consistiu no sistema de bandas cambiais. Nesse sistema o câmbio flutua dentro de uma margem estabelecida pela autoridade, mas com certa previsibilidade, ou seja, a taxa é administrada tendo como base pequenas flutuações.

A grande vantagem do câmbio flutuante é que, em princípio, o balanço de pagamentos se equilibra automaticamente. Outra vantagem é a de possibilitar uma maior eficácia da política monetária, no que concerne ao movimento de capitais.

A crise do balanço de pagamentos dos anos 80 desaconselhava a adoção do câmbio livre porque se imaginava que o impacto inicial seria uma desvalorização, que poderia provocar um movimento especulativo, através da conta capital, principalmente pelo volume da dívida externa do país. Para isso, a política de minidesvalorizações seguiu pequenos intervalos e valores entre as desvalorizações.

A depreciação do câmbio foi influenciada pela crise econômica do México, de 1982, quando o fluxo de financiamento dos déficits das transações correntes dos países da América Latina, em especial o Brasil, sofreu um abrupto corte e a solução foi o País recorrer a empréstimo junto ao Fundo Monetário Internacional. Antes de acolher as solicitações de empréstimos, o FMI exigia que o país apresentasse um programa de ajustamento macroeconômico que envolvia desvalorização da taxa cambial, contenção da demanda agregada por meio de controle orçamentário, contenção na oferta monetária e controle salarial. A política, então, foi a de proporcionar depreciação real do câmbio, desvalorizando além do diferencial da inflação brasileira e dos Estados Unidos.

As minidesvalorizações implementadas proporcionaram depreciação real por quase todo período, com exceção de 1989 e 1990. Tal política foi mantida em consonância com a necessidade do país gerar superávits na balança comercial para reduzir a necessidade de financiamento externo, em cumprimento aos compromissos mantidos com o FMI.

Desta forma, a década de 80 foi caracterizada pela implantação de políticas de geração de superávits em transações correntes, que envolviam um grande esforço exportador e uma política de controle das importações e da saída de divisas. Complementarmente, as medidas de política monetária e fiscal visavam conter a demanda através de controle do crédito doméstico e da limitação dos gastos públicos, para que a demanda agregada reduzisse a exigência de mais importação e de financiamentos externos.

Praticamente em todos os acordos com o FMI, o Brasil se comprometia a cumprir determinadas metas de desempenho, tendo como principal o crédito líquido doméstico, que compreendia a diferença entre a base monetária e a variação das reservas internacionais, conforme modelo de ajustamento do balanço de pagamentos adotado por aquela instituição. Os ajustes praticados no País sempre consideravam que por trás de um déficit em transações correntes existia um déficit governamental e um crescimento excessivo do crédito doméstico.

A partir de 1988, o Banco Central criou o segmento de câmbio de taxas flutuantes, que tinha como objetivo principal o de trazer as operações antes realizadas no mercado paralelo, para a oficialidade. Inicia-se, então, uma série de alterações e liberalizações das normas cambiais, permitindo uma maior liberdade de movimentação financeira e de produtos. Como conseqüência dessa liberação o Banco Central flexibiliza a movimentação de contas de não residentes, que desde sua criação (Carta Circular nº 5 - CC-5, daquela Instituição, de 27.2.69), estabelecia que o não residente só poderia usar seus recursos em moeda nacional para comprar moeda estrangeira e remetê-la ao exterior se essa moeda nacional fosse resultante de moeda estrangeira que o mesmo tivesse antes vendido aos bancos.

O final da década caracterizou-se como o início do processo de abertura do mercado cambial brasileiro, mas as dificuldades enfrentadas durante os anos 80 demonstraram que a eficiente administração da taxa real de câmbio e os ajustes macroeconômicos são fundamentais para o equilíbrio das contas externas. No entanto, o fracasso das políticas antiinflacionárias alterou os objetivos de política econômica já nos primeiros anos da década de 90, que serão analisados no item a seguir.

8.1. Política Cambial Brasileira Recente

Seguindo a tendência mundial de liberalização do comércio internacional, o Brasil iniciou a década de noventa adotando diversas medidas liberalizantes, que permitiram um maior fluxo de capitais estrangeiros para o país e eliminaram controles de saídas de capital, anteriormente existentes.

O Governo que assumiu em março de 1990 adotou o câmbio flutuante, ficando a cargo das instituições financeiras credenciadas determinar diariamente o preço do dólar no mercado. O Banco Central deixou de definir a taxa de câmbio, mas anunciou que se necessário interviria comprando ou vendendo a moeda estrangeira para evitar volatilidade das taxas e para acumular reservas internacionais.

A liberdade cambial iniciada apresentava algumas limitações, porque previa e ainda prevê penalidade e demais sanções definidas na legislação, nos casos em que for verificada a realização de operações de câmbio a taxas que se situem em níveis destoantes daqueles praticados pelo mercado no dia e que possam configurar evasão cambial, sonegação fiscal ou dano ao patrimônio público.

No período 1990 e 91, o câmbio variou em torno da inflação do período com alguma recuperação além da inflação no final de 90, para estimular as exportações. Os exportadores há muito defendiam a flutuação porque a expectativa era de uma desvalorização inicial. Mas sendo o Banco Central o principal comprador de divisas, na prática, a atuação do Banco assemelhava-se ao antigo regime de minidesvalorizações.

Na época verificava-se um forte ágio no mercado paralelo, o que levava o Banco Central a intervir, vendendo ouro e comprando dólar. O Banco Central operou ativamente fazendo arbitragem entre o mercado de ouro, vendendo-o à cotação do dólar no paralelo e o mercado oficial de câmbio flutuante. A partir de 1991 aumentou o fluxo de recursos externos e o ágio caiu sem intervenção deste Banco.

Algumas reformas que haviam se iniciado ainda no final dos anos 80 foram aprofundadas a partir de 1990, como é o caso das privatizações e abertura econômica. Após os diversos planos de combate à inflação (Plano Cruzado, em 1986, Plano Bresser, em 1987 e Plano Verão, em 1989), mais um plano de estabilização é implantado, em 1990, sem lograr êxito. Somente com o Plano Real, em julho de 1994, é que o país começa a conviver com uma estratégia de combate à inflação que finalmente consegue estabilizar os preços durante o restante da década, facilitando a implementação das reformas estruturais e a liberalização do comércio internacional.

A política liberalizante adotada no Brasil, pós-90, impôs inúmeras modificações na condução da política cambial brasileira, tanto em termos de regime cambial quanto do processo de controle das operações de entrada e saída de divisas do país. Logo no início da década, o Banco Central fortaleceu as operações cambiais através do mercado flutuante, desburocratizando a movimentação financeira com o exterior e eliminando diversas barreiras alfandegárias que impediam a livre importação de bens e equipamentos que tivessem similar nacional.

Diversas operações, que antes eram conduzidas no "mercado paralelo", passaram a ser cursadas no mercado flutuante, dentre elas, as transferências de patrimônio de pessoas físicas, heranças, aposentadorias e pensões, compromissos diversos e manutenção de pessoa física no exterior e fianças contratadas no exterior para cobertura de créditos concedidos. A partir de 1990, foram autorizadas no mercado flutuantes as transferências de receitas auferidas no país pela venda de passagens marítimas internacionais, os ingressos de divisas relativos à exportação de jóias e pedras preciosas e em 1991 foi incorporado o pagamento ao exterior de despesas de viagens internacionais mediante o uso de cartão de crédito internacional, emitido no país.

A liberalização foi crescente e, a partir do Plano Real, o governo implanta uma fase de mudança parcial no regime cambial. Este passa de um regime de minidesvalorizações permanente, para produzir saldos positivos na balança de transações correntes, para um regime de câmbio administrado como "âncora cambial" do novo plano de estabilização.

Essa política sobrevalorizou o Real, possibilitando a estabilidade dos preços dos produtos importados, forçando à indústria nacional a se modernizar e manter seus preços em níveis competitivos com os importados, que invadiram o mercado. Essa âncora perdurou até janeiro de 1999, quando o Banco Central introduziu a mudança do regime cambial, adotando a livre flutuação do Real.

Para países que adotaram políticas de controle cambial, como foi o caso do Brasil durante quase toda década de 80, e utilizou a "âncora" cambial a partir de 1994, a teoria da paridade mostrou a necessidade de manutenção de política de juros extremamente elevados. Tal necessidade se devia às incertezas quanto à possibilidade do governo alterar a política cambial, o que gerava grandes riscos. A implantação do câmbio flutuante, no início de 1999, provocou durante todo o ano,

Capítulo 5 - Política Cambial e Teorias de Ajustes do Balanço de Pagamentos 187

um movimento de ultrapassagem[9], causando uma certa instabilidade quanto ao câmbio futuro, e dificultando a política interna de redução dos juros.

Como o Governo tinha determinado que o câmbio flutuaria de acordo com as forças de mercado a taxa cambial valorizou-se tanto que, em 1995, o BACEN teve que alterar a sistemática, introduzindo o sistema de bandas cambias, conforme o depoimento do ex-presidente do Banco Central, à época da implantação das bandas cambiais, Gustavo Franco:

> "... quando o Real entrou em circulação em julho de 1994, estabeleceu-se um regime de livre flutuação e, para a surpresa de muitos, a lei da oferta e procura funcionou e o Real começou a experimentar apreciação. Com o tempo o Banco Central entendeu que as coisas tinham ido longe demais e que deveria intervir no mercado a fim de evitar uma apreciação maior, fixando um piso para o Real em R$ 0,83 por dólar. Tratava-se de prevenir uma apreciação excessiva. Depois veio o teto, em função de receios quanto aos impactos de crise do México, que poderiam provocar uma depreciação que também poderia ser excessiva e num momento um tanto delicado da existência da nova moeda. Subitamente o Brasil adotava, à 'a Monsier Jourdain', um regime de 'target zones', ou de bandas de flutuação, no mais puro figurino europeu.. Fomos da flutuação para bandas de forma absolutamente espontânea.".,(1999)

O sistema de bandas cambiais consistiu na definição, por parte do Banco Central, de um intervalo no qual a taxa de câmbio podia flutuar. Qualquer pressão de desvalorização ou valorização extra intervalo, a Autoridade Monetária fazia intervenções comprando ou vendendo divisas, para restabelecer a cotação dentro da banda cambial estabelecida.

O comportamento das bandas cambias, durante sua vigência no Brasil, pode ser visto no Gráfico 1 a seguir que mostra que o ajuste das bandas se dava em períodos relativamente longos, inicialmente a cada três meses e depois anualmente, mas com a introdução do sistema de intrabandas as correções ocorriam sistematicamente por intermédio dos leilões. Conforme pode-se observar,

---

[9] O movimento de ultrapassagem ou *overshooting* está relacionado à oscilação desordenada da taxa câmbio. No ano de 1999, logo após a implantação do regime de flutuação, a taxa de desvalorizou, mas passou a apresentar movimentos bruscos de depreciação e apreciação, sem mostrar a tendência de uma estabilização da taxa.

no final de 1998 e início de 1999, a intrabanda se aproxima da banda superior. Naquela época o Banco Central promoveu um ajuste na banda larga mas, de imediato a intrabanda se aproximou novamente da banda superior, obrigando a Autoridade Monetária a introduzir o regime de flutuação do câmbio.

GRÁFICO 1

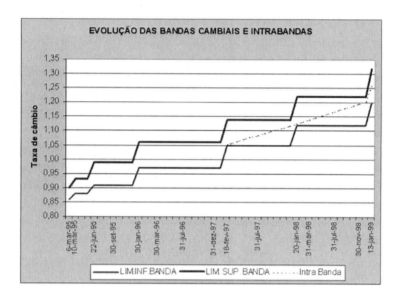

Elaboração do Autor, com base nos dados do Banco Central do Brasil

No caso brasileiro, a rigidez cambial exigiu taxas de juros excessivamente elevados para evitar a fuga de capitais e ainda atrair recursos, o que acabou aumentando o risco Brasil. A partir do final de 1997 o Banco Central começou a alterar as bandas cambiais permitindo uma gradual desvalorização do Real, que possibilitasse reduzir e eliminar a defasagem em um prazo de três anos.

Entre 1997 e 1999, quando o mercado financeiro foi abalado por um ataque especulativo[10], a economia brasileira sofreu a incerteza de sua trajetória de mudança de regime cambial, uma vez que as bandas cambiais existentes mostravam-se insustentáveis, forçando o Governo a elevar os juros internos, para não perder divisas internacionais. As expectativas negativas elevaram as

---

[10] Ataque especulativo no mercado financeiro provocado por desconfiança nos rumos da política cambial brasileira, quando o mercado apostava em uma forte desvalorização da moeda

Capítulo 5 - Política Cambial e Teorias de Ajustes do Balanço de Pagamentos 189

fugas de capital, que reduziram o nível de reservas internacionais, abalando a sustentabilidade das bandas cambiais.

No início de 1999, o Governo viveu uma crise de fuga de capitais, provocada por uma crise internacional que envolveu os países Asiáticos e a Rússia. Para administrar a situação, o Banco Central tentou alterar a margem de flutuação das bandas cambiais, mas a pressão do mercado foi tanta que o BACEN foi obrigado a acabar com o sistema de bandas cambiais e adotar o câmbio flutuante, conforme já comentado.

A desvalorização inicial do novo regime de flutuação trouxe diversas surpresas, dentre elas o pouco impacto sobre a inflação, que era o grande receio daqueles que defendiam a manutenção do câmbio apreciado. Em segundo lugar, não aconteceu a recuperação da balança comercial, uma vez que as exportações, como se esperava, não reagiram, nos dois primeiros anos, frente a desvalorização cambial. No entanto, a partir do ano 2001, a balança comercial reagiu e passou a apresentar superávits, impulsionado, ainda mais, pela taxa cambial observada durante o ano de 2002, quando ocorreu uma grande desvalorização real.

As taxas nominais de câmbio evoluíram R$ 2,32 em dezembro de 2001, para R$ 3,53 no final de 2002, representando uma desvalorização nominal de 52,2%, o que proporcionou uma desvalorização real de 24,5% no ano de 2002.

À medida que o processo de estabilização dos preços se estabiliza, o diferencial necessário para captação de recursos externos se reduz, exceção para os anos de 1997 e 1998, por causa das crises da Ásia e da Rússia. Nesse período ocorreu um movimento especulativo contra o Real, que culminou com expectativa de alteração dos limites da banda cambial, porque a taxa de câmbio definida pela intrabanda já se aproximava do limite superior.

Novamente o país sofreu pressão sobre suas reservas internacionais, provocando pela crise da Argentina, que após muita insistência em não alterar sua política cambial foi obrigada a liberar seu câmbio. Essa crise provocou nova saída de recursos, o que obrigou o governo a buscar mais uma vez o FMI para assinar novo acordo, alterando sua taxa de juros para evitar novas fugas e para atrair novos recursos. Com isso o diferencial de juros se eleva e o nível de reservas é protegido e até recomposto.

É preciso destacar a redução drástica do diferencial, a partir de 1999, quando é implantado o câmbio flutuante. Com o novo regime, a desvalorização ocorrida reduziu a expectativa de nova desvalorização futura, o que permite, de acordo com a teoria da paridade dos juros, um diferencial de juros menor.

A incompatibilidade dessa tendência observada em 1996 verificou-se em virtude da tentativa de redução dos juros internos com a manutenção da banda cambial praticamente inalterada. Como o mercado sempre mantinha a expectativa de desvalorização, o BACEN elevou novamente os juros para manter o diferencial requerido pelo mercado e para não perder reservas. Somente a partir de 1997, com a introdução das intrabandas é que o Banco Central iniciou um movimento de desvalorização cambial gradual, para eliminar as defasagens por um período previsto de três anos. Apesar da elevação do diferencial observado durante o ano de 2002, as reservas internacionais não cresceram na mesma proporção devido às expectativas negativas geradas, principalmente no segundo semestre do ano, devido às incertezas eleitorais e à expectativa do conflito entre os EUA e o Iraque, a partir de setembro.

A crescente participação do capital estrangeiro, ocorrida na economia brasileira, a partir de 1995, aumentou o grau de internacionalização da estrutura produtiva, através das privatizações de setores estratégicos como a telecomunicação, siderurgia, energia elétrica e pela aquisição de empresas privadas, com reflexos no comércio exterior. Muitas empresas estrangeiras, aqui sediadas ou por intermédio de filiais, operam no segmento de bens de consumo e bens de capital, que tendem a ser intensivas no uso de tecnologia, mas que são voltadas para o mercado interno, elevando o coeficiente de importação e promovendo mais desajustes.

A participação do capital estrangeiro também ocorreu em empresas que operam em setores intensivos de uso de recursos naturais, notadamente nas grandes empresas de *"agrobusiness"*. Como essas empresas controlam o mercado mundial de produtos primários, cada vez mais a posição de negociação brasileira fica mais fragilizada pelo predomínio dos interesses desse setor.

A partir de 2003, as contas externas brasileiras vêm apresentando resultados bastante positivos, reduzindo sua vulnerabilidade externa, com saldos superavitários na balança comercial superiores a US$ 40 bilhões, gerando, dessa forma saldos positivos nas transações correntes, elevando as reservas internacionais e reduzindo a dívida externa.

O Cálculo da Taxa de Câmbio no Brasil

A taxa de câmbio do dólar dos Estados Unidos, conhecida no mercado como a taxa PTAX, é a média das taxas vigentes nas transações do mercado interbancário, com liquidação dois dias úteis após a data da transação, ponderada por volume de transações. As transações fechadas a taxas que mais divirjam da média do mercado (*outliers*) são eliminadas dos cálculos. A parcela eliminada não excede a 5 por cento do volume negociado, e é determinada com base em teste de simetria, usando o coeficiente de assimetria de Pearson, estabelecendo as taxas máxima e mínima para a eliminação. Caso uma ou mais transações mostrem evidência de formação artificial de preço ou sejam contrárias às práticas regulares de mercado, também são eliminadas

Os valores de paridade de outras moedas e unidades de conta em relação ao Real são baseados nos preços dessas moedas em dólar dos Estados Unidos publicados pela Reuters e pela Bloomberg no fechamento do mercado doméstico, e a taxa PTAX do dólar dos Estados Unidos é determinada como indicada no parágrafo anterior

Além da taxa de câmbio do dólar dos Estados Unidos, é publicada a paridade de cerca de outras 170 moedas e unidades de conta de organizações internacionais, especificamente as moedas dos países do G-7, da União Européia e do MERCOSUL; direitos especiais de saque; e a unidade de valor do Banco e do Fundo de Desenvolvimento Africano.

As operações incluídas no cálculo da taxa PTAX são feitas pelas instituições autorizadas a operar em câmbio pelo Banco Central do Brasil, que representam praticamente todas as instituições bancárias em operação no país e, assim, refletem as condições prevalentes em todo o Brasil. A taxa PTAX é calculada diariamente, após o fechamento do mercado doméstico de câmbio (19 horas, horário brasileiro).

O banco de dados é constituído de contratos de câmbio de todas as transações interbancárias com moeda estrangeira. De acordo com as normas que pautam o mercado de câmbio doméstico, os contratos de câmbio de todas as transações são registrados no sistema eletrônico SISBACEN, que liga o Banco Central do Brasil a todas as instituições financeiras em operação no país. Esses contratos virtuais incluem, entre outras informações, as instituições participantes, o valor acordado da taxa de câmbio, o volume de moeda estrangeira, e a data da liquidação da transação

A taxa PTAX é a média da taxa efetiva de cada transação interbancária no mercado de câmbio, ponderada pelo volume da transação e excluindo transações cujos valores excedem os limites estabelecidos em teste de simetria para a série de transações.

Fonte: Banco Central do Brasil, extraído em www.bcb.gov.br

9. Questões para Discussão

1. Cite três efeitos colaterais de uma política baseada em elevações bruscas da taxa de câmbio.

2. A política de determinação da taxa de câmbio procura neutralizar os problemas da inflação interna como resultado da política de controle do Balanço de Pagamento para estabelecer um controle interno e externo da moeda.

3. A elevação da taxa de câmbio R$/US$ tende a estimular as exportações e desestimular as importações brasileiras. Comente

4. Desde 1999 as autoridades brasileiras vêm adotando uma política cambial de flutuação cambial. Explique por que essa é uma alternativa melhor do que o câmbio fixo.

5. Comente: algumas autoridades governamentais acham que o volume da dívida externa de um país não deve ser justificativa para preocupações, desde que os serviços da dívida sejam administrados eficientemente.

6. Todo aumento de reservas cambiais provoca, necessariamente, uma expansão monetária.

7. A existência de uma situação de inflação alta provocará grande desequilíbrio na balança de pagamentos, caso não haja reajuste na taxa de câmbio.

8. Uma elevação da taxa de juros no mercado internacional trará um efeito negativo no Balanço de Pagamentos no Brasil. Comente.

9. Explique o modelo de absorção de ajustamento do balanço de pagamentos.

10. Explique a importância do nível de reservas internacionais de um país em relação à sua credibilidade na comunidade financeira internacional.

Capítulo 6

Inflação

1. Considerações Preliminares

O que caracteriza uma situação de inflação é a alta persistente e generalizada dos preços. A inflação causa problemas gravíssimos na sociedade a partir do momento em que corrói o poder aquisitivo do trabalhador, além de desestruturar toda a economia, porque provoca desequilíbrios setoriais ou em todo o sistema econômico.

A inflação pode ser um fenômeno monetário, de aumento dos meios de pagamento desproporcional à renda nacional, existente em quase todos os países. Há, também, outros fatores que podem provocar a elevação dos preços, tais como: participação do Estado e de grupos monopolizados ou oligopolizados administrando preços, que têm sido um fator importante para manutenção de índices inflacionários, tanto nos países subdesenvolvidos como desenvolvidos.

Como complemento do efeito nefasto da inflação, ela exerce influência negativa no equilíbrio do Balanço de Pagamentos, se não forem feitos reajustes periódicos na taxa de câmbio, porque haverá estímulo às importações e desestímulos às exportações devido à perda de competitividade dos produtos domésticos que sofrem com a inflação interna. Enquanto isso, os bens importados passam a ter preços competitivos, desde que os países produtores também não sofram processo de alta inflação.

As discussões referentes ao processo inflacionário já foram amplamente discutidas nos capítulos anteriores, de forma que a presente análise apenas complementará alguns pontos adicionais ao assunto, dentre eles alguns conceitos dos tipos de inflação, alguns índices de preços e, finalmente o modelo de metas para inflação, adotado no Brasil.

2. Abordagens sobre Inflação

Duas correntes básicas de estudiosos históricos têm tentado explicar o fenômeno inflacionário. De um lado existem os **estruturalistas**, aliados à Comissão Econômica para América Latina (CEPAL), que afirmam basicamente ser a inflação causada por pressões do próprio sistema econômico, como insuficiência na oferta de certos bens que não respondem prontamente à demanda, principalmente os agrícolas. Outro fenômeno é a tendência do comércio exterior de se especializar na exportação de produtos primários e importar bens industrializados, provocando perda na relação de trocas.

Para Rangel (1978), "os estruturalistas explicam a elevação autônoma dos preços pela existência de certos pontos de estrangulamento na economia, notadamente pela insuficiência da capacidade para importar e pela inelasticidade da oferta do setor agrícola". Os estruturalistas, prossegue Rangel, não propõem um programa de combate à inflação, mas ao detectarem pontos de estrangulamento e adotarem políticas que resolvam esses problemas, a inflação cederá como resultado satisfatório. São sugestões para promoção de substituição de importações através a implantação de um parque industrial nacional, expansão da produção agrícola para produtos exportáveis e para o mercado interno, além de outros.

Podemos ainda citar os pontos de estrangulamento de certos setores básicos onde a escassez de capital pode representar limitação à produção, ou para dar prosseguimento ao processo de substituição de importações. Finalmente os estruturalistas citam a insuficiência da captação de poupança que dificulta a ampliação da capacidade econômica dos países.

Os estruturalistas afirmam que a inflação é um fenômeno comum ao processo de desenvolvimento. Existem problemas de imperfeição do mercado que provocam um processo de elevação dos preços por manipulação da oferta de gêneros alimentícios, por parte dos empresários.
Como esses são produtos de relativa inelasticidade, os empresários podem forçar os consumidores a aceitar preços altos. Outro fator que influencia a elevação de preços é o mecanismo de comercialização, que pode ser feito de uma forma oligopolista. A verdade é que os empresários, movidos por expectativa inflacionária crescente, antecipam-se para elevar seus preços, remarcando seus estoques (*mark-up inflation*).

Simplificando, podemos resumir a justificativa dos estruturalistas para explicar o processo inflacionário:

a) Insuficiência de oferta de produtos básicos.
b) Exportação de produtos primários.
c) Importação de produtos industrializados.
d) Escassez de capital.
e) Insuficiente captação de poupança.

Por outro lado, existem os **monetaristas** que procuram explicar as causas fundamentais da inflação no desequilíbrio na política financeira de déficits orçamentários financiados por emissões de papel-moeda, em vez de financiar os déficits por intermédio da dívida pública ou da captação de recursos externos.

Para os monetaristas, conforme já estudamos no capítulo 3, a equação $MV = PY$ explica todo o processo inflacionário. O aumento de M poderá provocar excesso de demanda por parte dos consumidores e empresas, que se defrontarão com uma oferta de bens e serviços, a curto prazo, relativamente fixa, desencadeando-se um processo inflacionário, explicado por uma pressão de demanda sobre a oferta de bens e serviços.

Os monetaristas apontam como causa do crescimento dos preços a expectativa inflacionária existente que explica a elevação da taxa de juros, da demanda salarial e dos reajustes sistemáticos da taxa de câmbio. Enquanto isso, os estruturalistas apontam como elemento causador da inflação a organização do mercado. Os teóricos apontam que, além dos problemas estruturais da economia brasileira, observa-se uma forte expansão dos meios de pagamento e desequilíbrios orçamentários constantes e um elevado componente de realimentação inflacionária provocada pela forte indexação de sua economia, que explicou, por um longo período, o processo de inflação crônica no Brasil.

Durante as últimas duas décadas do século passado, com a inflação presente na maioria dos países Latino Americanos, surgiu uma corrente de teóricos que passou a detectar uma nova explicação para o fenômeno inflacionário. São os inercialistas. Para eles existia, em alguns países e principalmente no Brasil, um fenômeno que mantinha os níveis inflacionários resistentes à queda: havia uma inércia no nível da inflação que basicamente explicava que os preços deviam subir hoje porque se mostraram elevados no passado e como se elevam hoje são obrigados a se ajustarem no futuro.

Para manter o poder de compra dos agentes econômicos, criou-se uma indexação generalizada que fez com que a inflação se mantivesse cada vez mais resistente a ceder às políticas econômicas.

No Brasil, antes do Plano Cruzado, em 1986, praticamente todos os ativos financeiros eram indexados à antiga ORTN, que por sua vez estava atrelada à inflação passada. O mesmo ocorria com os salários e preços que não queriam perder o poder de compra frente ao mercado financeiro. O Plano Cruzado, na verdade, existiu com um único objetivo, o de eliminar o fator inercial da inflação, mas, com o retorno dos preços elevados, os agentes econômicos procuraram se defender reindexando seus ativos.

Entre 1986 e 1994, o governo adotou diversos planos de estabilização, todos objetivando acabar com a componente inercial da inflação brasileira. O Plano Real, implantado em julho de 1994, conseguiu reduzir drasticamente a inflação, sem recorrer ao congelamento de preços e salários, e sua eficácia tem sido imputada à gestão da política monetária, com um ajuste rigoroso da liquidez, pela abertura comercial que permitiu maior competitividade dos produtos importados com os nacionais.

Desde a decretação do Plano Real, a política de controle inflacionário tem caracterizado esse fenômeno como excesso de demanda, associado a descontroles fiscais, daí a implementação de instrumentos monetários, fiscais e cambiais, como vimos nos modelos descritos nos capítulos anteriores, culminado, em 1999, com a adoção do modelo de metas para inflação.

Os livros textos de economia descrevem diversos fenômenos que podem causar a elevação dos preços, e, normalmente conceituam alguns tipos de inflação, quais sejam:

3. Tipos de Inflação

Dependendo do foco principal do fenômeno do crescimento dos preços, podemos distinguir alguns tipos de inflação que se caracterizam pela forma como é causado o processo de elevação dos preços.

a) Inflação de demanda Ocorre quando se verifica um crescimento mais rápido na procura de bens e serviços do que na sua oferta. Esse excesso de demanda é provocado por uma melhoria no poder aquisitivo acima da capacidade de produção que pressiona os preços.

Para simplificar a explicação, utilizamos o modelo de uma economia simples, com dois setores. Supondo o nível de renda de equilíbrio em Y_1, no gráfico a seguir, como a renda de pleno emprego em Yp o equilíbrio ocorrerá no ponto:

$$Y_1 = C + I$$

Havendo um aumento na demanda para C' + I', a renda deveria ir para Y_2, ficando:

$$Y_2 = C' + I'$$

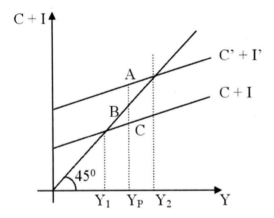

Esse aumento dos preços, com o tempo, pode provocar restrição da demanda, forçando a economia a retornar ao ponto de equilíbrio. Se esse retorno se tornar difícil pela ação do mercado, o governo aciona seus instrumentos de controle da inflação para forçar essa estabilização. Esses instrumentos vão desde as restrições ao crédito como elevação da taxa de juros, como fatores inibidores da demanda agregada.

Como a demanda se torna maior do que a capacidade da economia em aumentar seu produto (máximo em Y_p), está havendo um excesso na procura que podemos representar pelo segmento AB, pois o segmento que representa a oferta é BY_p. Então à diferença AB, no gráfico abaixo, denominamos de **Hiato Inflacionário**, porque o excesso de demanda provoca alta geral de preços e salários resultantes da disputa de produtos e de fatores de produção. Nesse ponto, podemos constatar que o PIB efetivo é maior do que o PIB potencial.

Outros tipos de inflação podem ser citados, dentre os quais os provocados por causas estruturais de desequilíbrios setoriais de oferta e demanda, tais como a inflação administrativa causada pelo Estado, pela ação monopolista ou oligopolista das empresas e pela ação sindical, que luta por aumentos salariais acima da produtividade, provocando crescimento nos custos de produção.

A denominação dada a esses fatores caracteriza outro tipo de inflação conhecida como:

b) Inflação de custos Verifica-se quando um dos componentes dos custos de produção tende a crescer de forma autônoma. As causas mais comuns são os aumentos salariais, as ações oligopolistas na manutenção dos preços que garantem lucros desejados, ou o aumento dos preços das matérias-primas e de máquinas e equipamentos, ou de preços administrados por contratos nas concessões de serviços públicos.

Como algumas sociedades modernas têm como objetivo primordial a manutenção de altas taxas de emprego e como os sindicatos têm-se revelado poderosos, resultando em aumentos salariais normais superiores ao aumento da produtividade, torna-se inevitável a alimentação do componente custo nessas sociedades, provocando inflação.

Quanto às matérias-primas, a guerra do Oriente Médio, que transformou a OPEP num dos mais poderosos cartéis, trouxe um forte elemento de alimentação dos componentes custos em praticamente quase toda atividade econômica. O maior efeito de aumento do preço do petróleo encontra-se na prática utilizada pelas empresas que usam o óleo como insumo, de repassarem aos preços finais o aumento dos custos de produção. Não é um simples ato de elevação dos preços do petróleo que caracteriza a inflação, mas o encadeamento de crescimento dos preços dos demais bens.

A teoria da inflação de custos foi comprovada com o trabalho empírico desenvolvido pelo inglês A. W. Philips, que fez estudos que relacionam as taxas de desemprego com a variação de preços, mostrando haver uma relação inversa e não linear entre estes dois fatores. Examinando alterações de salário com desemprego, no Reino Unido, Philips encontrou no crescente poder reivindicatório dos sindicatos a principal causa da inflação. A explicação de Philips é mostrada no gráfico adiante.

A curva corta o eixo horizontal no ponto correspondente ao desemprego natural (ponto A).

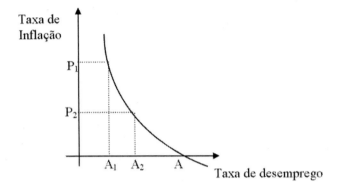

À *esquerda de* A – tem-se um ramo de curva menos elástica do que no ramo inferior, já que a redução do desemprego para níveis inferiores a A provoca acentuada taxa de inflação de custos (por empregar mais pessoas do que a economia esta capacitada a absorver). Qualquer tentativa de redução das taxas de desemprego, a níveis inferiores à taxa de desemprego natural, provocará uma acentuada elevação da inflação, devido a rigidez da capacidade de produção da economia.

À *direita de* A – a curva relativamente elástica, indicando que os preços não são muito flexíveis para baixo.

A prazos mais longos, a economia muda as expectativas, reajustando-se, levando a curva de Philips à tendência vertical, observando-se apenas a taxa de desemprego natural que pode ser considerada taxa "ótima" de desemprego que garante a estabilidade dos preços.

Os livros textos ainda citam outros tipos de inflação provenientes de imperfeições no mercado, que provocam desequilíbrios estruturais na oferta de determinados produtos, levando os preços para cima e gerando outro tipo de inflação como:

c) Inflação setorial – Quando a alta de preço é provocada em um determinado setor. Essa alta pode ser originária de uma elevação de custos gerada por fatores institucionais ou de excesso de procura. Os exemplos mais comuns são ocorrências de geadas ou secas que desestruturam o mercado.

d) Inflação reprimida – Situações de mercado podem provocar elevações de preços, mas para evitar isso, as autoridades utilizam-se do tabelamento de preços de determinados produtos, ocasionando um artificialismo no mercado que, apesar das pressões deste, não pode ajustar seus preços à realidade.

A política de combate à inflação deverá ser feita utilizando-se de instrumentos de política monetária, fiscal e cambial, assim como mecanismos de administração de preços, salários, juros e taxa cambial.

As causas que provocam elevação dos preços são de uma tal complexidade, que, ao serem acionados todos os instrumentos de política econômica existentes, o governo se defronta com uma forte resistência para contê-la, ocasionando sérios efeitos colaterais, tais como desaquecimento da produção, que pode chegar até a recessão, provocando altas taxas de desemprego.

4. Inflação do Brasil

Classificar o tipo de inflação existente no Brasil é tarefa por demais penosa, porque a economia brasileira é repleta de fatores que dificultam o diagnóstico exato do tipo de inflação. O que se pode destacar é a predominância em determinadas épocas pelas próprias características e pela política adotada no período. Desde a implantação do Real, em 1994, o diagnóstico e o aperfeiçoamento dos mecanismos de controle do Banco Central, vem tratando a inflação como um processo de excesso de demanda, mas historicamente esse fenômeno apresentou diversas interpretações.

Veremos agora algumas fases do processo inflacionário brasileiro, analisando suas principais causas e resultados das políticas adotadas.

O processo inflacionário brasileiro tem origem em épocas imperiais, mas foi a partir da política expansionista da década de 50 que ele começou a atingir níveis mais alarmantes. Durante a Segunda Grande Guerra, a oferta reprimida de produtos e o superávit no Balanço de Pagamentos estabilizou a inflação em 15%, índice considerado alto para a época. Só após a guerra é que os preços retornaram a patamares mais baixos (ordem de 6%).

No inicio dos anos 60, em plena convulsão social gerada na época, o descontrole provocado pelos gastos públicos e pela política salarial resultou em crescentes níveis inflacionários. Durante o ano de 1964, ela atinge o mais alto nível até então registrado, que foi de 91,9%.

Os fenômenos mais importantes na década de 50 foram a política de tentativa de frear o ritmo decrescimento dos preços, utilizando uma política monetária ortodoxa no período 1954/55 e o Plano de Metas do presidente Kubitscheck, em que a estabilidade de preços ficou em segundo plano para dar importância ao grande plano de crescimento econômico. Os investimentos na área de infra-estrutura e no programa de substituições de importações foram as principais causas de recrudescimento inflacionário que passou de 6,9% em 1957 para 40,5% em 1960.

No governo Jânio Quadros, as tensões sociais, provocadas pelas pressões sindicais, elevaram a inflação para 47,7% do ano de 1961, e já no governo que antecedeu a revolução dos preços saltaram para 81,3% em 1963.

A partir do governo militar implantado em abril de 1964, nova orientação foi dada ao controle da economia, iniciando-se o novo governo com uma austera política de estabilização monetária, dirigida principalmente para conter focos na pressão de demanda, caracterizando-se na época como uma inflação de demanda. A austeridade da política salarial, na administração de preços e da taxa de juros, refletiu-se nos resultados da inflação registrada em 1965 que baixou para o patamar de 34,5%.

No período de 1966 a 1973, o governo foi obrigado a emitir para garantir a liquidez do sistema. A inflação tem como causas principais fatores estruturais e de administração de preços, que forçam o governo a manter o orçamento monetário desequilibrado, principalmente como conseqüência dos subsídios à agricultura. Apesar do grande esforço no combate à inflação, o ano de 1966 gerou um período de desaquecimento que se prolonga até 1967. Para evitar uma recessão, o governo ativa o nível do produto, por implementação de uma política monetária mais flexível para garantir o crescimento do PIB.

O período de 1968/73 foi de euforia para as autoridades governamentais, que finalmente conseguiram reduzir gradativamente o índice inflacionário de 25,5% em 1968 para 15,5% em 1973, gerando um excepcional crescimento do PIB, que apresentou uma expansão média de 11% do período. O crescimento verificado nesse período, em que a economia apresentou taxas altíssimas de crescimento do Produto Interno Bruto, provocou excesso de demanda, pela facilidade de crédito existente que, aliado aos elevados custos de produção, manteve a taxa inflacionária ainda acima da desejada.

Seguindo uma política gradualista, as autoridades governamentais conseguiram relativo êxito no combate a inflação, mais a partir de 1973, o mundo foi abalado com a crise internacional do petróleo, acarretando para o Brasil mais um fenômeno recrudescedor da inflação. Os preços de todas as matérias-primas subiram assustadoramente, notadamente o petróleo, do que o Brasil dependia ativamente, em cerca de 80%, para o seu consumo interno. Foi uma caracterização de inflação importada, que é uma inflação de custos provocada pela elevação de matérias-primas, de máquinas e equipamentos importados.

Durante todo esse tempo, as autoridades utilizaram todos os instrumentos possíveis de política monetária, fiscal e cambial para lutar contra a alta de preços. Do lado da política monetária utilizou-se uma política creditícia contracionista e de controle da importação, na tentativa de desaquecer novamente o ritmo de crescimento da economia. Na política fiscal, adotou-se uma política mais agressiva de arrecadação de impostos e finalmente a política cambial foi adequada a uma necessidade de equilíbrio do Balanço de Pagamentos para não deteriorar ainda mais a economia brasileira.

No início da década de oitenta, principalmente após a entrada do ministro Delfim Neto, a taxa inflacionária atingiu níveis alarmantes, alcançando a casa dos três dígitos em 1980, com 110,2% e já saltando para 211% em 1983. Esses índices foram resultado de uma aplicação de correção de preços (inflação corretiva) para adequar os níveis de custos de produção crescentes devido à política salarial semestral, dos preços dos insumos e do custo da importação, às reais condições de mercado. Ressalta-se que nesses dois anos foram aplicadas políticas monetária e fiscal austeras, mas sem alcançarem resultados satisfatórios.

A liberação dos preços e dos juros, aliada às dificuldades do país no equilíbrio de suas contas externas, gerou uma expectativa inflacionária exagerada no inicio de 1981, mas o controle dos meios de pagamento e a austera política fiscal imposta não resultaram em efeito no combate à inflação.

A partir do final do ano de 1982, quando o país foi fortemente afetado pela crise do sistema financeiro internacional no México, os governantes optaram por um ajuste externo da economia de acordo com compromisso assumido com o Fundo Monetário Internacional. Deste ajuste resultou um forte avanço dos preços no Brasil, resultado da política de aperto monetário – corte nas importações, retirada de subsídios ao crédito agrícola, além de uma maxidesvalorização de 30% em fevereiro de 1983. A conseqüência foi uma "inflação corretiva" que ainda durante o ano de 1984 resistiu a uma reversão do processo inflacionário brasileiro.

Além do mais, o mecanismo de realimentação inflacionária estava presente no sistema de indexação por que passava a economia brasileira. Quase todos os ativos e passivos de economia eram indexados à correção monetária, que por sua vez estavam, desde 1983, sendo determinada pelo índice de inflação. Desta forma, havia uma incorporação em grande escala da inflação passada à correção de preços do futuro, fazendo com que esta apresentasse grande resistência ao decréscimo.

A política econômica adotada no inicio do governo Sarney não conseguiu eliminar as pressões inflacionárias da economia brasileira, principalmente pelo seu forte componente inercial.

Para estabilizar de vez os preços no país, foi adotado no dia 28.02.86 o Plano Cruzado, que tinha como meta principal reduzir a inflação para níveis próximos a zero. O plano consistiu basicamente em eliminar toda força inercial, e, para tanto, o governo congelou todos os preços e salários por tempo indeterminado. Criou uma nova moeda em substituição ao cruzeiro, denominada cruzado (com paridade de Cr$ 1.000,00 para Cz$ 1,00). Eliminou a correção monetária e ainda tomou outras medidas complementares.

O resultado imediato foi a queda da taxa inflacionária para níveis extremamente reduzidos. Só para se ter uma idéia a inflação acumulada do cruzado chegou a 22,16% no período de março / dezembro-86. Após o realinhamento de preços ocorrido no início do ano e com a liberação dos mesmos a inflação voltou a apresentar índices elevados, forçando o governo a adotar novo choque na economia em 12.06.87 (Plano Bresser).

Desta vez o novo plano de estabilização congelou preços e salários por noventa dias e a partir daí adotou reajustes mensais com base na inflação média do trimestre anterior, até poder liberar novamente os preços tirando a grande força inercial novamente captada.

Outros planos foram implementados na tentativa de eliminar de vez a inflação no Brasil: Plano Verão (janeiro de 1989) e Plano Collor, em 1990. Este último inovou ao confiscar cerca de 80% dos ativos financeiros, o que conseguiu manter a inflação reduzida por alguns meses, mas provocando uma grande recessão.

Em 1994, finalmente o governo implementa mais um plano que introduziu uma nova moeda – o REAL. Não houve congelamento, tablitas, mas introduziu uma grande inovação com uma etapa anterior a sua criação, introduzindo um instrumento de conversão de preços, salários e contratos pela "Unidade Real de Valor", que depois seria convertido na nova moeda. O impacto inicial foi imediato, com a inflação se reduzindo de 50% ao mês, em junho de 94, para níveis próximos a 1% ao mês, até dezembro/94, mantendo-se reduzida por todo o inicio de 1995.

A partir da implantação do Real. O Brasil continuou a apresentar níveis inflacionários mais comportados e seu controle foi aperfeiçoado com o sistema de metas para inflação, adotado após 1999, depois de implementar o câmbio flutuante.

5. Cálculo da Inflação no Brasil

Para medir a inflação brasileira existem alguns indicadores de diferentes qualidades como critérios de cálculo da inflação, sendo os mais representativos os índices elaborados pela Fundação Getúlio Vargas, dentre eles o IGP-DI e o IGP-M, e os índices do IBGE que calcula o INPC e o IPCA, índice esse considerado para efeito do sistema de metas para inflação. .

O que diferencia os diversos critérios para elaboração dos índices de preços é o espaço geográfico de pesquisa e a "cesta de bens" que compõem o indicador geral. Além do mais há o aspecto metodológico que pode resultar em apurações diferentes.

São os seguintes os indicadores de inflação mais utilizados no Brasil:

a) **Índice Geral dos Preços** É uma média ponderada dos índices mais expressivos da economia. No Brasil, o conceito mais utilizado é o de disponibilidade interna e resulta de uma ponderação do IPA, ICV e Índice de Construção Civil.

Entende-se como disponibilidade interna o total das despesas de consumo e investimento bruto ou, mais precisamente, a disponibilidade de bens e serviços é igual ao Produto Interno Bruto, a preços de mercado mais importações menos exportações (DI = PIB_{pm} + m – x).

A ponderação utilizada pela FGV para chegar ao conceito de Índice Geral de Preços – Disponibilidade Interna que mede a inflação é:

$$IGP(DI) = \frac{6,0\ IPA + 3,0\ ICV + 1,0\ INCC}{10,0}$$

Os índices de preços por atacado e o índice geral de preços também são calculados no conceito de oferta global, que consiste na medição do Produto Interno Bruto, a preços de mercado mais importações.

$$(OG = PIB_{pm} + m)$$

A Fundação Getúlio Vargas divulga dois importantes índices de preços, o IGP-DI, que apura os preços pelo período de 30 dias, computando-se do dia 1º ao 30º dia; e o IGP-M, utilizado pelo mercado financeiro, computando o período do dia 23 a 23 do mês subseqüente.

Capítulo 6 - Inflação

b) Índice de Preços por Atacado (IPA) É uma média ponderada da variação de preços nos mercados atacadistas. São considerados bens de consumo, bens de produção, produtos agrícolas e produtos industriais. São calculados a partir de uma etapa preliminar de distribuição, porque é adotado o critério de considerar como preço no atacado aquele imediatamente anterior ao das etapas de transformação ou uso final. Para o conceito de transformação utiliza-se a denominação de oferta global que se divide em dois grandes grupos: os produtos agrícolas e industriais. Quanto ao uso final é denominado de disponibilidade segundo a natureza de sua destinação final, isto é, bens de consumo e bens de produção. Nos bens de consumo, são considerados os de consumo duráveis e não-duráveis, e nos bens de produção pesquisam-se os preços das matérias-primas, material de construção e máquinas, veículos e equipamentos.

c) Índice de Preços ao Consumidor (ou de Custo de Vida) É também uma média ponderada dos bens que entram no orçamento familiar de uma família padrão. Normalmente usa-se para "cesta de bens" os produtos consumidos por famílias que ganham de 1 a 33 salários mínimos, por ser bem representativo das classes de famílias no perfil da renda familiar do brasileiro padrão. Para se determinar o índice de preços ao consumidor é necessário, primeiramente, o conhecimento dos orçamentos familiares de uma determinada classe representativa da sociedade para se conhecer seus hábitos de consumo, para que em uma segunda etapa proceda-se à pesquisa de variação desses bens que compõem a "cesta de consumo", de acordo coma destinação da renda no consumo dos mesmos. Normalmente calcula-se a média ponderada dos preços relevantes para as famílias, levando-se em conta a parcela da renda destinada a alimentação, ao vestuário, à habitação, à aquisição de artigos de residências e assistência à saúde etc.

d) Índice Nacional da Construção Civil (INCC) Relaciona-se ao levantamento da evolução dos preços do material utilizado na construção civil. É um índice calculado pela FGV nas principais cidades.

Os dois principais índices calculado pelo IBGE, são o IPCA e o INPC. O primeiro é o índice mais relevante do ponto de vista da condução da política monetária, porque ele é o índice escolhido pelo Conselho Monetário Nacional (CMN), como referência para o sistema de metas para inflação, conforme já comentamos.

a) Índice Nacional de Preços ao Consumidor (INPC) e Índice Nacional de Preços ao Consumidor Amplo (IPCA)- A partir de 1979 foi criado mais um indicador que representasse melhor o crescimento dos preços em todo país. Adotou-se o cálculo do Índice Nacional de Preços ao Consumidor (INPC) que, servindo inicialmente para reajustes semestrais dos salários dos trabalhadores, foi extensivo a representar um indicador oficial do governo, que é uma média ponderada da variação de preços das onze principais regiões metropolitanas do país (Belém, Brasília, Fortaleza, Recife, Salvador, Porto Alegre, Rio de Janeiro, São Paulo, Belo Horizonte, Curitiba e Goiânia). Cada capital tem um peso para apuração final do Índice Nacional, sendo este peso baseado no dispêndio total das famílias e na população de cada região metropolitana.

São calculados dois índices segundo níveis de despesa familiar. O primeiro baseado em famílias que ganham de 1 a 8 salários mínimos e o IPCA é referente a famílias com rendimentos mensais compreendidos entre 1 e 40 salários mínimos, que se propõe constituir em um índice mais abrangente.

A Tabela 6.1 mostra as características dos principais índices de preços calculados no Brasil, mas existem diversos outros índices calculados por outros Organismos governamentais ou não.

Tabela 6.1
Características dos Principais Índices de Preços

Instituto	Índice	Índices Componentes	Faixa de Renda	Área de Abrangência	Coleta	Divulgação	Inicio da Série
IBGE	IPCA-15	não há	1 a 40 SM	11 maiores Regiões Metropolitanas	Dia 16 do mês anterior ao dia 15 do mês de referência	Até o dia 25 do mês de referência	2000
	IPCA		1 A 8 SM		Dia 1° ao dia 30 do mês de referência	Até o dia 15 do mês subseqüente	1979
	INPC						1979
FGV	IGP-10	IPA IPC INCC	1 A 33 SM no IPC, que é computado juntamente com Índices de Preços no Atacado (IPA) e na Construção Civil (INCC)	12 maiores Regiões Metropolitanas	Dia 11 do mês anterior ao dia 10 do do mês de referência	Até o dia 20 do mês de referência	1994
	IGP-M	IPA IPC INCC			Dia 21 do mês anterior ao dia 20 do mês de referência 1ª Prévia dia 21 a 30 2ª Prévia dia 21 a 10	Até o dia 30 do mês de referência 1ª Prévia – até dia 10 2ª Prévia – até dia 20	1989
	IGP-DI	IPA IPC INCC			Dia 1° ao dia 30 do mês de referencia	Até o dia 10 do mês subseqüente	1944
Fipe	IPC-Fipe	não há	1 a 20 SM	Município de São Paulo	Dia 1° ao dia 30 do mês de referencia	Até o dia 10 do mês subseqüente	1939

Fonte: Banco Central, IBGE, FGV e Fipe.

Na Tabela 6.2 demonstraremos o comportamento dos preços nos últimos anos, no Brasil, de acordo com o conceito de Abrangência adotado por cada indicador.

Tabela 6.2

Índices de Inflação no Brasil

Variação nos Últimos 12 meses

Final do Período	IGP-DI	IGP-M	INPC	IPCA	IPC$_{FIPE}$
2000	9,81	9,95	5,27	5,97	4,38
2001	10,40	10,38	9,44	7,67	7,13
2002	26,41	25,31	14,74	12,53	9,92
2003	7,67	8,71	10,38	9,30	8,17
2004	12,14	12,41	6,13	7,60	6,57
2005	1,22	1,21	5,05	5,65	4,52
2006	3,79	3,83	2,81	3,14	2,54

Fonte: IBGE, FGV e FIPE

6. O Sistema de Metas para Inflação no Brasil

O texto a seguir será uma reprodução do parcial do trabalho "A Implementação do Regime de Metas para Inflação no Brasil", publicado pelo Banco Central do Brasil em 2002, sob o título " Metas Para Inflação no Brasil- Uma Coletânea de Trabalhos"

Desde 1999, o Banco Central do Brasil passou a adotar o conceito de meta para a inflação na condução de sua política monetária, cujo principal objetivo é assegurar a estabilidade e o poder de compra da moeda nacional. O Banco Central tem, portanto, que utilizar de todos os instrumentos possíveis de política monetária tais como as alterações nas taxas de juros e compulsórios para assegurar a obtenção de metas para inflação como forma de garantir um crescimento econômico sustentado.

Diversos países adotaram o sistema de metas de inflação, no início da década de noventa, dentre eles Nova Zelândia, Canadá, Austrália, Reino Unido, Finlândia e Suécia e mais recentemente a União Européia. Na América latina, além do Brasil, adotaram esse regime o México, a Colômbia, o Chile e a Argentina.

Capítulo 6 - Inflação   211

O regime de metas para a inflação exige que as autoridades monetárias assumam uma postura prospectiva e adotem medidas antecipatórias, dada a existência de defasagens temporais entre as decisões de política e seus efeitos sobre o produto e os preços.

No Brasil, o processo de estabilização iniciado em meados de 1994 foi bem sucedido em reduzir a inflação para taxas de um único digito em menos de três anos. Esse processo incluiu um vasto programa de reformas econômicas. Por exemplo, o tamanho do setor público foi reduzido no período por meio da privatização de empresas estatais que operavam em setores como telecomunicações, química, transporte, ferroviário, bancos e mineração. Da mesma forma, a liberalização do comércio exterior foi aprofundada por meio de redução de tarifas de importação e da eliminação de barreiras não tarifárias. O sistema financeiro passou por uma ampla reestruturação, incluindo a liquidação, fusão ou incorporação de instituições financeiras problemáticas e a atualização da regulamentação prudencial.

Contudo, a despeito de seu relativo sucesso, o processo de estabilização, envolveu um enfoque gradualista de diversos problemas econômicos estruturais ainda não resolvidos. O tão necessário ajuste fiscal definitivo foi continuamente postergado, em parte porque a base de apoio ao governo não estava convencida de sua urgência. Desta forma, o Brasil permaneceu vulnerável a uma crise de confiança, que se tornou realidade quando a turbulência financeira internacional culminou com a moratória russa, em agosto de 1998. A crise de confiança causou uma grande fuga de capitais dos mercados emergentes. O Brasil elevou suas taxas de juros de curto prazo e anunciou um forte aperto fiscal. Ao mesmo tempo, o governo negociou um pacote preventivo de apoio financeiro com o FMI, no valor de 41,5 bilhões de dólares.

O governo, inicialmente, implantou com sucesso as medidas fiscais, mas a confiança dos mercados continuou a desintegrar-se até janeiro de 1999, como reflexo também das dúvidas quanto ao compromisso dos governadores recém-eleitos com a promoção de ajustes nas finanças de seus estados. Depois de experimentar fortes pressões sobre as reservas em moeda estrangeira, o Banco Central foi forçado a abandonar o regime de bandas cambiais deslizantes.[1] Após breve tentativa de proceder a uma desvalorização controlada, o real foi forçado a flutuar em 15 de janeiro. Como conseqüência dessa abrupta mudança de regime, a

---

[1] A política cambial oficial na época consistia em pretendida desvalorização nominal de 7,5% ao ano, enquanto a inflação anual era próxima de 2%.

maior parte da diretoria do Banco Central foi substituída. Devido às peculiaridades brasileiras, a nova diretoria só tomou posse no inicio de março.[2]

A segunda frente foi a iniciativa de propor a adoção de **metas para a inflação** como novo regime de política monetária. Embora a nota explicativa deixasse claro que a busca da estabilidade de preços já era aspiração dominante entre os integrantes do Copom, havia muito trabalho a ser feito na área institucional. Por exemplo, o Banco Central nunca teve formalmente independência operacional para conduzir a política monetária. Ademais, mesmo no próprio banco, poucos funcionários conheciam bem a estrutura de um regime de metas para inflação. As habilidades técnicas exigidas para desenvolver modelos adequados de previsão de inflação estavam distribuídas desigualmente pelos Departamentos do Banco. Em particular, não havia um Departamento exclusivo de pesquisa: cada Departamento costumava empreender seus próprios esforços de pesquisa, normalmente voltados para atender demandas imediatas e não devotados a pensar o futuro sistematicamente.

Assim que esses problemas foram detectados, a solução foi direta e rápida. O novo regime de câmbio flutuante claramente exigia uma nova âncora nominal para a política econômica. A política monetária, em conjunto com um ajuste fiscal vigoroso e uma política salarial firme no setor público, serviria de instrumento para prevenir a volta da espiral inflacionária e assegurar uma rápida desaceleração da taxa de inflação. O regime de metas para inflação constituía a estrutura mais apropriada para alcançar a estabilidade econômica no regime de câmbio flutuante, com as metas fazendo elas mesmas o papel da âncora nominal. Com argumentos sólidos, não foi difícil convencer o Presidente da República, o Ministro da Fazenda e seus principais conselheiros econômicos de que o regime de metas poderia funcionar bem no Brasil. O quadro técnico do Fundo Monetário Internacional (FMI) foi muito receptivo à nova estrutura proposta para a política monetária, e mostrou interesse em organizar um seminário internacional sobre o assunto, no qual o debate seria enriquecido com as experiências de vários bancos centrais e especialistas acadêmicos.

Uma questão importante que gerou muitas discussões foi a escolha da taxa de inflação "cheia" para servir de referencia para as metas, ao invés de uma medida de núcleo da inflação. Talvez o procedimento técnico mais adequado

---

[2] No Brasil, o Senado Federal precisa aprovar formalmente os indicados para diretoria do Banco Central. O processo consiste em duas etapas. A primeira é a sabatina do indicado em audiência publica na Comissão de Assuntos Econômicos. A segunda é a votação em plenário, na qual os 81 senadores decidem por maioria simples pela aprovação ou rejeição do indicado.

fosse expurgar alguns itens do índice cheio, deixando-o imune aos efeitos de choques temporários e de ocorrência única. Apesar disso, a escolha de um índice cheio tornou-se inevitável por razoes de credibilidade, pelo menos no inicio da implementação do regime de metas para a inflação. Infelizmente, a sociedade brasileira havia testemunhado vários episódios de manipulação de índices de preços no passado não muito distante , e assim qualquer mudança relacionada com a supressão de itens do índice-meta despertaria desconfiança.

Outra questão relacionada é a ausência de cláusulas de exceção no mecanismo institucional. No caso de descumprimento da meta, exige-se do Presidente do Banco Central uma carta aberta endereçada ao Ministro da Fazenda, explicando as causas do descumprimento, detalhando as medidas a serem adotadas para garantir a convergência da inflação para a meta e o período de tempo que se supõe necessário para que essas medidas produzam efeito.

É importante enfatizar que as decisões de política monetária devem ser tomadas com base no conjunto de informações mais abrangente que estiver disponível. Da mesma forma, tanto na busca por uma função de reação adequada quanto na produção de projeções de inflação e suas respectivas distribuições de probabilidade, devem ser considerados diversos modelos econômicos. Toda informação que ajude a projetar a inflação precisa se levada em conta, incluindo as expectativas do setor privado quanto à trajetória das variáveis econômicas, informações extramodelo, indicadores antecedentes e quaisquer outros conhecimentos ou juízos relevantes.

Uma última questão diz respeito à transparência do regime de metas para a inflação. Como parte da estrutura inicial, foi estabelecido um processo eficaz de comunicação, para facilitar à sociedade a compreensão e o monitoramento das decisões do Banco Central, bem como para dar conhecimento dos motivos pelos quais supõe-se que a inflação observada ou a projetada pode estar-se desviando da meta.

O Copom reunia-se, no início regularmente a cada mês, e as decisões já eram tomadas por maioria de votos. As decisões são anunciadas imediatamente após o término das reuniões, sendo às vezes acompanhadas de um comunicado sucinto das razoes pelas quais as decisões foram tomadas. No segundo semestre de 1999, as atas do Copom eram publicadas duas semanas após as reuniões. No inicio de 2000, esse intervalo foi reduzido para apenas uma semana. A partir de 2006, devido a maior estabilidade da economia, haverá apenas oito reuniões do COPOM, com intervalos de cerca de 45 dias entra cada reunião.

Ainda no esforço de comunicação, passou-se a publicar um relatório trimestral de inflação, discutindo as principais questões relacionadas ao regime de metas para a inflação. O relatório inclui uma analise prospectiva da inflação futura, com grande ênfase nas hipóteses adotadas no processo de projeção e que informaram a decisão mais recente sobre os instrumentos monetários. As atas das reuniões anteriores do Copom são republicadas nesse relatório.

A tabela abaixo mostra os resultados alcançados no regime de Metas para Inflação, lembrando que nos anos em que esta não for cumprida, o Presidente do Banco Central deve fazer uma "Carta Aberta" ao Ministro da Fazenda, justificando as razões do não cumprimento da meta.

Tabela 6.3

Metas de Inflação x Resultado

Ano	Meta Piso	Meta Centro	Meta Teto	IPCA Efetivo	Resultado de Meta
1999	6,0	8,0	10,0	8,9	Cumprida
2000	4,0	6,0	8,0	6,0	Cumprida
2001	2,0	4,0	6,0	7,7	Não cumprida
2002	1,5	3,5	5,5	12,5	Não cumprida
2003	1,5	4,0	6,5/8,3(x)	9,3	Não cumprida
2004	3,0	3,75/5,5(xxx)	8,0	7,5	Cumprida
2005	2,0	4,5/5,1(xx)	7,0	5,6	Cumprida
2006	2,5	4,5	6,5	3,1	Cumprida
2007	2,5	4,5	6,5	...	...
2008	2,5	4,5	6,5		

Fonte: Banco Central do Brasil
(x) Meta ajustada para 8,3%   (xxx) Meta ajustada para 5,5%
(xx) Meta ajustada para 5,1%

Modelagem do Mecanismo de Transmissão da Política Monetária[1]

O Banco Central vem desenvolvendo e aperfeiçoando um grupo de modelos estruturais para o mecanismo de transmissão da política monetária, cujo objetivo principal é identificar e quantificar o grau de intensidade e as defasagens dos principais canais de transmissão. Um modelo estrutural representativo dessa família conteria as seguintes equações básicas:

(i) uma curva IS, expressando o hiato do produto em função de suas próprias defasagens (seus valores em períodos passados), da taxa real de juros (ex ante ou ex post), e da taxa real de câmbio;

(ii) uma curva de Phillips, expressando a taxa de inflação corrente em função de suas próprias defasagens e das expectativas de inflação, do hiato do produto, e da taxa de câmbio nominal (e impondo a condição de neutralidade no longo prazo);

(iii) uma equação de equilíbrio financeiro do mercado cambial, que relaciona o diferencial entre as taxas de juros domésticas e externas com a taxa esperada de desvalorização cambial e o prêmio de risco; e

(iv) uma regra de juros, que pode ser uma trajetória futura exógena de taxas de juros nominais ou reais, uma regra de reação do tipo Taylor (com pesos para desvios contemporâneos da inflação e do hiato de produto), uma regra prospectiva (com pesos para desvios da inflação esperada em relação à meta), ou ainda uma regra de reação ótima, calculada determinística ou estocasticamente.

Esta família de modelos permite distintas especificações de forma reduzida, dependendo dos tópicos que o Copom deseja analisar em detalhe. Um exemplo pode ajudar a esclarecer essa flexibilidade.

Suponhamos que o governo se comprometa a promover um ajuste fiscal, de forma que as metas para o superávit primário do setor público serão cumpridas. Neste caso, a política fiscal terá efeito importante sobre a demanda agregada e isto deve ser explicitamente considerado.

Uma forma possível de incorporar esta informação é incluir uma variável fiscal diretamente na curva IS. Nesta especificação, duas variáveis representam instrumentos de política: a taxa de juros e o superávit primário. O primeiro é o instrumento do Banco Central e o segundo o do Tesouro. O diagrama a seguir resume estas suposições e mostra as relações básicas envolvidas.

A taxa de câmbio nominal é determinada pela equação que relaciona mudanças esperadas na taxa de câmbio entre dois países com o respectivo diferencial de taxas de juros e um prêmio de risco: Há duas variáveis exógenas nesta equação: a taxa de juros externa e o prêmio de risco. A taxa de juros externa é relativamente estável, e pode ser projetada com razoável precisão a partir dos contratos futuros. Já o prêmio de risco costuma apresentar alta volatilidade, pois está normalmente associado a de risco em função dos principais fatores objetivos que o afetam. Nesse caso, seu comportamento será determinado endogenamente.

---

[1] Este quadro é um breve resumo do material contido no artigo Bogdanski, J., Tombini, A.A. e Werlang, S.R.C. (2000): "Implementing Inflation Targeting in Brazil", BCB Working Paper. O artigo está disponível em http://www.bcb.gov.br/ingles/public/inflationtarget.pdf.

7. Questões para Discussão

1. Explique as teses dos estruturalistas e monetaristas sobre o processo inflacionário.

2. Explique os tipos de inflação existentes, ilustrando o período em que cada tipo predominou na economia brasileira.

3. Analise o processo inflacionário brasileiro mostrando qual a Política Monetária adotada no período para contenção dos preços.

4. Justifique porque o governo passou a utilizar o sistema de metas para inflação como novo "paradigma" de uma âncora nominal.

5. Por que existem alguns indicadores de inflação? Um só indicador não seria suficiente?

6. Como a inflação mundial pode afetar o nível de preços internos?

7. Após a crise da OPEP, em 1973, os países do mundo ocidental foram duramente castigados, provocando altas taxas de inflação. Quais os efeitos, na economia brasileira, da política antiinflacionária adotada por esses países?

8. Discuta até que ponto os reajustes salariais acima da produtividade afetam o combate à inflação.

9. Explique o funcionamento do sistema de metas para inflação como um mecanismo de "âncora nominal".

10. Faça uma avaliação da condução da política monetária no Brasil, como instrumento de cumprimento das metas para inflação, de acordo com o mecanismo de transmissão.

Capítulo 7

Sistema Financeiro Nacional

1. Considerações Preliminares

O desenvolvimento dos bancos centrais é relativamente recente na história econômica, aparecendo nos países industrializados no final do século dezenove. Sua origem pode ser explicada pela evolução dos bancos comerciais que se transformaram, na época, em bancos nacionais emissores.

Os primeiros bancos centrais formaram-se gradualmente da necessidade de unificar a emissão da moeda em um único órgão e da necessidade dos Governos contarem com uma instituição para financiar os déficits públicos. O processo de formação dos bancos centrais foi bastante lento. Só no século XX, é que suas características foram se definindo. A partir de então, ocorreu forte evolução dos conceitos originais e os bancos centrais converteram-se no centro do sistema monetário em quase todos os países.

A primeira instituição a agrupar as funções que definem um banco central foi o Banco da Inglaterra, criado em 1694, com o objetivo expresso de cobrir déficits do Governo Inglês em troca do direito de emitir.

As funções que hoje são associados aos bancos centrais surgiram e evoluíram com o desenvolvimento econômico e a diversificação dos sistemas financeiros. No século XVIII, surgiram as funções de banco emissor e banqueiro do governo e no século XIX e meados do século XX, o desenvolvimento do crédito bancário e diversificação do sistema financeiro conduziram ao surgimento das funções modernas de banco dos bancos, guardião das reservas bancárias, supervisor das atividades bancárias e gestor do sistema de pagamentos. Só mais recentemente, em função da Grande Depressão dos anos 30, a função de política monetária foi agregada aos bancos centrais.

Em sua análise sobre autonomia dos bancos centrais, Machado (1993) comenta que a desastrosa experiência da inflação do período de guerra, provocada pelo excesso de empréstimos para financiar as despesas do Estado deu lugar a uma tendência no sentido de severas restrições na legislação referente aos numerosos bancos centrais, a convicção de que era imprescindível outorgar independência ao Banco Central, como meio de evitar as conseqüências desse abuso de poder.

Em conseqüência de todas essas mudanças no cenário econômico, como a evolução dos sistemas bancários, os bancos centrais passaram a incorporar novas funções. A política monetária foi agregada aos bancos centrais, a adicionada a função de responsabilidade para cuidar da estabilidade da moeda. Essa diversificação de objetivos dos bancos centrais exigiu uma maior coordenação da política monetária com outros objetivos da política econômica do governo e ao mesmo tempo ganhava força a idéia de que os bancos centrais deveriam manter independência de atuação. Dessa forma, os novos estatutos de um bom número de bancos centrais passaram a dar autonomia de atuação aos seus bancos centrais (ver BOX no final)

O Brasil foi um dos últimos países da América Latina a criar um banco central. A idéia de criação remonta à época da chegada da família real ao Brasil, em 1808, ano em que foi instalado o primeiro Banco do Brasil, com funções de banco de emissão e banqueiro do governo.

Depois de várias tentativas, somente em dezembro de 1964, com a promulgação da Lei nº 4595, é que foi criado o Banco Central do Brasil e estruturado todo o sistema financeiro nacional, com a definição clara das atividades de cada categoria de banco e demais instituições, que perfazem o sistema financeiro nacional.

O Banco Central do Brasil não apresenta as características de um banco central autônomo, discussão essa que vem desde a promulgação da Constituição de 1988. No entanto, tanto os governos de Fernando Henrique Cardoso como o de Luis Inácio Lula da Silva, têm dado uma certa autonomia operacional "de fato" ao Banco Central, na condução da política monetária, principalmente na condução do processo de estabilidade da moeda, consoante o sistema de metas para inflação.

2. O Sistema Financeiro Nacional

O atual Sistema Financeiro Nacional é composto por dois principais grupos institucionais: as *autoridades monetárias*, que são responsáveis pelo funcionamento do Sistema, fiscalizando-o e regulando sua atuação através de normas de interesse da Economia Nacional, e as *instituições financeiras*, que

Capítulo 7 - Sistema Financeiro Nacional

são responsáveis pela intermediação entre os que poupam e investem, operando no Sistema em conformidade com as orientações traçadas pelas Autoridades Monetárias. A Lei nº 4.595, de 31.12.64, estruturou o atual Sistema Financeiro, delimitando áreas de atuação das instituições componentes do Sistema Financeiro, limitando-o quanto á captação e aplicação de recursos específicos, de modo que umas não interfiram nas operações das outras.

As instituições operam de acordo com a sua área de atuação, classificando-se em grupos pertencentes ao **Sistema Monetário** – operam com haveres de utilização imediata, isto é, os depósitos à vista e o papel-moeda em poder do público, já que ambos possuem o poder de compra na própria moeda. São chamados haveres monetários.

Há também o grupo que opera no **Sistema Não Monetário** – São as instituições financeiras de aplicações somente movimentáveis depois de um prazo preestabelecido, denominados "haveres não-monetários". São, por exemplo, os depósitos a prazo, letras de câmbio, etc. As instituições não-monetárias não têm o poder de multiplicação dos meios de pagamento, porque elas apenas realizam transferências de fundos de poupadores.

De acordo com certas características, os mercados financeiros podem ser subdivididos em quatro mercados específicos, conforme padrão convencionado pelos livros textos:

a) Mercado de Crédito - É o mercado onde são efetuados os financiamentos a curto prazo (até 120 dias) e médio prazo (de 04 a 24 meses), do consumo e do capital de giro das empresas. No Brasil, atuam neste mercado os bancos múltiplos, os bancos comerciais e demais instituições financeiras.

b) Mercado de Capitais - É o mercado onde são efetuados financiamentos do capital fixo das empresas. É neste mercado que se concentra a maior parte das instituições financeiras não-monetárias. Neste mercado são transacionadas as ações e debêntures das empresas.

c) Mercado Monetário - É o mercado onde se realizam as operações de curto prazo e curtíssimo prazo. Nesse mercado ocorrem operações de "Mercado Aberto", inclusive as operações de um dia, o *overnight*. É também onde são financiados os desencaixes monetários dos agentes econômicos, especialmente as necessidades momentâneas de caixa dos bancos comerciais e do Tesouro Nacional. Faz parte, também desse mercado, o "Mercado Interfinanceiro".

d) Mercado Cambial - É o mercado onde são realizadas operações que envolvem necessidade de conversão de moedas estrangeiras em moedas nacionais e vice-versa. São basicamente operações de compra e venda de divisas internamente. Compram divisas dos exportadores e vendem aos importadores, ou entre as instituições para fechamento de suas posições.

No presente capítulo analisaremos as principais características das instituições pertencentes ao mercado monetário, de crédito e de capitais, considerando a classificação adotada pelo Banco Central do Brasil, que reproduzimos em parte.

2.1. Sistema Monetário

É a seguinte a distribuição dos intermediários financeiros segundo sua categoria de atuação:

a) Autoridades Monetárias - Constituídas pelo Banco Central do Brasil, pelo Conselho Monetário Nacional e Comissão de Valores Mobiliários.

b) Instituições Financeiras Captadoras de Depósitos à Vista - São instituições financeiras que têm como principal fonte de recursos os depósitos à vista. São compostos por:

- Bancos Múltiplos
- Bancos Comerciais
- Caixa Econômica Federal
- Cooperativas de Crédito

2.2. Sistema Não-Monetário

São os voltados para captação e aplicação a médio e longo prazos. São os seguintes:

a) Banco Nacional de Desenvolvimento Econômico e Social (BNDES).

b) Bancos de Investimento (BI).

c) Bancos de Desenvolvimento (BD).

d) Sociedades do Crédito Imobiliário

e) Cias. de Crédito, Financiamento e Investimentos (Financeiras).

f) Sociedades de Crédito ao Microempreendedor

g) Demais instituições : Bolsas de Valores e outras

Descrevemos a seguir um rápido histórico do desenvolvimento do Sistema Financeiro Brasileiro, e posteriormente as funções das principais instituições componentes do mesmo.

3. Histórico

A legislação bancária anterior a 1964 encontrava-se extremamente desorientada e ineficiente, carecendo de uma instituição centralizadora e que tivesse poderes de controlar o funcionamento do Sistema, até então composto dos Bancos Comerciais e do Banco do Brasil S.A. (com atribuições de Banco Comercial e de Banco Central), das Caixas Econômicas, de alguns bancos hipotecários e das companhias de seguros.

Diante da necessidade de maior controle das instituições financeiras, o Governo Federal criou a Superintendência da Moeda e do Crédito (SUMOC), surgida do Decreto nº 293 de 20.02.45, objetivando exercer o controle monetário e organizar a criação do futuro Banco Central. A SUMOC, subordinada ao Ministério da Fazenda, funcionava como um órgão conselheiro, não possuindo estrutura de controle monetário satisfatório, sendo muito limitado seu poder de decisão. As principais operações do Tesouro Nacional eram realizadas pelo Banco do Brasil S.A.

As funções do Banco do Brasil eram exercidas paralelamente pelo Conselho da SUMOC, que tinha funções normativas, com poder de decisão de caráter monetário e creditício, e de fiscalização bancária, bem como executar as decisões do Conselho da SUMOC. O Banco do Brasil S.A atuava como agente fiscal do Governo, recebendo depósitos públicos e privados, exercendo, em essência, atividades mistas de Banco Comercial e de Banco Central puro.

Com a expansão da economia brasileira, principalmente com seu desenvolvimento industrial, surgiu a necessidade de maior coordenação das instituições financeiras com vistas a melhor captação de recursos para financiamento dos investimentos necessários.

Com a reforma bancária de 1964, foram introduzidos mecanismos capazes de orientar e coordenar a Política Monetária do país. O Conselho da SUMOC foi transformado no Conselho Monetário Nacional, que tem como atividade principal a formulação da política de moeda e crédito, além do controle da organização bancária e seus intermediários financeiros.

Para melhor coordenação na captação de poupanças, foram organizadas as Sociedades de Crédito, Financiamento e Investimento, instituições especializadas em operações de crédito mediante aceite cambial. Com isso, as financeiras passaram a financiar bens de consumo duráveis, e os bancos comerciais a operar através de empréstimos a curto prazo, ficando os bancos de investimentos com empréstimo de longo prazo.

Com o Desenvolvimento do mercado financeiro, na década de 80, os bancos foram se tornando um conglomerado que ofereciam as mais variadas formas de captação e de aplicação de recursos. Em 1988, o Banco Central, por meio da resolução nº 1.524, permitiu que os bancos se transformassem em bancos múltiplos, que são instituições financeiras compostas de carteira de bancos comerciais, bancos de investimento, sociedade de crédito, financiamento e investimento, sociedade de crédito imobiliário e banco de desenvolvimento (para os bancos oficiais). Para se transformar em um banco múltiplo a instituição tem que ter, no mínimo, duas carteiras.

Descrevemos agora com maiores detalhes as principais funções do atual Sistema Financeiro Nacional, assinalando suas principais áreas de atuação e de captação de recursos que garantam o desenvolvimento programado da economia brasileira.

O diagrama a seguir demonstra a relação entre as instituições pertencentes ao Sistema Financeiro Nacional, principalmente às relacionadas ao mercado financeiro monetário e não monetário. Deixamos de inserir outros órgão pertencentes ao Mercado, por terem funções específicas de seguros, previdência complementar, fundos de pensão, não se constituindo em instituições financeiras.

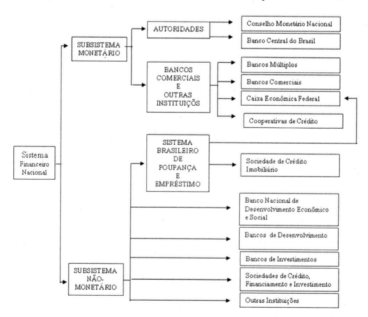

4. As Instituições do Sistema Financeiro Brasileiro

4.1. Conselho Monetário Nacional

O Conselho Monetário Nacional é o órgão máximo deliberativo do Sistema Financeiro Nacional, competindo-lhe traçar normas de Política Monetária em todos os sentidos. Na qualidade de órgão normativo interno e externo, compete ao CMN:

a) Adaptar o volume interno dos meios de pagamentos às reais necessidades da economia, prevenindo ou corrigindo os surtos inflacionários.

b) Regular o volume interno e externo da moeda e o equilíbrio do Balanço de Pagamentos.

c) Orientar a aplicação de recursos das instituições financeiras.

d) Contribuir para o aperfeiçoamento das instituições e dos instrumentos financeiros com vista à maior eficiência do sistema de pagamentos e mobilização de recursos.

e) Zelar pela liquidez e solvência das instituições financeiras.

f) Coordenar as políticas monetária, creditícia orçamentária, fiscal e da dívida pública interna e externa.

Principais Atribuições do CMN

a) Aprovar a programação monetária. O Banco Central prepara a programação levando em consideração a necessidade de expansão da moeda e do crédito, adaptada à política de controle de inflação, e depois submete ao CMN para sua apreciação e aprovação.

b) Definir a Meta de Inflação para os anos seguintes a serem cumpridas pelo Banco Central

c) Fixar as diretrizes e normas da política cambial.

d) Disciplinar o crédito em todas as suas modalidades.

e) Regular a constituição, funcionamento e fiscalização das instituições financeiras, bem como a aplicação das penalidades previstas na Lei nº 4.595.

f) Determinar recolhimentos compulsórios.

g) Regular as operações de redescontos.

h) Estabelecer normas para as operações de Mercado Aberto.

O CMN é constituído pelo Ministro de Estado da Fazenda, na qualidade de Presidente, pelo Ministro de Estado do Planejamento e Orçamento e Gestão e pelo Presidente do Banco Central do Brasil. Os serviços de secretaria do CMN são exercidos pelo Bacen.

Junto ao CMN funciona a Comissão Técnica da Moeda e do Crédito (Comoc), composta pelo Presidente do Bacen, na qualidade de Coordenador, pelo Presidente da Comissão de Valores Mobiliários (CVM), pelo Secretário Executivo do Ministério do Planejamento e Orçamento, pelo Secretário Executivo do Ministério da Fazenda, pelo Secretário de Política Econômica do Ministério da Fazenda, pelo Secretário do Tesouro Nacional do Ministério da Fazenda e por quatro diretores do Bacen, indicados por seu Presidente. Está previsto o funcionamento também junto ao CMN de comissões consultivas de Normas e Organização do Sistema Financeiro, de Mercado de Valores Mobiliários e de Futuros, de Crédito Rural, de Crédito Industrial, de Crédito Habitacional e para Saneamento e Infra-Estrutura

4.2. Banco Central do Brasil

O Banco Central do Brasil é uma autarquia federal integrante do Sistema Financeiro Nacional. Foi criado em 31.12.64, com a promulgação da Lei nº 4.595/64, com o objetivo de, a exemplo dos outros países, de ser uma Instituição que cuidasse da moeda, ou seja, pudesse utilizar instrumento de controle monetário que estabilizasse a moeda. Sua grande função foi, e ainda é, a de ajustar o volume de dinheiro na economia, para evitar a inflação ou a recessão.

Na mesma época, foram regulamentadas as outras instituições financeiras de acordo com sua área de atuação no mercado de crédito. Foram criados os bancos comerciais, que recebem depósitos à vista e emprestam no curto prazo; os bancos de investimento, que captam recursos a prazo e emprestam a prazos mais longos. Foram, também, criadas outras instituições especializadas no crédito ao consumidor, ao desenvolvimento econômico, no financiamento habitacional, etc.

O Banco Central do Brasil tem por missão:

"Assegurar a estabilidade do poder de compra da moeda e um sistema financeiro nacional sólido e eficiente".

As funções do Banco Central são:

– formulação, execução e acompanhamento da política monetária e controle das operações de crédito em todas as suas formas

– formulação, execução e acompanhamento da política cambial e de relações financeiras com o exterior;

– organização, disciplinamento e fiscalização do Sistema Financeiro Nacional e ordenamento do mercado financeiro;

– emissão de papel-moeda e de moeda metálica e execução dos serviços do meio circulante.

Destacamos abaixo alguns detalhes importantes para cada função.

a) **Emissão do Papel-Moeda e Moeda** - Com a Constituição Federal 1998, a autorização para a emissão é prerrogativa do Congresso Nacional que aprova, anualmente, a Programação Monetária que estabelece a necessidade de emissão no período. Em seu artigo 164, da Constituição Federal, assegura que a competência da União para emitir moeda será exercida exclusivamente pelo Banco Central.

b) **Operações e Fiscalização com o Sistema Financeiro Nacional, com o Sistema de Distribuição no Mercado de Capitais e com outras entidades** - O Banco Central tem poderes para receber os recolhimentos compulsórios e os depósitos voluntários das instituições financeiras, efetuar operações de compra e venda de títulos federais (*open market*), promover a colocação de empréstimos internos (podendo encarregar-se dos respectivos serviços). Outra função é de atuar como regulador do mercado de câmbio, promovendo a estabilidade do Balanço de Pagamentos, bem como comprando e vendendo moedas estrangeiras. Na área de fiscalização, o Banco Central fica autorizado a exercer vigilância nos mercados financeiros e de capital sobre empresas que de alguma maneira participem desse mercado. Ainda exerce o controle do credito e elabora a Programação Monetária anual, através do qual são estimadas as necessidades de expansão dos meios de pagamento (papel-moeda em poder do público mais depósito à vista nos bancos comerciais), inserem-se nessa função o recebimento dos recolhimentos compulsórios, a realização de operações de redescontos e a efetuação, como instrumentos de política monetária, de operações de compra e venda de títulos federais.

c) **Formulação, Execução, Acompanhamento e Controle de Política Cambial e de Relações Financeiras com o Exterior** - É de sua competência ser depositário das reservas oficiais de ouro e moeda estrangeira. Além disso, atua, no sentido de regular o mercado cambial, estabilizando a taxa de câmbio e equilibrando o Balanço de Pagamentos, podendo, para este fim, realizar operações com o exterior, inclusive efetuar o controle dos capitais estrangeiros e da dívida externa brasileira.

d) Elaboração de Normas e Realizações de Pesquisas.

4.3. Banco do Brasil S.A.

A Lei da Reforma Bancária manteve o Banco do Brasil S.A. como agente financeiro do Tesouro Nacional, recebedor exclusivo dos depósitos de quaisquer entidades federais e como agente especial do Banco Central em muitas operações. A partir de fevereiro de 1986, o Banco do Brasil perdeu a condição de Autoridade Monetária, mas continuou sendo o principal agente financeiro do Tesouro, só que agora para operar linhas de financiamento do governo passou a operar com suprimentos previamente estabelecidos no orçamento do governo.

A carteira de fomento do Banco Central foi, em junho de 1987, transferida para o Banco do Brasil que passou a operar, a partir de 1988, com exclusividade, toda linha de fomento do governo.

Como banco comercial o Banco do Brasil passou a operar a partir de 1986 sua caderneta de poupança e sua corretora de valores mobiliários.

O Banco do Brasil S.A., como agente financeiro do Governo, passou a ter como funções principais:

a) Receber tributos federais.

b) Realizar pagamentos e suprimentos do orçamento da União, de acordo com orientação recebida do Ministro da Fazenda.

c) Executar política de preços mínimos de produtos agropecuários.

d) Receber depósitos das disponibilidades das entidades federais.

e) Financiar as atividades predeterminadas como prioritárias pelo governo.

f) Executar o serviço de compensação de cheques e outros papéis.

4.4. Bancos Comerciais

Os bancos comerciais são instituições financeiras privadas ou públicas que têm como objetivo principal proporcionar suprimento de recursos necessários

Capítulo 7 - Sistema Financeiro Nacional

para financiar, a curto e a médio prazos, o comércio, a indústria, as empresas prestadoras de serviços, as pessoas físicas e terceiros em geral. A captação de depósitos à vista, livremente movimentáveis, é atividade típica do banco comercial, o qual pode também captar depósitos a prazo

São instituições financeiras constituídas sob a forma de Sociedade Anônima, cuja principal função é a de captador de recursos do público via depósitos à vista ou a prazo fixo, para financiamentos de curto e médio prazos.

O desenvolvimento do Sistema Financeiro permitiu que os bancos comerciais recebessem atribuições adicionais que os descaracterizassem em parte. Atualmente, agem na área de prestação de assistência financeira ao comércio, à industria, ao setor rural e a particulares, além da prestação de serviços aos clientes e ao Governo, tais como custódia de títulos e valores, recebimentos diversos (FGTS, INPS, PIS, contas de luz, água, telefone), serviços de câmbio, administração de bens móveis e imóveis, cartões de crédito etc.

São as seguintes as operações principais dos bancos comerciais:

a) Operações ativas - O banco comercial atua na aplicação de recursos próprios e de terceiros:

- Descontos de títulos
- Crédito rural
- Empréstimo em conta corrente
- Repasse de recursos
- Crédito pessoal
- Operações de câmbio

b) Operações passivas - Competem à captação de recursos de terceiros para atender as suas diversas funções:

- Depósitos à vista e de aviso prévio
- Depósito a prazo
- Recursos do Banco Central (Redescontos)
- Recursos de instituições financeiras oficiais e do exterior
- Operações de câmbio

4.5. Os Bancos Múltiplos

São instituições financeiras privadas ou públicas que realizam as operações ativas, passivas e acessórias das diversas instituições financeiras, por intermédio das seguintes carteiras: comercial, de investimento e/ou de desenvolvimento, de crédito imobiliário, de arrendamento mercantil e de crédito, financiamento e investimento. Essas operações estão sujeitas às mesmas normas legais e regulamentares aplicáveis às instituições singulares correspondentes às suas carteiras. A carteira de desenvolvimento somente poderá ser operada por banco público.

O banco múltiplo deve ser constituído com, no mínimo, duas carteiras, sendo uma delas, obrigatoriamente, comercial ou de investimento, e ser organizado sob a forma de sociedade anônima. As instituições com carteira comercial podem captar depósitos à vista

4.6. A Caixa Econômica Federal

Criada em 1861, está regulada pelo Decreto-Lei 759, de 12 de agosto de 1969, como empresa pública vinculada ao Ministério da Fazenda. Trata-se de instituição assemelhada aos bancos comerciais, podendo captar depósitos à vista, realizar operações ativas e efetuar prestação de serviços. Uma característica distintiva da Caixa é que ela prioriza a concessão de empréstimos e financiamentos a programas e projetos nas áreas de assistência social, saúde, educação, trabalho, transportes urbanos e esporte.

Pode operar com crédito direto ao consumidor, financiando bens de consumo duráveis, emprestar sob garantia de penhor industrial e caução de títulos, bem como tem o monopólio do empréstimo sob penhor de bens pessoais e sob consignação e tem o monopólio da venda de bilhetes de loteria federal. Além de centralizar o recolhimento e posterior aplicação de todos os recursos oriundos do Fundo de Garantia do Tempo de Serviço (FGTS), integra o Sistema Brasileiro de Poupança e Empréstimo (SBPE) e o Sistema Financeiro da Habitação (SFH).

4.7. As Cooperativas de Crédito

Observam, além da legislação e normas do sistema financeiro, a Lei nº 10.406, de 10.1.2002 e a Lei nº 5.764, de 16 de dezembro de 1971, que definem a política nacional de cooperativismo e instituem o regime jurídico das sociedades cooperativas. Atuando tanto no setor rural quanto no urbano, as cooperativas de crédito podem se originar da associação de funcionários de uma mesma empresa ou grupo de empresas, de profissionais de determinado segmento, de empresários ou mesmo adotar a livre admissão de associados em uma área determinada de atuação, sob certas condições. Os eventuais lucros auferidos com suas operações - prestação de serviços e oferecimento de crédito aos cooperados - são repartidos entre os associados.

As cooperativas de crédito devem adotar, obrigatoriamente, em sua denominação social, a expressão "Cooperativa", vedada a utilização da palavra "Banco". Devem possuir o número mínimo de vinte cooperados e adequar sua área de ação às possibilidades de reunião, controle, operações e prestações de serviços. Estão autorizadas a realizar operações de captação por meio de depósitos à vista e a prazo somente de associados, de empréstimos, repasses e refinanciamentos de outras entidades financeiras, e de doações. Podem conceder crédito, somente a associados, por meio de desconto de títulos, empréstimos, financiamentos, e realizar aplicação de recursos no mercado financeiro.

4.8. Banco Nacional de Desenvolvimento Econômico e Social

O Banco Nacional de Desenvolvimento Econômico e Social (BNDES), criado em 1952 como autarquia federal, foi enquadrado como uma empresa pública federal, com personalidade jurídica de direito privado e patrimônio próprio, pela Lei 5.662, de 21 de junho de 1971. O BNDES é um órgão vinculado ao Ministério do Desenvolvimento, Indústria e Comércio Exterior e tem como objetivo apoiar empreendimentos que contribuam para o desenvolvimento do país. Suas linhas de apoio contemplam financiamentos de longo prazo e custos competitivos, para o desenvolvimento de projetos de investimentos e para a comercialização de máquinas e equipamentos novos, fabricados no país, bem como para o incremento das exportações brasileiras.

Contribui, também, para o fortalecimento da estrutura de capital das empresas privadas e desenvolvimento do mercado de capitais. A BNDESPAR, subsidiária integral, investe em empresas nacionais através da subscrição de ações e debêntures conversíveis. O BNDES considera ser de fundamental importância, na execução de sua política de apoio, a observância de princípios ético-ambientais e assume o compromisso com os princípios do desenvolvimento sustentável. As linhas de apoio financeiro e os programas do BNDES atendem às necessidades de investimentos das empresas de qualquer porte e setor, estabelecidas no país. A parceria com instituições financeiras, com agências estabelecidas em todo o país, permite a disseminação do crédito, possibilitando um maior acesso aos recursos do BNDES.

A Agência Especial de Financiamento Industrial (FINAME) canaliza recursos para produção e aquisição de fabricação nacional, para dar prosseguimento ao processo de substituição de importações.

Os principais investimentos do BNDES são nos programas de insumos básicos (mineração, siderurgia, química, petroquímica e fertilizantes etc.), equipamentos, componentes e programas de modernização de empresas e desenvolvimento tecnológico.

As aplicações do BNDES visam favorecer os empreendimentos que tenham como objetivos principais:

- Promover a ampliação ou adequação da capacidade produtiva, mediante implantação ou expansão de empreendimentos.

- Incentivar a melhoria da produtividade, mediante reorganização, racionalização e modernização das empresas.

- Assegurar melhor ordenação de setores e empresas, mediante incorporação, fusão, associação, aquisição de acervos ou controle acionário.

- Fortalecer financeiramente as empresas mediante a readaptação de sua estrutura de capital ou substituição de passivos onerosos.

- Apoiar direta e indiretamente a melhoria do padrão tecnológico da empresa nacional, mediante pesquisa, desenvolvimento ou aquisição de tecnologia.

- Desenvolver e fortalecer o Sistema Financeiro Nacional, mediante operações de repasse ou de mercado de capitais.

- Promover o aproveitamento de recursos naturais do país, mediante pesquisa e desenvolvimento de processo de extração e beneficiamento.

a) **Principais Operações Ativas**

- Financiamento de grandes projetos e apoio à pequena e média empresas.

- Participação societária.

- Prestação de garantia a vencedores de concorrência de âmbito internacional.

b) Principais Operações Passivas

- Depósitos.
- Obrigações por empréstimos no país ou no exterior.
- Recursos repassados do FAT e PIS/PASEP.
- Recursos próprios.

4.9. Bancos de Desenvolvimento

Os bancos de desenvolvimento são instituições financeiras controladas pelos governos estaduais, e têm como objetivo precípuo proporcionar o suprimento oportuno e adequado dos recursos necessários ao financiamento, a médio e a longo prazos, de programas e projetos que visem a promover o desenvolvimento econômico e social do respectivo Estado.

As operações passivas são depósitos a prazo, empréstimos externos, emissão ou endosso de cédulas hipotecárias, emissão de cédulas pignoratícias de debêntures e de Títulos de Desenvolvimento Econômico. As operações ativas são empréstimos e financiamentos, dirigidos prioritariamente ao setor privado. Devem ser constituídos sob a forma de sociedade anônima, com sede na capital do Estado que detiver seu controle acionário, devendo adotar, obrigatória e privativamente, em sua denominação social, a expressão "Banco de Desenvolvimento", seguida do nome do Estado em que tenha sede

São instituições financeiras constituídas sob a forma de sociedade anônima, com participação majoritária do Governo do Estado onde está sediado. São instituições que operam a médio e longo prazos, geralmente vinculados ao desenvolvimento de projetos, atuando como agentes financiadores de programas regionais e setoriais. Operam exclusivamente com empresas sediadas no Estado de sua jurisdição.

O objetivo precípuo do Banco de Desenvolvimento é proporcionar o suprimento oportuno e adequado dos recursos necessários ao financiamento a médio e longo prazos, de programas e projetos que visem promover o desenvolvimento econômico e social do Estado da Federação onde tenha sede, cabendo-lhe apropriar o setor privado de recursos.

a) Principais Operações Ativas

- Empréstimos habitacionais e hipotecários.
- Empréstimos sob penhor, consignações e crédito pessoal.

- Empréstimos a entidades públicas.
- Empréstimos para bens de consumo duráveis.
- Empréstimos e financiamentos de caráter assistencial sócio-econômico.

b) **Principais Operações Passivas**

- Depósitos a prazo.
- Repasses e refinanciamentos de origem interna e externa.
- Operações com o Sistema Financeiro, segundo condições fixadas pelo CMN.

4.10. Bancos de Investimento

Os bancos de investimento são instituições financeiras privadas especializadas em operações de participação societária de caráter temporário, de financiamento da atividade produtiva para suprimento de capital fixo e de giro e de administração de recursos de terceiros. Devem ser constituídos sob a forma de sociedade anônima e adotar, obrigatoriamente, em sua denominação social, a expressão "Banco de Investimento". Não possuem contas correntes e captam recursos via depósitos a prazo, repasses de recursos externos, internos e venda de cotas de fundos de investimento por eles administrados. As principais operações ativas são financiamento de capital de giro e capital fixo, subscrição ou aquisição de títulos e valores mobiliários, depósitos interfinanceiros e repasses de empréstimos externos.

Foram criados pela Lei nº 4.728, de 14.07.65 com o objetivo de dotar o mercado financeiro de instituições mais poderosas, visando operar com empréstimos e depósitos a prazos médios e longos (superiores a um ano).

O objetivo principal dos bancos de investimentos é o de fornecer recursos às empresas para fortalecer seu capital social, ampliar sua capacidade produtiva, incentivar a melhoria de produtividade e garantir melhor ordenação dos setores econômicos.

Podemos ainda citar como características básicas o desenvolvimento de tecnologia e o aperfeiçoamento gerencial, através da formação de pessoal técnico.

a) **Principais Operações Ativas**

- Financiamento de capital de giro e fixo.
- Repasses de recursos de instituições financeiras oficiais.

- Subscrição à aquisição de títulos e valore mobiliários.
- Financiamento à produção de bens exportáveis.
- Repasses de empréstimos externos.

b) **Principais Operações Passivas**

- Depósitos a prazo fixo.
- Captação de empréstimos externos.
- Emissão ou endosso de cédulas hipotecarias.
- Depósitos de valores mobiliários em garantia.
- Assistência financeira.

4.11. Banco de Câmbio

Essas instituições foram criadas em dezembro de 2006, com características de realizar operações de compra e venda de moeda estrangeira, transferências de recursos do e para o estrangeiro, financiamento de importação e de exportação, adiantamento sobre contrato de câmbio e demais operações, inclusive de prestação de serviços, previstas na regulamentação do mercado de câmbio.

As principais fontes de recursos para financiar suas atividades são os recursos próprios e os provenientes de repasses interbancários, depósitos interfinanceiros e recursos captados no exterior. Estão sujeitos a mesma regulamentação de constituição e funcionamento das demais instituições financeiras.

Aos bancos de Câmbio é facultado atuar no mercado de bolsas de mercadorias e de futuros, bem como em mercados de balcão para realização de operações, por conta própria, referenciadas em moedas estrangeiras ou vinculadas a operações de câmbio.

4.12. Sociedades de Crédito Imobiliário

As sociedades de crédito imobiliário são instituições financeiras criadas pela Lei 4.380, de 21 de agosto de 1964, para atuar no financiamento habitacional. Constituem operações passivas dessas instituições os depósitos de poupança, a emissão de letras e cédulas hipotecárias e depósitos interfinanceiros. Suas operações ativas são: financiamento para construção de habitações, abertura de crédito para compra ou construção de casa própria, financiamento de capital de giro a empresas incorporadoras, produtoras e distribuidoras de material de construção. Devem ser constituídas sob a forma de sociedade anônima, adotando obrigatoriamente em sua denominação social a expressão "Crédito Imobiliário".

São instituições que integram o Sistema Financeiro de Habitação. Seu objetivo principal é o de financiar imóveis, sua construção ou aquisição, com recursos captados das poupanças populares.

a) **Principais Operações Ativas**

- Empréstimos a empresas para financiamento de construções de habitações para venda a prazo.
- Empréstimos a usuários para compra ou construção da casa própria.

b) **Principais Operações Passivas**

- Emissão e colocação, no mercado, de letras hipotecárias.
- Depósitos de Cadernetas de Poupança.
- Refinanciamentos concedidos pelo SFH.

4.13. Associação de Poupança e Empréstimos

Como instituições pertencentes ao sistema Financeiro de Habitação, as Associações de Poupança e Empréstimo (APE) são constituídas sob a forma de sociedade civil, sendo de propriedade comum de seus associados. Suas operações ativas são, basicamente, direcionadas ao mercado imobiliário e ao Sistema Financeiro da Habitação (SFH). As operações passivas são constituídas de emissão de letras e cédulas hipotecárias, depósitos de cadernetas de poupança, depósitos interfinanceiros e empréstimos externos. Os depositantes dessas entidades são considerados acionistas da associação e, por isso, não recebem rendimentos, mas dividendos. Os recursos dos depositantes são, assim, classificados no patrimônio líquido da associação e não no passivo exigível.

4.14. Sociedade de Crédito, Financiamento e Investimento (Financeiras)

As sociedades de crédito, financiamento e investimento, também conhecidas por financeiras, foram instituídas pela Portaria do Ministério da Fazenda 309, de 30 de novembro de 1959. São instituições financeiras privadas que têm como objetivo básico a realização de financiamento para a aquisição de bens, serviços e capital de giro. Devem ser constituídas sob a forma de sociedade anônima e na sua denominação social deve constar a expressão "Crédito, Financiamento e Investimento". Tais entidades captam recursos por meio de aceite e colocação de Letras de Câmbio

As financeiras são instituições especializadas em operações de abertura de crédito, mediante aceite de letras de câmbio para financiamento de bens e serviços aos consumidores ou usuários finais.

O crédito direto ao consumidor foi formalmente instituído pela Resolução nº 45, de 30.12.66, visando estimular a produção industrial de bens de consumo duráveis.

a) **Principais Operações Ativas**

- Financiamento ao consumidor ou usuário final de bens e serviços.
- Financiamento de vendas à prestação.
- Crédito pessoal.

b) **Principais Operações Passivas**

- Captação de recursos através da colocação de letras de câmbio.

4.15. As Sociedades de Crédito ao Microempreendedor

Criadas pela Lei 10.194, de 14 de fevereiro de 2001, são entidades que têm por objeto social exclusivo a concessão de financiamentos e a prestação de garantias a pessoas físicas, bem como a pessoas jurídicas classificadas como microempresas, com vistas a viabilizar empreendimentos de natureza profissional, comercial ou industrial de pequeno porte.

São impedidas de captar, sob qualquer forma, recursos junto ao público, bem como emitir títulos e valores mobiliários destinados à colocação e oferta públicas. Devem ser constituídas sob a forma de companhia fechada ou de sociedade por quotas de responsabilidade limitada, adotando obrigatoriamente em sua denominação social a expressão "Sociedade de Crédito ao Microempreendedor", vedada a utilização da palavra "Banco".

4.16. Sociedade de Arrendamento Mercantil (Leasing)

As sociedades de arrendamento mercantil são constituídas sob a forma de sociedade anônima, devendo constar obrigatoriamente na sua denominação social a expressão "Arrendamento Mercantil". As operações passivas dessas sociedades são emissão de debêntures, dívida externa, empréstimos e financiamentos de instituições financeiras. Suas operações ativas são constituídas por títulos da dívida pública, cessão de direitos creditórios e, principalmente, por operações de arrendamento mercantil de bens móveis, de produção nacional ou estrangeira, e bens imóveis adquiridos pela entidade arrendadora para fins de uso próprio do arrendatário. São supervisionadas pelo Banco Central do Brasil

A Sociedade de Arrendamento Mercantil é pessoa jurídica constituída sob a forma de sociedade anônima, cujo funcionamento depende de prévia e expressa autorização do Banco Central, aplicando-se, no que couber, as mesmas condições estabelecidas para instituições financeiras.

O objetivo precípuo do *Leasing* é realizar, com pessoas jurídicas, operações que visem ao arrendamento de bens imóveis e bens moveis de produção nacional, classificáveis no ativo permanente, adquiridos a terceiros pela arrendadora, para fins de uso próprio da arrendatária em sua atividade econômica, de acordo com as especificações desta.

O *Leasing* caracteriza-se por um contrato firmado entre a empresa *Leasing* e a empresa arrendatária.

As Sociedades de Arrendamento Mercantil foram integradas ao Sistema Financeiro Nacional, com a promulgação da Lei nº 6.099, de setembro de 1974, e através da Resolução nº 451, de 1975. Subordinam-se às normas aplicadas às instituições financeiras. Sua principal operação é o arrendamento de bens adquiridos a terceiros com a finalidade de uso próprio da empresa arrendatária.

4.17. Agência de Fomento

De acordo com o Banco Central, as agências de fomento têm como objeto social a concessão de financiamento de capital fixo e de giro associado a projetos na Unidade da Federação onde tenham sede. Devem ser constituídas sob a forma de sociedade anônima de capital fechado e estar sob o controle de Unidade da Federação, sendo que cada Unidade só pode constituir uma agência. Tais entidades têm status de instituição financeira, mas não podem captar recursos junto ao público, recorrer ao redesconto, ter conta de reserva no Banco Central, contratar depósitos interfinanceiros na qualidade de depositante ou de depositária e nem ter participação societária em outras instituições financeiras. De sua denominação social deve constar a expressão "Agência de Fomento" acrescida da indicação da Unidade da Federação Controladora. É vedada a sua transformação em qualquer outro tipo de instituição integrante do Sistema Financeiro Nacional. As agências de fomento devem constituir e manter, permanentemente, fundo

Capítulo 7 - Sistema Financeiro Nacional

de liquidez equivalente, no mínimo, a 10% do valor de suas obrigações, a ser integralmente aplicado em títulos públicos federais.

O quadro a seguir mostra a quantidade de instituições existentes no Brasil, de acordo com o segmento de atuação:

Quantidade de Instituições no Brasil por segmento

Segmento	Sigla	2001 Dez	2002 Dez	2003 Dez	2004 Dez	2005 Dez
Banco Múltiplo	BM	153	143	141	139	138
Banco Comercial (1)	BC	28	23	23	24	22
Banco de Desenvolvimento	BD	4	4	4	4	4
Caixa Econômica	CE	1	1	1	1	1
Banco de Investimento	BI	20	23	21	21	20
Sociedade de Crédito Financiamento e Investimento	SCFI	42	46	47	46	50
Sociedade Corretora de Títulos e Valores Mobiliários	SCTVM	177	161	147	139	133
Sociedade Corretora de Câmbio	SCC	43	42	43	47	45
Sociedade Distribuidora de Títulos e Valores Mobiliários	SDTVM	159	151	146	138	134
Sociedade de Arrendamento Mercantil	SAM	72	65	58	51	45
Sociedade de Crédito Imobiliário (2) e Associação de Poupança e Empréstimo	SCI e APE	18	18	18	18	18
Companhia Hipotecária	CH	7	6	6	6	6
Agência de Fomento	AG FOM	9	10	11	12	12
Subtotal		**756**	**693**	**666**	**646**	**628**
Cooperativa de Crédito	COOP	1.379	1.430	1.454	1.436	1.439
Sociedade de Crédito ao Microempreendedor	SCM	23	37	49	51	55
Subtotal		**2.135**	**2.160**	**2.170**	**2.133**	**2.122**
Sociedade Administradora de Consórcios	CONS	399	376	365	364	342
Total		**2.534**	**2.536**	**2.535**	**2.497**	**2.464**

Fonte: Banco Central do Brasil
1/ Inclui os bancos estrangeiros (filiais no país);
2/ Inclui 15 Sociedades de Crédito Imobiliário - Repassadoras (SCIR) que não podem captar recursos junto ao público;

5. Demais Instituições

5.1 Comissão de Valores Mobiliários

A Comissão de Valores Mobiliários (CVM) também é uma autarquia vinculada ao Ministério da Fazenda, instituída pela Lei 6.385, de 7 de dezembro de 1976. É responsável por regulamentar, desenvolver, controlar e fiscalizar o mercado de valores mobiliários do país.

Para este fim, exerce as funções de: assegurar o funcionamento eficiente e regular dos mercados de bolsa e de balcão; proteger os titulares de valores mobiliários; evitar ou coibir modalidades de fraude ou manipulação no mercado; assegurar o acesso do público a informações sobre valores mobiliários negociados e sobre as companhias que os tenham emitido; assegurar a observância de práticas comerciais eqüitativas no mercado de valores mobiliários; estimular a formação de poupança e sua aplicação em valores mobiliários; promover a expansão e o funcionamento eficiente e regular do mercado de ações e estimular as aplicações permanentes em ações do capital social das companhias abertas

A atuação da CVM se estende às companhias abertas, intermediários, investidores e outras entidades que participam de valores mobiliários emitidos pelas empresas e colocados junto ao publico.

O principal objetivo é oferecer ao mercado de valores mobiliários condições de segurança e de desenvolvimento para consolidá-lo como instrumento dinâmico e eficaz na formação de poupança e capitalizando as empresas. Assegura o eficiente funcionamento dos mercados de bolsa, protegendo os titulares de valores mobiliários contra emissões irregulares e atos ilegais de administradores e acionistas controladores de companhias abertas ou de administradores de carteira de valores mobiliários.

É de competência da CVM organizar o funcionamento e operações das Bolsas de Valores e promover auditoria nas companhias abertas.

5.2. Bolsa de Valores

As Bolsas de Valores são associações privadas civis, sem finalidade lucrativa, com objetivo de manter local adequado ao encontro de seus membros e à realização, entre eles, de transações de compra e venda de títulos e valores mobiliários pertencentes a pessoas jurídicas públicas e privadas, em mercado livre e aberto, especialmente organizado e fiscalizado por seus membros e pela Comissão de Valores Mobiliários. Possuem autonomia financeira, patrimonial e administrativa.

Sua principal função é organizar e manter em funcionamento o mercado de títulos e valores mobiliários. É constituída pela Associação das Sociedades Corretoras que atua em local adequado para permitir a eficiente realização e liquidação de operações da Bolsa.

As Bolsas de Valores passaram a ter sua constituição e organização disciplinadas com a aprovação pelo CMN da Resolução nº 922, de 15.05.84, sendo os seguintes objetivos sociais da mesma:

1. Manter local ou sistema adequado à realização de operações de compra e venda de títulos e valores mobiliários, em mercado livre e aberto, especialmente organizado e fiscalizado pelas corretoras membros e pelas autoridades competentes.

2. Dotar, permanentemente, o referido local ou sistema de todos os meios necessários à pronta e eficiente realização e visibilidade das operações.

3. Estabelecer sistemas de negociação que propiciem continuidade de preços, liquidez ao mercado de títulos e valores mobiliários.

4. Efetuar registro, compensação e liquidação de operações.

5. Preservar elevados padrões éticos de negociação, estabelecendo, para esse fim, normas de comportamento para as sociedades corretoras e companhias abertas, fiscalizando sua observância e aplicando penalidades, no limite de sua competência, aos infratores.

6. Divulgar as operações realizadas, com rapidez, amplitude e detalhes.

7. Conceder às corretoras crédito operacional relacionado com objetivo social ora declarado, de acordo com regulamentação especifica editada pelas próprias Bolsas de Valores.

8. Exercer outras atividades expressamente autorizadas pela Comissão de Valores Mobiliários.

As Bolsas de Valores não podem distribuir a seus membros parcela de patrimônio ou resultado, exceto nos casos de dissolução e na forma que a Comissão de Valores Mobiliários aprovar.

As principais instituições ligadas ao mercado de títulos e valores mobiliários são:

5.3. Sociedades Distribuidoras de Títulos e Valores Mobiliários

As sociedades distribuidoras de títulos e valores mobiliários são constituídas sob a forma de sociedade anônima ou por quotas de responsabilidade limitada, devendo constar na sua denominação social a expressão "Distribuidora de Títulos e Valores Mobiliários". Algumas de suas atividades: intermedeiam a oferta pública e distribuição de títulos e valores mobiliários no mercado; administram e custodiam as carteiras de títulos e valores mobiliários; instituem, organizam e administram fundos e clubes de investimento; operam no mercado acionário, comprando, vendendo e distribuindo títulos e valores mobiliários, inclusive ouro financeiro, por conta de terceiros; fazem a intermediação com as bolsas de valores e de mercadorias; efetuam lançamentos públicos de ações; operam no mercado aberto e intermedeiam operações de câmbio. São supervisionadas pelo Banco Central do Brasil.

As Sociedades Distribuidoras de Títulos e Valores Mobiliários são instituições típicas do Sistema de Distribuição de Títulos ou Valores Mobiliários no Mercado de Capitais, constituídas sob a forma de sociedade anônima, de sociedade por cota de responsabilidade limitada ou de firma individual devidamente registrada.

Podem atuar em todo território nacional, através de instalação de dependências ou credenciamento de agentes autônomos de investimento, dentro de determinadas condições.

São especializadas na distribuição e intermediação de títulos e valores mobiliários. Suas principais atividades são subscrever títulos isoladamente ou em consórcio com outras sociedades autorizadas, além de vender e comprar, á vista ou a prazo, títulos e valores mobiliários por conta de terceiros ou por conta própria.

5.4. Sociedades Corretoras de Títulos e Valores Mobiliários

As sociedades corretoras de títulos e valores mobiliários são constituídas sob a forma de sociedade anônima ou por quotas de responsabilidade limitada. Dentre seus objetivos estão: operar em bolsas de valores, subscrever emissões de títulos e valores mobiliários no mercado; comprar e vender títulos e valores mobiliários por conta própria e de terceiros; encarregar-se da administração de carteiras e da custódia de títulos e valores mobiliários; exercer funções de agente fiduciário; instituir, organizar e administrar fundos e clubes de investimento; emitir certificados de depósito de ações e cédulas pignoratícias de debêntures;

intermediar operações de câmbio; praticar operações no mercado de câmbio de taxas flutuantes; praticar operações de conta margem; realizar operações compromissadas; praticar operações de compra e venda de metais preciosos, no mercado físico, por conta própria e de terceiros; operar em bolsas de mercadorias e de futuros por conta própria e de terceiros.

São supervisionadas pelo Banco Central do Brasil (Resolução CMN 1.655, de 1989). Os FUNDOS DE INVESTIMENTO, administrados por corretoras ou outros intermediários financeiros, são constituídos sob forma de condomínio e representam a reunião de recursos para a aplicação em carteira diversificada de títulos e valores mobiliários, com o objetivo de propiciar aos condôminos valorização de quotas, a um custo global mais baixo. A normatização, concessão de autorização, registro e a supervisão dos fundos de investimento são de competência da Comissão de Valores Mobiliários

São instituições pertencentes ao sistema de distribuição de Títulos e Valores Mobiliários, tendo suas operações exclusivamente com a Bolsa de Valores, á vista ou a termo, com títulos e valores mobiliários por conta de terceiros. São encarregados de subscrição de títulos e valores mobiliários e formação de consórcio para lançamento público de ações e debêntures.

As corretoras são fiscalizadas pela Bolsa de Valores da qual participem, pela Comissão de Valores Mobiliários e pelo Banco Central do Brasil, uma vez que operam no mercado financeiro e de capitais.

As corretoras operam com exclusividade em negociações, á vista e a termo, por conta de terceiros, no recinto da Bolsa de Valores e, em caráter não-exclusivo, no mercado aberto e no de balcão. Atuam basicamente na região jurisdicionada pela Bolsa de Valores que possuam título patrimonial, em operações com títulos e valores mobiliários.

5.5. As Sociedades Corretoras de Câmbio

As sociedades corretoras de câmbio são constituídas sob a forma de sociedade anônima ou por quotas de responsabilidade limitada, devendo constar na sua denominação social a expressão "Corretora de Câmbio". Têm por objeto social exclusivo a intermediação em operações de câmbio e a prática de operações no mercado de câmbio de taxas flutuantes. São supervisionadas pelo Banco Central do Brasil

Características dos Bancos Centrais Autônomos

Regina Maria Arruda Bastos Machado

Muito se tem discutido sobre a autonomia dos bancos centrais. No debate eminentemente acadêmico, a questão da autonomia está relacionada à constatação de que um banco central autônomo tem maior credibilidade para arbitrar a política monetária e, conseqüentemente, mais condições de estabilizar e manter os preços estáveis no longo prazo.

A discussão, também, evoluiu de um conceito de independência, onde o banco central tem o poder de formular política monetária e a condição de autonomia, onde o banco central não formula políticas, mas executa, com autonomia, políticas determinadas pelo Governo Central. No primeiro caso, é dado um poder tão grande ao banco central, que ele é considerado como um "quarto poder".

As principais características de um banco central autônomo são analisadas pelas dimensões da autonomia institucional e organizacional, onde são discutidas as seguintes questões:

a) Objetivos Estatutários: De uma maneira geral, a experiência de vários bancos centrais nos tem demonstrado que quanto maior a autonomia formal de seus objetivos estatutários mais autônomos é o banco central Os bancos centrais considerados de maior grau de autonomia concentram seus objetivos estatutários na estabilidade de preços e explica-se como tentativa de dar maior credibilidade às políticas monetárias.

b) Responsabilidade e Monitoramento das Políticas Monetárias: Os bancos centrais considerados mais autônomos têm o poder formal de determinar a política monetária sem qualquer interferência do Governo, embora exista sempre um controle externo que pode ser tanto do Governo, com dos parlamentos ou do público. A transparência na sua atuação é imprescindível para que possa monitorar o desempenho de suas políticas monetárias bem como se atribuir responsabilidade- direta ou indiretamente- a quem as formula e implementa.

c) Limites de Financiamento ao Governo: O princípio dominante é que um banco central deve guardar certo grau de independência do Governo. De acordo com esse princípio, quanto mais um banco central for autônomo, mais restrições legais são impostas ao financiamento do Governo. No caso extremo, o banco central é proibido de financiar direta ou indiretamente o Tesouro.

d) Instrumentos de Política Monetária Disponíveis: Os principais instrumentos de política monetária utilizados pelos bancos centrais para controlar a moeda e o crédito são os considerados instrumentos clássicos-recolhimentos compulsórios, redesconto e mercado aberto- e, outros, adaptados às características institucionais de cada país.

e) Determinantes da Política Cambial: Existe um inter-relacionamento entre política monetária e política cambial, de forma tal que, se o banco central autônomo tem o poder de monitorar a política monetária, deveria também ter o poder de decisão sobre a política cambial adequada à capacidade de controle da oferta monetária.

f) Função, Composição e Designação das Diretorias dos Bancos Centrais: Os bancos que dispõem de maior autonomia, o poder governamental de nomeação e exoneração tem limites. Possuem mandatos relativamente longos e com prazo fixo desencontrado do mandato do executivo, que não tem poderes para demitir diretores, a não ser por razões graves.

g) Financiamento das Atividades do Banco Central: os banco centrais autônomos têm grande autonomia financeira em relação aos governos e quase sempre determinam seus próprios orçamentos. A não existência dessa característica enfraquece o banco central pois é possível que o Governo possa influir direta e indiretamente nas políticas a serem implementadas pelo banco. A maioria dos bancos centrais transfere seu resultado para o Tesouro.

h) Supervisão Bancária: A supervisão bancária não é considerada uma função típica de banco central clássico. A experiência internacional, no entanto, apresenta diversas situações, com alguns bancos centrais executando a supervisão e fiscalização bancária, enquanto em outros essa função é exercida por outra instituição.

A maioria dos países tem dado autonomia operacional aos seus bancos centrais, principalmente aqueles que adotaram o "sistema de metas para inflação". Normalmente o governo central ou os parlamentos define uma meta para inflação e, cabe ao banco central sua execução, com total autonomia de utilização dos instrumentos de política monetária.

No caso específico do Banco Central do Brasil, apesar dele não ser, ainda, formalmente um banco central autônomo, algumas dessas características, acima descritas, favorecem.a uma atuação com relativa autonomia, senão vejamos:

a) A formulação da política monetária é de responsabilidade do Conselho Monetário Nacional, na definição da meta de inflação, mas o BACEN tem total autonomia na condução dos instrumentos de política monetária, notadamente na definição da taxa de juros.

b) O Banco Central é terminantemente proibido pela Constituição Federal de financiar o Governo.

c) A administração da política cambial é realizada com bastante autonomia no que diz respeito ao regime cambial e nas atuações do BACEN no mercado cambial.

d) Atualmente a Diretoria do Banco Central é indicada pelo Presidente da República e submetida a um sabatina no Senado Federal, mas os Diretores não têm mandatos, passíveis de demissão a qualquer momento. Esse é um ponto crucial para a inexistência de autonomia.

e) O Banco Central do Brasil não tem autonomia financeira, dependendo do Governo Federal a sua definição orçamentária, que faz parte do Orçamento Global da União.

f) A supervisão bancária é exercida exclusivamente pelo BACEN.

6. Questões para Discussão

1. Caracterize as diferenças principais entre os Bancos de Desenvolvimento e Bancos de Investimentos.

2. Qual papel do Conselho Monetário Nacional na estrutura do Sistema Financeiro?

3. Quais as principais funções do Banco Central do Brasil e qual sua importância na execução da política monetária?

4. Mostre as diferenças existentes entre as instituições monetárias e não-monetárias.

5. Discuta a importância da autonomia dos bancos centrais.

6. Quais as principais operações ativas e passivas das instituições monetárias?

7. Quais as principais operações ativas e passivas das instituições não-monetárias?

8. Mostre a importância das Sociedades de Arrendamento Mercantil (Leasing).

9. Explique a importância das Bolsas de Valores no aprimoramento do mercado de capitais.

10. Explique as principais diferenças entre as Sociedades Corretoras e as Distribuidoras.

Referências Bibliográficas

AMADO, Adriana Moreira – *O Real e o Monetário na Economia – Moeda e Produção: Teorias Comparadas.* Brasília. Ed. UNB.1992

BARATA, José Martins. *Política Monetária: Da Teoria à Realidade.* 2 vols. Caminha Lisboa, 1972.

BLANCHARD, Olivier – *Macroeconomia: Teoria e Política Econômica.* Rio De janeiro. Ed. Campus. 1999

BLINDER, Alan S. *Bancos Centrais: Teoria e Prática.* Editora 34São Paulo. 1999.

BOGDANSKI, Joel, Alexandre TOMBINI e Sérgio WERLANG – *A implantação do Regime de Metas Para Inflação no Brasil.*, in Metas Para Inflação no Brasil/ Banco Central do Brasil.2002.

BRANSON, William H. e James M. Litwalt. *Macroeconomia.* São Paulo: Harper, 1978.

BRANDÃO, Carlos. *Estrutura Funcional do Sistema Financeiro Nacional, in Revista Andima.* Rio de Janeiro, agosto / 1979.

DA COSTA, Fernando Nogueira – *(im)propriedade da Moeda.* In Revista de Economia Política. RJ.v13.nº 2 (50). Abr/jun/1993

FERREIRA, Edésio Fernandes. *A Inflação no Brasil.* Palestra proferida no Sindicato dos Economistas do Rio de Janeiro, 1978.

– *Inflação e Política Monetária no Brasil.* Conferência no Conselho Regional de Economia – 1ª Região. Rio de Janeiro, 22.08.1980.

– *Base Monetária no Brasil.* Palestra proferida na Federação Nacional dos Bancos. Rio de Janeiro, 1979.

FIOCCA. Demiam – *A Oferta de Moeda na Macroeconomia Keynesiana.* Ed. Paz e Terra. S.P. 2000

FRANCO. Gustavo H.B. – *O Desafio Brasileiro: Ensaios Sobre o Desenvolvimento. Globalização e Moeda.* São Paulo. Ed. 34. 1999

FURUGEM, Alberto Sozin. *Balança Comercial e Dívida Externa Brasileira.* Ciclo de palestra na Escola Superior de Guerra, Rio de Janeiro, 21.08.1981.

GALVÉAS, Ernani. *A Política Econômica Financeira do Brasil.* Conferencia na Escola Superior de Guerra. Rio de Janeiro, 23.06.81.

– *Considerações sobre a Dívida Externa Brasileira.* Min. Faz, maio / 1984.

GUDIN, Eugênio. *Princípios de Economia Monetária.* Rio de Janeiro: Agir, 1976.

HADDAD, Cláudio L.S. e A.C. Lengruber. *Mercado Aberto: Simples Cadeia de Felicidade?*, in Revista Andima, nº 29. Rio de Janeiro, novembro / 78.

HADDAD, Cláudio L.S. *A Liquidez da Dívida Pública*, in Revista Andina, nº 32. Rio de Janeiro, fevereiro / 79.

HORTA, Maria HelenaT.T e SILVA, José Cláudio – *O Brasil Pós-FMI.* In Revista de Economia Política.SP.Ed. Brasiliense.vol.4.nº 3, jul/set. De 1984.

KRUGMAN, Paul R. E OBSTFELD, Maurice – *Economia Internacional: Teoria e Política.* 4[ED. São Paulo. Ed. Makron Books. 1999

LANGONI, Carlos Geraldo. *Bases Institucionais da Economia Brasileira.* Conferência na Escola Superior de Guerra. Rio de Janeiro, 04.08.81.

LEMGRUBER, A.C. e José Alfredo Lami. *O Controle da Base Monetária e as Flutuações dos Multiplicadores Monetários e Creditícios.* Trabalho realizado pelo Centro de Estudos Monetários da Fundação Getúlio Vargas em convênio com o Banco Central do Brasil, maio / 81.

LESSA, Carlos. *15 Anos de Política Econômica.* 2ª ed. São Paulo: Brasiliense, 1981.

MACHADO, Regina M.A.B – *Banco Centrais – Banco Central do Brasil.* Brasília. 1993. mímeo

MARINHO, Henrique J.M. *Política Cambial Brasileira.* Ed. Aduaneiras.S.P. 2003.

– *Política Monetária no Brasil: da Teoria à Prática.* 4ª Ed. RJ. Ed. Campus. 1996

– *Teoria Monetária e Evidências Empíricas: Caso do Brasil 1964/1995.* Fortaleza. Ed. UNIFOR.1995,

Capítulo 7 - Sistema Financeiro Nacional

MOTA, Luis de Gonzaga Fonseca. *Introdução à Análise Monetária*. São Paulo: Atlas, 1978.

NÓBREGA, Maílson Ferreira. *Taxa de Juros e Crédito Subsidiado*. Exposição na CPI que investiga a taxa de juros no Sistema Financeiro Nacional. Brasília, 09.04.81.

PASTORE, Afonso Celso. *A Oferta de Moeda no Brasil* – 1961 / 72,in Revista Pesquisa e Planejamento Econômico, IPEA. Rio de Janeiro, dezembro / 73.

PEDROSA, Edílson Almeida. *Programação Monetária:* Aspectos Teóricos e o Caso Brasileiro. Mimeo. Brasília, setembro / 80.

PELAEZ, Carlos Manuel e Wilson Suzigan. *Economia Monetária: Teoria, Política e Evidencia Empírica*. São Paulo: Atlas, 1978.

PEREIRA, Luiz C. Bresser. *Inflação e Estado*, in Revista de Economia Política, Brasiliense. Vol. I, nº2, abril / junho / 81.

ROSSETI, José Paschoal e João do Carmo Lopes. *Economia Monetária*. São Paulo: Atlas, 2003.

ROSSI, José W. – *Determinação da Taxa de Câmbio: Testes empíricos para o Brasil*. In. Pesquisa e Planejamento Econômico.RJ. V.21, nº 2

RANGEL, Inácio. *A Inflação Brasileira*, 3ª ed. São Paulo: Brasiliense, 1978.

SANTOS, Ivan Vieira dos. Estrutura e Evolução do Sistema Financeiro Nacional. Mimeo. Rio de Janeiro, 1981.

SILVA, Adroaldo M. *Inflação e a Experiência Brasileira*, in Revista de Economia Política, Vol. I, nº 3, jul./set./81. São Paulo: Brasiliense.

SILVA, Peri Agostinho da. *Desenvolvimento Financeiro e Política Monetária*. Rio de Janeiro: Interciência, 1981.

SIMONSEN, Mário Henrique. *Moedas, Juros e Inflação*, in Palestras e Conferencias. Ministério da Fazenda, 1978, Rio de Janeiro.

– Inflação: Gradualismo x Tratamento de Choque. Rio de Janeiro: APEC, 1970.

– Macroeconomia: Vol. I e II. Rio de Janeiro: APEC, 1974.

– A Teoria da Inflação e a Controvérsia sobre a Indexação. Mimeo, 1979.

SUPLICY, Eduardo Matarazzo. *Os Efeitos das Minidesvalorizações na Economia Brasileira*. Rio de Janeiro: FGV, 1979.

VASCONCELOS, Marcos e Luiz Martins Lopest, org. – *Manual de Macroeconomia: Básico e intermediário*. São Paulo. Ed. Atlas.2000.

ZINI, Álvaro Antônio JR – *Taxa de Câmbio e Política Cambial no Brasil*. São Paulo. Ed. USP.1993

Banco Central do Brasil – *Relatórios de inflação* – Diversos números

Banco Central do Brasil: *Reformulação dos Meios de Pagamento* – Notas Metodológicas. Brasília. 2001

Banco Central do Brasil: *Notas Técnicas do Banco Central do Brasil*. Nº 1.jun/2001- Notas Metodológicas do Balanço de Pagamentos

Relatório Anual do Banco Central do Brasil. Vários Volumes.

Manual de Normas e Instruções, do Banco Central do Brasil.

Orçamento Monetário, Banco Central do Brasil, 1980 / 95.

www.bcb.gov.br , Diversos arquivos

ANOTAÇÕES

Impressão e acabamento
Gráfica da Editora Ciência Moderna Ltda.
Tel: (21) 2201-6662